日常性の哲学

知覚する私・理解する私

松永澄夫

講談社学術文庫

はしがき

朝、目が覚めるたびに、今日は海の上、次の日は森の中、明くる日は砂漠に自分がいるようなことを想像すると、楽しいだろうなとも想うが、混乱するに違いないとも考える。もちろん、昨日はあの船に乗り、それからあの港でジープに乗り換えて、という具合に筋道をはっきり辿れる旅行の一コマか何かだったら、さあ、明日はどんな所にいるだろうと、わくわくするかも知れない。けれども、脈絡もなく自分が住む場所が毎日、変わっていったら、私は自分自身を同じ人間だと見いだすことにも困難を覚え、自分を見失うかも知れない。

私達の大多数は、少なくともまとまった或る期間、同じ場所に住んで暮らしている。幸い、寝泊まりする同じ場所がある。周りに同じ人々がいる。同じ決まりの社会があって、あそこではパンが買え、あそこから電車に乗れて、酷いインフレの国でなければ、似たような金額のお金を払えばいい。そのお金は、昨日の百円玉と今日の百円玉とは別の物体だが、見てすぐに、どちらも百円玉だと分かる。

私達が暮らしている世界には二つの秩序がある。一つは、空だとか地面だとか、同じ樹木、建物だとか、昨日も今日も変わらずに見いだされる、いわば物の世界の持続に関わる秩序。一日にして林がブルドーザーのもとで茶色の平坦地に変わり、数ヵ月後にスーパーマーケットが姿を現わすことがあるにせよ、私達はそれら人間の活動がもたらす変化を越え、変化を受けとめるもの、どっしりと大いなる物の世界の存続を当たり前のことだと考えている。林だった所と今はスーパーマーケットがある所と、それは同じ川沿いの同じ場所である。しかし、それは余りに当たり前のことで、人々の関心は、そこを舞台にした人間の活動に向かいがちである。そして、人々がともに暮らしながらつくってゆく秩序が、もう一つの秩序である。それで、物の世界もその秩序のもとで経験されることも多くなる。林も誰かの所有地に違いなく、だから、その中に無断で入っていって木陰に涼を求めるのも躊躇われたりする。

とはいえ、私はまず林を見る。木々の葉の重なりを、その微かな揺れを、木漏れ陽のちらちらする光を見る。それを誰かが育て管理しているとかいうことはどこかにおいて、素敵な林だと思う。確かに私が「林」という言葉とともにそれを見る時、言葉と一緒にいろんな想いがついてきて、その中身のうちには、物の世界そのこととは無関係なこと、また私一人の想いをも越えた文化的状況とでもいったものも入っている。つまり、人々が一緒に暮らすことによって生成させてきて、個人としての私にとっては環境のごときものである事柄がもう、見ることのうちに入ってはいる。けれども、そのようなこともおいて、今、この今の圧倒的現実において、林が見えるそのことが具える真新しい力のようなものがある。ともかく葉が輝いて風がそれを揺らしてゆき、手前では靄のように光を吸い込んだ空気が動かずにいること、これらの見えという豊かな内容がある。私達が物に人との関わりを見てとってしまうということは、物に人が関わった過去や、これから関わる人の活動を読み込むということである。しかし、その他方で、私達は知覚それだけの現在の持ち分を語ることができる。

私は地面が雨に濡れて黒くなってゆき、次に流れる水で白く光りもするのを見つめる。その時、その地面が、人が工事してつくったアスファルトの地面だとかいうこと、また、アスファルトだからそのように雨水は流れるのだと考えることなしで、風が冷んやりと吹いてゆくのを感ずる。そして、そばに誰かが居るなら、ともに雨を見ていること、雨の音を聞くこと、風を感ずることのうちにこそ、二人がともに居ることのしっかりした内容があるということがある。温かいね、と言いながら焚き火に当たり、その温もりを通してこそ、心を伝え合うこともする。私は、まず目で、耳で、皮膚で世界を見いだす。そして、他の人も同じように、私が見るこの花の青さを、あの花の淡いブルーよりはくっきりした色だと見つけ、私が寒いなと感ずる冬の朝を、今朝は寒いね、と、そんなには違わないふうに見いだす、それを疑わず生きている。そして、それら目や耳で、皮膚で、知覚によって見いだした世界の共通性の確信の上に二人の間の諸々の事柄も始まる。握手してそれぞれの手に何も感じないなら、また、一方は温もりや握り方の強さを感ずるのに、他方はその掌で何も見いださないなら、誰が握手をするだろうか。

出来事というものも、人が主人公である事件というものや、人がつくり動かしているマーケットだとか行政の動きだとかが、私達の生活では大きな比重を占めるのも事実である。物に降りかかる出来事、ないしは風や天気の移り行きのような物的な出来事というものは、天変地異という思いがけないこともあろうと、結局は謎めいたことでも逆説的なことでもない。腹を立てても仕様がないことで、そうして、私達はただ、それらを見たり聞いたり皮膚で感じたりする。そして、これら物の世界が、私が冒頭で述べたこと、私達が日々安んじて生きてゆくことのできる日常性を手に入れるために必要な当たり前の秩序の一番の大もとをつくっている。何の変哲もない代わり映えもしない風景。人の世のダイナミックな動きからすれば、昨日も今日も変わらない地味な繰り返しの出来事と、それらを見て聞いて感ずる私の繰り返し。余りに当たり前で、何なく実現されている事柄。だが私は本書で、私達がなす物ないし物の世界の知覚と、物において生ずる出来事の理解の或る側面とについて考える。実際に私達が物を見いだす時にはしばしば、それを人との関わりのもとで見てしまうことが多いとはいえ、それを承知で本書ではそのことを考慮の外において、物の純然たる物としての知覚と、物の世界での出来事の理解を論じようというのである（それで、知覚について論じた第一・二章と、出来事の理解について論じた第三・四章と、どちらから先に読んでいただいても構わない）。

　人の刻印を宿した物の世界の経験については、別に論ずるつもりである。それは、人が他の人をどう経験するか、その話の後で、ないしは少なくとも一緒に、論じなければならない。けれども、そのような議論ができるためにも、本書が主題にするような事柄は先に論じ終えている方が望ましい、こう私は判断する。ただ、特に知覚に関して言えば、本書で語られる知覚とはもちろん、人間がなす知覚のことである。しかしながら、動物も知覚するという前提で考えた時には、人間の知覚の特性を問題にせざるを得ない。だが、これも本書の扱い外のこととした。人間的知覚の成立をも主題の一つにした考察は、これは別の論文の形にした（「自分が書き込まれた地図を描く」、編共著『私というものの成立』勁草書房、一九九四年、所収）。だから、本書で話題にする知覚とは、私達が普通になす知覚のことであると受け取っていただきたい。

それから本書のスタイルについて一言、述べる。本書での考察を私は哲学的考察だと考えている。しかし、同じような主題についての価値ある論考が多数あるのに、それらを考察主題とはしない（ただ、第四章の第1節でのみ、私の考えを浮き彫りにするために、対比となる幾つかの考えを紹介し、第一章と第二章での重要主題である広がりと現前とについての幾つかの哲学史上の考えについては末尾に付する「本文の哲学史的背景についての注解」で概略を述べる）。議論の大筋を見失わないことを最優先に、自分の考え方をひたすら述べていく遣り方を採る。そしてその際、主題である事柄が自分に経験されるその経験の有りようをたずねて、様々の面をそれぞれの重さに相応しい公平さで扱う。だから例えば、知覚について考えるに、見ることや触れることの考察でもって知覚全体の考察の代表にするようなことは避けるし、また、その中の見ることが問題である場合、いかに興味深い問題を提起し多くのことを考えさせるにしても、或る図形が人にどう見え、或る絵を人が何の絵と見たり見なかったりするかとかを論ずるよりも、そもそもが、図形や絵が描かれている紙を一枚の紙ないしは物として見ること、これがどのようなことかをこそ考察する。物として見ることが、図形をどのように見るかよりは先に考え抜かれなければならないことだと私は思うからである。それに図形や絵の問題は、先にも話題にした、人の刻印を宿した物について論ずる時に、少し違った角度からではあれ、取り上げることもできるからである。

それから、やはり考察の同じ姿勢から由来することだが、私は、自分の経験についての注意深い吟味から取り出しつつ自分で納得できるものになった言葉、即ち、具体的経験のこのような事柄に対応するのだと(他の言葉で)説明できるような言葉、これだけでもって事柄を分析、叙述するよう努める。だから、哲学の歴史が育んできた諸々の言葉ないしは概念も、その豊かさ、深さにもかかわらず(使用ないし利用するならばその歴史に入る作業をせざるを得ないので)使用せず、成否のほどはともかく、ほとんどは私達が日常で使う言葉を、それらに私なりの限定した意味を盛り込んで使うべく試みる。

紙数の関係で、本書の内容に相応しいと思いながらも積み残すしかない論点も幾つもあり、心残りであるが、それらには別の機会があれば、と思う。

目次

日常性の哲学

日常性の哲学

知覚する私・理解する私

第一章　知覚における対象性成立の論理

1　無為の時間と知覚

(1)私が私であることの一つの想い描き方

日々の暮らしの中で、私達はしょっちゅう「どうしよう？」と自問し、それに答えを与える形で生きている。朝、起きて、「今日はどの服を着よう」と考え、お昼に「もう食事にしようか、どうしようか」と迷ってみる。だから、そうした問いはこのように些細な問いであることが多いが、時には（例示は省くが）その答えが自分の人生を大きく左右すると思えるような問いもある。そして、これら二つの中間で、答えの出し方がそれから暫くの間の己を拘束してゆくような問いは多い。問いの性質のそのような差は、問いが生まれるにはいずれもそれぞれの背景があること、そして答えを出すために考慮される条件もそれぞれの問いごとに異なっていることに由来する。私は、望みさえすれば直ちに容易に変え得るものから決して変え得ないものに至るまでの様々の事柄に規定されて生きているし、答えの取り消しや変更が容易なものが問題の場合もあればそれが困難な場合もある。そうして、答えを出すことはどんなにささやかであれ自己決定であり、自己決定とは己をその前と後とで幾分かは違ったものにすることである。

けれども、他方、問いと答えとの前と後とで違ったものとして生じさせられてくる己も、それはやはり私である。どのような答えを選びどのような私へと自己決定しようと（死を選ぶ場合を別にして）、そのつどの決定とともにあるいは決定の後で現われるものを、私達はおのおのに〈私〉としてしか見いださない。そして、まさに新たに見いだされるものが必ずや〈私〉であるはずだからこそ私達は「どうしよう？」と問うのである。私がもう私でなくなるなら、なぜに私は問う必要があるというのだろう。それで、多くの問いは軽いもので、私が持続するという自明であるようでいて不可思議なことに少しの眼差しを向けることも要求せずに直ぐに答えられて過ぎてゆくが、時に問いは、どのように答えようと結局この私は私であるのだということを確認することの中でのみどうにか答えが出せる、そのような質を持つことがある。私はこのようにして私でいることを生きてゆく存在なのだ、それを何度も確認するのでなければ答えが出せない、あるいはそれを確認したからといって答えがスーッと定まるというわけでもないが、その確認をおのずと要求してしまうような問いがある。少なくとも私にあってはそうである。ところで、その時、どうあったところで私でしかない私として、私はどのような像を描くのだろうか。一般に人々がどうなのか、私には分からない。私はと言えば、私は次のような私を、無為の時における私をまずは想い描いてしまう。

その私は、己ならざる世界の中で世界の中の諸々の事柄を知覚していて、しかもその知覚を何かのため、例えば行為へ向けて準備するためになどの仕方でなしているのでなく、むしろぼんやりとでも言うふうに知覚しながら、そうして、その知覚において世界のすべてを己の在ることの一部分としているような私である。

(2)風景と想い

私は沼の畔(ほとり)に腰を下ろしている。沼の水が時に青く、時に白く光って見える。秋草が揺れて私の視線を誘(いざな)う。風が耳の後ろを冷やして吹いてゆき、足許の枯れ葉に微かな音を立てさせる。枯れ葉は私が背をもたせかけたミズナラの木の葉が舞い落ちた姿だ。私は過ぎた夏の或る日の沼を想い起こす。あの時、風が激しく吹いて木の葉を騒がせた。私の心も或るものに向かって動いていた。また別の日、カナカナが鳴いて、そして、なぜか悲しかった……。そうして、いつも沼が見えていた、空の下に。このミズナラの木は立っていた、今と同じく。確かに木の葉の在りようは違い、姿も違うけれども、私は同じ樹木の幹に背を寄りかからせている。私は今、取りとめもなく空や沼、草の葉、ミズナラの枯れ葉を見、風を聞き、風に触れられながら、あの夏の日の自分と今の自分とが同じ自分なのだなと、そのようにしか見いださない己を確認しつつ、そうして、あの幾つかの日それぞれの己とそして今の自己、これらをすべて互いに隔てる諸々の事柄があること、もう自分はあの日の私ではないことをも確実に知っている。そして、その私の事柄に、沼や樹木は根本的な仕方ででは関与していないものとして、沼を見、木の葉の音を聞いている。私は私で沼は沼だ。私は、私の眼に映ずるもの、私の耳に聞こえるもの、それらを私の外側の私でないものとして、眼に映じ耳に聞こえるにまかせている。

ただ、それでいて、この沼の風景が私の想いを導いている。もし私の今の在りようから私が見ている沼や聞いている風や木の葉の音を取り去るなら、私に何が残るというのだろう。私は眼を閉じる。すると沼が見えなくなった分だけ私の中身はあたかも痩せ細ったかのようだ。今、眼を閉じ続けているなら、後日、私は今日の私について、沼を見ていた私についてよりは少ない内容に満たされたものとして想い出すであろう。しかしながら積極的に見ることなどが問題なのではない。ぼんやりと沼のたたずまいは勝手に見えてくるだけ、それでいてそれは私の一部となる。

もちろん、眼を閉じてなお、私は過ぎた夏の想い出に襲われていて、だから仮に現在の知覚がすべて消えても、私は無なる存在に減衰してゆくわけではない。けれども、その想いからも、想い出の中で見え聞こえした事柄を取り除くとどうなるか。私は更に痩せ細る。それで、私が感じた心の高まり、悲しさ、それらが純化されて残ると言うか。だが、想い出の中からはもはや知覚内容と心の動きをきっぱりとは分離できない。そして実は今の知覚においても、知覚と私の想いとは響き合い結び合っている。私の眼に映る沼や秋草、私の背のガザガザした木の肌、頬に感ずる空気の流れ、背中の陽の温かさ、これらは私の外の私ならざる事柄として私の存在に無関係に在り生じてゆくことでありながら、今の或る感懐に耽る私をつくっている重要な一部分であると述べるのもまた適切である。

とはいえ、それらが私ではなく、しかも私の現在をつくる一部分でもあるとは、どのようにして可能となっているのか。それらが私を脅かすことのない仕方で知覚されているからであると私は考えてゆきたい。そのような仕方での知覚では、私は何らかの活動へと促されることもなく、私の無為の時間においていろいろなものを知覚している。私は知覚されるものを活動のためにではなく、従って次の時間のためにと知覚ならざるものに関係づけることなく、ただ今の時間の知覚で完結する仕方で受け入れている。受け入れるとは、知覚される事柄がそのまま、知覚する私の在りようの一部分として入ってきているがままであるということである。見えている沼や秋草、沼の水面のさざ波、聞こえる風の音、それらは見ている私や聞いている私を成り立たせる当のものとして見え、聞こえている。つまり、見えたり聞こえたりしているそれらは私を変えるのでなく、見ていたり聞いていたりする仕方で在る私の一部なのである。

だが、それでいて、それらは私ではない。私の方も無為のうちにあって、私の動きは想いの中でだけ、だから、その動きが、私が知覚するものどもを変えにゆくことはない、ちょうど、向こうが私を脅かさないように。私が見ようと見まいと、また夏のことを想い出そうと否と、そのことにもちろん、影響を受けるはずもなく、沼は水を湛え、水面にさざ波を起こし、秋草は風に揺れ、秋の陽に温もっている。そして、私が見ること、想うことはそれらの事柄に何の変化ももたらさないだけでなく、それらの在りようの部分として中に入っていきもしない。こうして、知覚する私と知覚されることどもとの間には非対称性がある。この非対称性はどのような論理で成立しているか。それをみるためには、非対称性が破れて私と知覚されるものどもとが同列に並ぶ時のことを考え併せねばならない。

(3) 活動に向かう肉体としての私

実は、私が前項で描いたような私の在り方、無為の時の在りようは、活動の合間に許される或るひとときでしかない。その時はいわば完結したかの如きまとまった時間をつくり、そこで私は己を反芻することだけにかまけていることができるかのようである。しかし、私達は誰も、そのような時から活動の時へ移らざるを得ない。差し迫ったものではなかった故に幾らかの猶予を許していた或る用事が、いつかは私を沼の畔から立ち上がらせる。あるいは、本当に何もすることがなくても、私の肉体の生理が私に動くことを要求する。私の肉体は休息の後では動くようにできている。また、空腹や喉の渇き、排泄という肉体のリズムもある。ところが、私は活動の時にはあからさまに、己を肉体として、知覚されている世界の他のものどもから分離し、その肉体は他のものどもと並ぶ一存在物として私自身に現われる。そこで、まず肉体の分離を、次に肉体と事物との並存の在りようを、それぞれに知覚と絡む限りでみてみよう。

2　見えるものとその広がりの規定

(4)私が動くことの前提

私が動き回ることには幾つかの前提がある。まず運動の前に既に前提されている事柄として、私の肉体を支える地盤が持続していること、地盤や背のもたれを許す壁などを除いては肉体の周りは(仮に空気などがあるにしても肉体の運動にとっては)空無であるに等しいこと、運動には方向があることに対応して肉体には前後の向きがあることなど。次に運動の最中には、地盤と足など肉体の一部分との交互の接触と力の遣り取りとがあること、肉体の周りの運動のための広がりがあり続けること、その広がりの中で知覚される事柄が、それぞれと肉体との間の距離が連続的に変化して知覚されることを軸にして、互いの配置を変えて知覚されること。そこで最初に、知覚される事柄が広がりの中で知覚されることの在りようを、次に、肉体と地盤やその他のものとの接触や力の遣り取りの在りようを、少し詳しくみてみたい。

(5)見える世界の広がりの二つの局面

多様な種類の知覚の中で、視覚を考えよう。なぜ視覚を先に話題に選ぶかというと、視覚においては様々の見えるものが共存しつつ安定的に見え、そこでは刻々と流れる時間を気にしないでも見えるものを語れ、あるいは時間的な要素をば、見えて在るものに、あたかも後から付け加わる事柄であるかの如く考えてもよいように誘われる、そのような仕方で知覚が成立していて、これは私達の運動がその中で行われる世界の知覚としては最も成熟していると思われるからである。視覚的知覚の安定性について私が述べていることの趣旨は、例えば音は時間的な出来事としてでなければ知覚されないこと、音について、在るものとそれに生ずる変化とを区別して語ることができないことを対照項として想い起こすと、理解されるであろう。視覚的世界は見え続ける。見えるものは在るものとして見られる。もちろん、見える世界でも諸々の出来事が見られるが、出来事は、出来事として見られる前に在るものとして見られたもの、これに降りかかる出来事として見られる。言い換えれば出来事の見えには、出来事という変化を担って在るもの、これの見えが前提されている。それから、もちろん変化を気づかせずに見えるものこそ多数ある。しかも、その多数のものは或る広がりの中で互いに区別されつつ一緒に見え、持続して在る事柄として見える。そうして、この安定して在り続けるものとして理解された世界の中でしか私は動けないであろう。

　さて、見えるものがつくる広がりはどのような性格を持っているだろうか。ただ見えることだけを考えた場合、一つの広がりにおいて見えるものの集まりを、私達は自分に向き合ったもの、あたかも絵の如きものとして考えてもよい気になる。それはそれぞれの私達の向こう側に、ただ発見されるだけの事柄であるかの如く見える。そして、見えるものは差し当たり見る私に襲い掛かったりはしない。あたかも私と見えるものどもとは、見るものと見えるものという関係を除けば没交渉であるかの如くである。実際には、見ることは見えるものと見る私の肉体との間の或る作用（光を媒体とした作用）なしでは成立しないのではあるけれども。そして、見えるのは幾つものもの、様々に分かたれた幾つもの事象であるのだが、それらは皆、一つの共通の広がりの中で見える。ただ、それでいてそれぞれに己に留まり、いわば他を侵食せずに己それぞれの場所で存在しているように見える。それらはどれも別の場所を占めて見える限りでは互いに独立自存的に見える。そうして、この独立性の了解は、同時性の了解の上に重なって生ずるものである。つまり、広がりの中で或る時間幅をもって見える限りでは見えるものどもの存在はまず同時的なものとして了解され、次いで更にその時点ではそれぞれに己の自存性を主張するものとして見えるのである。こうして、見えるもののどれもが暫くは在り続け、一つの広がりの中で見える限りで同時に存在し、かつ互いに独立している、そうして、個々の見えるものには変化があってもそれらが位置する広がりそのものは必ずや在り続ける、いわば時間の流れに無記であるかのようにいつでも見いだされる、このようなふうに私達は見える世界を見いだすのである。

　ところで、見える世界が絵の如きものとして見えると言っても、一枚の絵は見える世界の中の一つのものとして見えるのである。そして、まさに絵はいつも見る人の向こうに眺められるだけのものとして見える限りで絵であることを受けて、絵ならざる見える世界もまずは絵の如きものとして見えると私は述べてみたのであった。けれども、絵の比喩が教えてくれることは、そのことに尽きるのではない。絵が例えば風景画であるなら、その絵の中に、絵を見る人は一つの別の広がりを見いだすことができる。それで絵に描かれた様々のものが、その一つの広がりに参与して見える。そうして、幾つものあれこれが絵の中に見えていても結局はそれらのすべては一つの広がりのうちなるものとして見えること、このことが、それらはすべて一枚の絵において見えるものなのであるということのうちで明示的となっている。しかるに、絵ならざる見える世界を取り上げても、そこで見えるものどもも皆、いつも一なるものである世界に参与する仕方で見えるのである。そこで、私はこのことをも「絵の如く見える」という表現に語らせたく思った。

だが、しょせん、絵は他の見えるものと並ぶ一つの見えるものに過ぎない。そうして、見える世界の広がりは、見える絵がつくる広がりとは性質を異にする。ここに、見える世界の広がりのもう一つの局面を考えるべく促される。今までは見えるものどもが互いの間でつくるというか、他のものに侵食しない仕方で並んでそれぞれの位置を占めてつくる広がりにおのずと注意を向けてきたが、今度は、見る人自身もまたその規定に参与する局面を考えようというのである。その局面とは奥行きのことである。この奥行きについては項を改めて論じよう。

(6)奥行きと肉体の運動と横の距離

見るとは、見る私が見えるものに向き合うことであるとする考え方のうちに既に、見る私の肉体と見えるものとの間に距離があることが前提されている。この距離がつくる広がりはどのようなものだろうか。

　風景画の、向かって左端に描かれた樹木と右端の草花の間にも距離がある。そして、その距離は、その樹木と中央に描かれた小屋の間の距離よりは大きい。ところで、これらの距離、便宜的に「横の距離」と表現して差し支えないであろう距離は問題ない事柄として経験されるのに、私の肉体からその絵までの距離、「奥行き」と表現される距離の方は問題的な事柄である、このように考えて議論する哲学的考察はしばしば見られた。だが、その考察は、見えているものの構造を主体の向こうで完結した対象世界の構造として考えておいて、次にその世界の内側に、見る主体を肉体として登場させようとする思考、これの困惑でしかない。けれども、事態は逆に考えるべきである。即ち、何かが見えることの成立には肉体の働きが不可欠であり、しかしながらその肉体が己を消去してゆく傾向のうちでしか対象性の成立はないこと、これを洞察し、そうして、その洞察を踏まえて、奥行きの距離こそ根本的なもので、横の距離というものは奥行きの距離が二次的に取る形、いわば変形の如きものであるとして捉えるべきなのである。

　絵の中の樹木と草花、小屋が互いに横に離れているように、その絵の横には壁、更に離れた横には柱が見える、このことは当たり前で問題にする必要のないことだとされ、それでいて、絵や壁がそれらを見ている私の向こうに離れて、奥行きの距離を持って見えていることは特別にその可能性を説明すべきことだと問題が立てられる。しかし、横の距離でしかないと考えられたものは実は奥行きの距離を前提し含んでいることに気づかなければならない。

絵の横に見える壁は絵よりは幾分、私より遠くに見える。しかも、その遠さは若干の方向の違いを伴っている。そもそもが方向抜きの遠さというものはない。それで、横の距離とは奥行きの距離とその方向性とが産み出した距離に他ならない。

このことを納得するためには、いかにして奥行きの距離がほぐれて横の距離を産み出してゆくか考えてみればよい。私が木立の多い公園を歩く。歩みにつれて、重なって見えていた樹木が徐々に離れて見えてくる。それで樹木どうしの距離は横の距離だと考えたくなるが、それは私とそれぞれの樹木との間の異なった方向を持った奥行きの距離の違いがつくってゆくものなのである。

ところで、私は動いていって奥行きを埋めて、向こうに見えている木立のところまで行くことができる。すると、奥行きを含む広がりとは私の肉体がその中で動く広がりでもあることになる。それなのに、肉体が織り込まれなければ意義を失う知覚の本質を忘れて、知覚とは何か在るものをその在るがままに発見するだけと思う時、見ることは見えるものどうしの間の距離だけを横の距離として見いだす、それが当たり前だと考えてしまうのである。けれども、二つの見えるものの間の距離は、私が一方から他方へ動いてゆくことができ、動かなければ他方に到達できない距離であることをその内容にしているのでなければ何だと言うのか。

とはいえ、見える広がりの成立が、あくまで肉体の消去の方向に進んでこそ知覚対象の対象性が成立するという一般的な論理、これに従っていることは打ち消し難い真実である。そのことを如実に示すのが、見える広がりは見る私の近くでは必ずや私が肉体として動き得る広がりでもあるのに、遠くの広がりは時に見えるだけの広がりでしかないこともあるという事実である。これを、鏡の中に見える広がりを材料に確かめよう。

(7)見える奥行きそのもの

私の部屋の南側の窓は東側の端まで一杯に広がり、その端で直角に交わる部屋の東側の壁には、南側の窓に（角の柱を僅かに挟むのを別として）接するように、広い鏡が付いている。つまり、部屋の南側の一端と東側の一端とは窓と鏡とで構成され、両者が東南の隅を作っているのである。さて、窓の外には山茶花（さざんか）や楓が植えられていて、窓ガラス越しにそれらが揺れているのが見える。ところが、すると鏡の中でも山茶花や楓が揺れて見える。そして、それらは、まるで窓越しの山茶花や楓に並んだ、庭の続きにある木々のように見える。そもそも鏡自体がもう一つの窓、柱一つを挟んで更に東に延びる窓、部屋の東側の壁に張り付いた鏡でなくあたかも南面を成していると思える窓のように見えるのである。鏡の中の映像が本物の山茶花等ではないことは、鏡が光ったりするからすぐに分かるではないか、と言うなら、窓のガラスも（それは反射光であるだけでなく透過光であったりもするであろうが）やはり光ったりするし、またガラスの汚れだって山茶花や楓の見えと一緒に見えたりするのである。

鏡の中の映像の見えと、普通の見えとは全く同じ性格を持っている。それは、もし部屋の東側の壁に、実物と等寸大の山茶花や楓が描かれた絵が掛かっていたとして、その絵の中の山茶花等の見えがどのように見えるか、比較してみるとはっきりする。絵の中の楓の葉は決して揺れはしない。また、見る私の動きにつれ、それまで見えなかった馬酔木の植え込みが見えてくるようなこともない。絵の中では、どの画像も（次に現われる機会を待ち設けているような）他の画像を隠してはいない。ところが、鏡の中に見えているものは普通に見えるものと同じく、それ自体で動きを持ち、見る私の動きに応じて配置を変え、隠されていたものと見えていたものとの交替も生ずる。画像は山茶花等を、その奥行きをも含めて表現するものである、つまり、自ら他への移行を誘いつつ自らに留まる二重性を持つものであるのに対して、鏡の中の映像は見えそのものである、即ち他を表現する身分のものでなくして、完結した見えである。

そこで、上手に描かれた絵の中で木立は奥行きをつくって見えるが、その奥行きも表現されただけの奥行きである。だから第一に、その奥行きを見いだすには、その絵の表現仕方が指定している、絵を見るに適切な位置に立って絵を見なければならない。第二に、その絵が掛かっていることによって部屋を広いと感ずることはない。むしろ大きな絵は、よほど離れて見る余裕のスペースがないと、見る者に圧迫を与えさえする。対するに、鏡の中に広がって見える奥行きは、見えている限りでの奥行きを本当に広くするのである。それはちょうど、壁でなく透明な窓になっている部屋の面は、部屋そのものを広くはしないけれども見える世界を広くするのと同様の事柄を実現している。

私は間口が広く奥行きが浅い眼鏡販売店で、奥の壁が一面ピカピカに磨かれた鏡になっているお店を知っている。天井から何本も吊り下がったランプや、あちこちに置かれた観葉植物が鏡に映っているのだが、ランプそのものとその映像との区別がちょっと目にはつかない。私が自分自身の映像を見て鏡に気づき、それで、判断によって苦労しながら実物のランプとその映像との対応関係を調べたりしなければならない程である。果物屋で陳列台にうまく鏡を取り入れて商品を豊富に見せ、お店をゆったりした感じに仕立てているところもある。ともあれ、このゆったりした感じや、見えているものとしての、その限りでの奥行きは本物である。つまり、こうである。絵の中で手前に木立が描かれ庭の奥まりに建物があるように描かれている時に、私達は確かに絵の中に奥行きを見いだしはするのだが、しかし、その時、また同時に、木立の像という見えるものが私から離れて見える距離の大きさは、建物の像という視覚対象が私から離れて見える距離の大きさと同じであるよう、そのようにも見えることも、必ずや生じている。けれども、鏡の中で遠くに見える対象の私からの距離は、近くに見える対象の距離よりは大きく見えるだけで（即ち見える距離の二重性はなく）、そうして、それら両者の距離の大きさの差異は、実際のフロアーで手前にあるものと遠くにあるものとが私から違った距離に見える時の差異と、全く変わりないのである。こうして、鏡の中に見える奥行きとは表現されたのに過ぎない奥行きではない。奥行きそのものが（見える奥行きである限りで）鏡の在る場所の向こうに実際に開けているのである。

とはいえ、もちろん、私がその奥行きに歩み入ってゆこうとすると、私は鏡に阻まれる。

それは見えるだけの広がりで、私の肉体が動き回れる広がりではない。このことは（奥行きを根本的要素として含む）見える広がりについて何を教えてくれるか。

普通に見えている広がり自身が、鏡の中に見えている広がりと同じ性格を持っていること、これを決して忘れないようにしよう。すると、見える広がりとは可能性においてのみそこで運動が繰り広げられる広がりである。いや、可能なものでしかない運動が構想されることによって産み出される、いわば理念的な広がりである。だが、一体、可能的なものがどうして現実的なものとして経験され得るのか。ここで、私達が見る広がりが物と空虚とに分節されていることの意味を考えねばならない。哲学者達は物を見ることばかりを主題にしてきたが、物を見る時、私達は必ず空虚をも見ている。庭の山茶花から楓までの広がりを見てゆく時、その中途で必ず何か物を見てゆくのだと考えてはならない。確かに、壁の左の柱と右の柱とは離れて見えると言いつつ、その間には壁が見えるではないか、だから、見える広がりはいつも何か見えるもので充満している広がりなのだ、このように言いたくなるかも知れない。しかし、この柱と壁との場合でさえ、私達は柱の次に見る壁を柱よりは引っ込んだものとして見るのであり、ということは柱から壁へと窪んだ空虚を見ているのである。それに、そもそもが柱であれ壁であれ、何でも物を（他のものから離れていると見ることをおいてただそれだけを単独に見ることを考えても）向こうに見るということは、その手前の空虚な広がりをも見ているということなのである。それで、山茶花から楓へと視線を動かす時、私達は両者の間の空虚な広がりを越えて動かし、まさにそのことにおいてその空虚を見るのである。けれども、空虚、即ち何もないということを見るとはどのようなことか。ここで考察の方向を変えて、見えるものと見えるものとの間に空虚がないこと、即ち二つのものが接触していると見えること、これの在りようを考えてみたい。

(8) 物と物との接触を見ること

これまでは、見える世界の広がりを取り上げることから議論を始めたので、見えるものどうしが離れて見えていることをおのずと話題にしたが、もちろん或る対象と他の対象との接触を見るということもある。接触を見るとはどのようなことか。

一つのものは概ね連続したものに見える。まだら模様のものであっても輪郭ははっきりと見えるものが多く、その輪郭の内部(他のものに隠れずに見えている部分)は一続きに見えるのである(そうして、隠されている部分も、見えていないだけで存在していないわけではなく、見えている部分に連続するものとして、見えはしないまま表象される)。そうして、その輪郭は必ず或る背景の手前に見える。ところが、その背景自身がまた、一つのものに見えるものの集まりからなっている場合がほとんどである。空のような一様なものを背景にして見える場合の方が少ない。私が脇のフロアースタンドを見ると、それは、床、出窓、出窓の上の花瓶、出窓の横壁の絵、本棚、窓向こうの植え込み、空など、複雑に入り組んだものを背景にして見える。それらは集まって奥行きをつくるが、フロアースタンドの輪郭がそれら(の全部ではないにしても一部)を横切り、それらの輪郭はフロアースタンドの輪郭で中断され、かくて、それらはフロアースタンドとの関係では全体としてその背景をなすものとして見える。

しかるに、或る見えるものの背景というと当然に、その見えるもののもっと向こう、奥行きをつくる広がりのより奥まった所に離れてある（と見える）と考えたくなるかも知れないが、実際は、見えるものとその背景とが接触していると見える場合もある。そして逆に、接触を見るほとんどの場合、二つの接触物の一方が、輪郭が見えながら見えている或るものとして、他方が、その一方のものの背景として見える、そのようなのである。本が机の上に載っている時、本は机の一部を隠す仕方で見え、言い換えれば机を小さな背景にして見え、かつ机に接触していると見える。壁に掛かった時計、伸び切って窓ガラスに当たった観葉植物の葉、見え方に関して、みんな同様の状況にある。接触を見るというと、二つのものが互いに輪郭を接してあたかもそこで輪郭が重なり合う、もしくは融合する、そのような事柄を見るのだと考えがちかも知れないが、実際はそのような見え方をするのは、机の上でくっついて並んで置かれている鉛筆と消しゴムとを真上から見る時のように、非常に特殊な場合である。そして、鉛筆と消しゴムとの接触ですら、ほんの少し斜めから見るだけで、もう、一方だけが輪郭を保持し、他方はそのものに隠された部分を持つものとして見える。一般に、隠している側と隠されている側とでは、そのいわば見えの境界線は隠している側に属する輪郭としてだけ見え、決して隠されているものの輪郭を構成しはしない。このことは、隠しているものが隠されているものと接している場合でも、そうなのである。

事情が以上のようであるとすると、二つのものの接触の見えにおいても奥行きの見えが入り込んでいることが分かる。そこで翻り、フロアースタンドと、その背景として見える出窓や本棚とを考えると、それらは決して接していないし、接しているように見えもしない、これまたもちろんのことであるが、この場合と、本が机の上に載って接している場合と、両者の差異は僅かである。先に奥行きを論じた時には、専ら或る見えるものの私の肉体からの距離としての奥行きに着目し、次いで、見える二つのものの間の横の距離というものを奥行きの距離と方向の違いとによって生み出されるものであると論じたが、今度は二つの見えるもの、ただし一方が他方を部分的に隠すようにして見えるものの間の、奥行き方向への距離がクローズアップされているわけで、すると二つのものの間の距離は最初から横の距離というよりは奥行きの距離として現われていて、ただ、時にそれがまさに零として見えることもあり、それこそが接触の見えである、このようなことが納得されるべく顕わになったのである。従って、今や次のように言わねばならない。即ち、隠すものと一部隠されているものとの二つの見えるものの間に見えている距離とは、私が隠すものまで歩んでいった後、一部が隠されながら見えていたものにまで更に歩みを進める、その運動が埋めてゆく隔たりとして理解されずにはおかないのだが、するとまた、二つの見えるものが接触していると見えることは、確かに二つのものの隔たりが零と見えることであるが、その零とは、隔たりを埋める運動が既に最後まで歩まれたことに等しいのだとしてのみ内容を得ているのであると。しかも、奥行きの距離が零ではない場合には、その距離がつくる広がりは見えることにおいては本物であるが運動が繰り広げられる広がりとしては単に可能的なものでしかないのに、接触の見えでは、その落差は問題にならない。

ともあれ、いずれにしても、先に空虚を想定してこそ接触の理解はある。だから、考えてみるに、一つのものの内側の部分どうしの接触などという概念はない。林檎の表皮部分と芯の部分とは離れていてもちろん接触していないが、対するに、表皮と果肉の一番外側とは離れていない故にそれらの在りようを両者の接触と考えるかと言うと、それを人は決してしない。それらは連続しているのである。それら部分の間に空虚の可能性が先にないところでは接触の概念は適用されない。

接触というのは分かりきった事柄であるようにみえる。けれども、分かりきったと思えるのは何故かと言えば、人は、既に手中にしている或る世界像、固体を典型とした諸物が空間内に散らばっているとするような世界像から出発して、その像を記述するための言葉を使って接触を説明してよいと考えるからである。けれども、その像を承認する時、実は人はもう接触を説明されるべきことと考える必要はない位置に立っている。接触という事柄の核心は、どうして特に或るものと他の特定の或るものとが接触していると取り立てて言われるのか、これを理解することなのであるが、空間内に散らばってあるものを言うことは、そのようなものが次に接触することもあるのだとして、接触を自明的な事柄にしてしまっているのである。空虚を理解することは、もう接触の理解を予想しているのである。

ところで、空虚から接触へ、この移りゆきの経験とは、まさに触れることが実現する経験ではないのか。そこで、これから、触れることの有りようを調べてみたい。しかしながら、予告しておきたい、議論は直ちに幾つかの主題に分岐し、それらの吟味の後でしか、触れることの論理は姿を現わさないであろう。

3　触れることの様々および痛み

(9)例の列挙

一般に何事かを論じようとする時には典型を取り出して大枠を固め、次に典型からの隔たり方や拡張の論理を明らかにするというのが適切な方法だと私は考えるが[1]、今の場合には、典型的な触れることを取り出そうとして、人が何かにわざわざ触れて、その何かを調べようとする例を選ぶのは拙い。人々がこのような例を選ぶのは、哲学では経験というといつの間にかどうしても認識経験をこそ主題にしてしまって、その場合、触れる経験の中ではこの例が最も認識の理想に近く典型だと思えるからに違いない。けれども、触れる経験は実に多様である。その多様さにもかかわらず、わざわざ触れる場合、即ち相手に働きかける行為の遂行過程で触れもするとか、何かがぶつかってきて触れてしまうとかでの場合でなく、触れるだけにして触れる場合、つまりは触覚的知覚と呼ばれるに相応しいような場合を、あたかもそれが最も普通のことであるかの如く選び出すことは、むしろ危険である。そのように触れることは他の様々の触れ方よりも高度の構造を持っているのであって、そこで、知覚を問題にする以上はそのような触れ方が可能になるための絶妙な条件、これこそ探らねばならないのに、その条件に眼を向けることが消えて、そのような仕方で触れることが何の造作もなしに実現されるかのような錯覚を与える危険があると私は思う。見ることはほとんどいつでも知覚であるのだが、触れることもまた知覚として己を実現するのが当たり前だとは限らない。

では、どのような例をどのような順序で取り上げればよいのか。差し当たり、触れることの多様性をすぐさま示すような例を取り、次に考察の順序を考えよう。

私は果物屋で美味しそうな林檎に手を伸ばし、つかみ、お店の人に差し出す。この時、視覚障がい者でない私は、林檎が見えたから、その見えるものへ向かって手を伸ばしたのであることに注意したい。それから、私は陳列台のもっと奥に見える林檎が美味しそうな気がして、そちらにも手を出す。すると、それは鏡に映ったもので、私の手は鏡にぶつかり、私はやけに恥ずかしい想いをする。ところで、これらの例で、触れるとは触れたものを知覚することなのか。

最初の場合、林檎は既に視覚の対象であった。その視覚対象が触れることによって触覚の対象に転じた、そうであるように思える。だが、つかむとは触覚的な仕方で対象を知覚することなのか。それはむしろ行為に属する事柄ではないのか。知覚には発見が含まれているはずなのであり、しかるに私はつかむことによって林檎を発見したのではない。林檎は既に見いだされていた。そして、それに働きかけることが問題であったのではないのか。だから、林檎が触覚的知覚の対象になったと言うのは不適切なことだと思われる。いや、林檎が冷たいこと、或る重さを持つことが発見された、それらの事柄は見ることにおいては未だ知られていなかった事柄である、それで、つかむとは同時に知覚であり行為である、そう主張すべきか。けれども、私が林檎の冷たさを意識するのは、林檎が特別の陳列ケースか何かでよほど特別に冷やされているとかの場合に限られようし、重さを見積もるのも、重さを含めた林檎の品質に特に気を遣うような場合のみのことであろう。しかも、前者の場合、私が自分の手が冷たくなったと感ずるそのことと、対象を冷たいと知覚することとの間で、様々の様態があり得ることの理由をよく考えねばならない。そして、後者に関しては、重さを見積もることにもまた、知覚と知覚を越えた判断との間で微妙に様態の異なる事態があること、更には、重さの見積もりには、手の運動や手の筋肉に感じられる或る緊張のようなものが表立って関与していること、これらのこともおろそかにはできない。

それから、私の手が鏡にぶつかる場合については、その時に初めて鏡が発見されることは確かである。だが、大抵の場合、ぶつかって直ちに鏡を見てしまうのであり、鏡はすぐさま視覚の対象として現われ、それに基づいて私はあれこれのことを、例えば自分は「鏡に」ぶつかったのだとかを言い立てるのである。それで、見ることは伴わない鏡の発見に含まれる事柄を純化してみるとどれだけの事柄が残るものか。「手が痛かった」、「何か或るものに」ぶつかった、それは「固い」、更に探すようにして振り返ると「確か冷たいものであった」等々。ここでも、ぶつかることは一体、対象の知覚と呼べるものなのか。それはむしろ肉体の運動の挫折であり、その反響として辛うじて対象性がちらっとだけ姿を現わすに過ぎないのではないのか、しかも、対象を輪郭づけるためには判断のようなものを介入させねばならないようなそうでないような、曖昧な事態があるのではないか、このような状況にあることを確認しなければならない。

(10)肉体、対象、作用

つかむというのは行為に関わる。あるいは、その断言が気になるなら、少なくとも肉体の運動に関わる。ただつかむだけというのは実際にはない。私は林檎を買おうと、陳列台から運ぶために林檎をつかんだのであり、人の腕をつかむなら、例えば彼が逃げようとするのをそうはさせまいと思ってつかむのである。また、物が落っこちないように物をつかみ、時に、鉄棒にぶら下がる時のように、自分が落ちないためにつかむ。そうして、運ぶ場合、つかんだものは私と一緒に移動するのだし、私から離れようとするものをつかむ場合には(つかむものが積極的に離れようとしているのか私の方が離れようとしているのかいずれであっても)私の運動と争う力を持つものを私はつかむのである。そこで、「雲をつかむような話だ」と言うが、雲をつかむことはできない。それも、鏡の中で映像として見える林檎はつかむことができないことと違った理由でつかめない。雲はちゃんと私が運動し得る広がりの中に位置しているものである。けれども、雲は私の肉体の運動と争う力を持つものではないからつかめない。

では、争うとは何か。明らかに争う相手と肉体とは並び立つものとしてある。そうして、両者は作用し合い、それに応じ合う。作用とは作用する相手に何らかの変化をもたらそうとする働きである。それで、つかむ場合、それは手という肉体部分の運動（しかし他の部分の目立たない運動でもって支えられた運動）であって、その運動によって、つかむことをしない時とは違った状態を私の肉体か私がつかむものの側かに産み出そうとする積極的な運動で、だから、つかむとは行為に属すると考えたくなる。行為とは、それによって、それが為されない時とは異なる結果を生じさせることが予想された上で為される人の運動として、内容を得る概念なのであるから。

ところで、行為遂行としての運動は首尾一貫したものであるべく目指されるが、ぶつかるというのはそうでない。それでも、ぶつかる運動はぶつかった相手に或る作用をすると、私達は普通、考える。作用の概念は行為の概念よりは広い。それで、ぶつかる場合の作用とはどのようなものか。運動していった私の方が作用するもので、鏡は作用を受けるものと考えるのは自然である。けれども、私は痛みを覚える。すると、こんどは私が鏡から作用を受けたと言ってよいのか。

私は、作用や反作用という力学的概念が処理する以前の問題、概念の発生根拠や順序をたずねている。一方では二つの物体の衝突前後の運動にすら因果関係を認めるわけにはゆかないとする哲学議論（第四章参照）を誘うような構造も力学は含んでいるのだし、他方では、鏡にぶつかった私の手のひりひりした痛みを、私が鏡から受ける明瞭な作用として考えるのが自然であるという論理、力学的概念では扱えず、それらよりは先で、恐らくそれらの或る部分を支えるかも知れない類の作用の概念の自然な発生の論理もあるのである。

だが、痛みとは肉体の痛みであるが、肉体を持つ〈私〉が感ずる事柄でもある。そして、痛みを覚える時、痛みを与えるべく肉体に作用した鏡が、〈私〉にとって何物かとして現われていることがあるのか。痛みは肉体ならざる対象の知覚ではない。ところが、ここで物の冷たさの知覚を考えると、その際には、肉体を冷やす作用をする氷の知覚と同時に、その氷に触れる肉体部分自身が冷たく感じられることがあって、このうち後者の方は痛みの経験とはほとんど同種の事柄である。そして、類似を探すなら、一方では痛みの場合でも物にぶつかって痛い時には、同時にぶつかった相手の固さが分かると言えるかも知れないし（確かに、その分かることを知覚の概念で押さえてよいのか必ずしも明確にはいえないが）、他方で逆に冷熱に関する経験でも、病気の時のように、ひたすら、ただ体が熱く、何か対象の知覚も伴うというわけではない場合もある。更には、暑いとか寒いという、特定の対象についての知覚ではないが、かといって、体の熱さや冷えだけを言うのでもない、肉体と対象とでの割り振りに関しては曖昧な経験もある。してみれば、このような幾つかの例を並べてみると、知覚の成立に関して次のような筋道を考えることができそうである。即ち、知覚の対象となるはずのものと肉体との間に作用があって、ところが、その上で、その作用によって生じた肉体自身における出来事が顕わになることが徐々に退くに従って対象の知覚の方が明瞭になると。ここに、作用の観点からは私の肉体と他のものとの間に並立性があるのに、知覚の観点からはその並立性が消えて、知覚する〈私〉が前面に出て、知覚されるものと〈私〉とは非対称的なものになるという、不思議な構造が生ずるのである。

この構造、ないし道筋は一般的なものである。実際、前節で述べた見えるものの知覚の場合でも、光が眼（という肉体の一部）に作用することなしには何も見えない。それで、強い光を受けるなら眼に眩しさを感じ、その程度によっては、物、つまり知覚対象を見ることはできない。逆に物を問題なく見ている時には見ている眼のことはほとんど忘れられている。これらのことも、この道筋の存在を示しているように思われる。ただ、私達は光ではなく光を反射するものを見るのであること、これはどのようなことかも考えなければならない。そして、その問題は、前節での問題、空虚が知覚されるということが孕む問題に繋がっている。空虚が知覚されること、あるいは知覚対象が奥行きの向こうに広がりを携えて知覚されるということ、そして、その広がりは広がりに参与するすべてのものに同時性を与えるということは、作用というものは二つのものをどこか一点でいわば交わらせ、また因果の線に沿って時間過程を経て実現するものであること、このことと対立している。そこで、この重大な対立をも踏まえて、私達は少しずつ知覚成立の論理をほぐしていかなければならないのである。物が知覚器官に作用し、その作用の結果が当然に当の物の知覚であるとするような、普通に採られる知覚の説明、これが自然になされる理由を理解しつつ、しかも、この説明が空しいものでもあること、これを私達は見逃してはならない。一体どのようにして、作用をなすものであるという原因性が、知覚されるものであるという対象性に転化するのか。ともあれ、少なくとも今や私達は、予想を立てた道筋を念頭に置くことによって、どのような種類の諸経験を取り上げて吟味すべきか、また、その順序はどうあるべきか、その方針を手にしている。

(11)触れることにおける熱さや冷たさ

最初に、対象と肉体、および両者間の作用の三つのいずれもが顕わに表立つ種類の経験を取り上げ、知覚における対象性の成立が含む構造を、いわば成立のために必要な要請であるような事柄として取り出しておきたい。

私は、具合の悪そうな子供の様子を見て、子供の額に手を当てる。私の人さし指、中指、薬指の三本は子供の僅かの発熱、通常体温より一度位の高温を実に精確に測りとる。けれども、その「熱いな」という感覚を、子供の額の熱さと私の指の熱さとのいずれかに割り振ることをしなければならないのなら、むしろ私は指を選ぶ方に傾く。さればこそ「知覚」よりは「感覚」という言葉が自然に出るのだと思われる。だが実のところ、その割り振りの要求には困惑こそ覚える。ただ事実として私の指は子供の額から熱を受け取り温もり、それ故に私は子供が熱があると分かったのである。それで、この分かりの方を「知覚」と呼んでよいのか、それとも、熱さをまずは指に割り振って感覚される事柄とすることを選ぶなら、それに対応して、その事柄に依拠して子供の熱は「判断」されることと言うべきか。だが、これも、どちらかに決めよと要求されるなら、またまた私は困惑するのが実情である。

ところで、私は指を額に触れたままにしておくと、子供に熱があるのかどうだか分からなくなることがある。それも、発熱の程度によって、ほんの少しの時間でも分からなくなるか、幾分は長く触れたままにしていても発熱を確信をもって言えるか、差がある。分からなくなった時、私はいったん額から手を離し、また遣り直す。これはどういうことか。額から手を離した時、私の指は直ぐさま、額に指を当てる前の温度を取り戻すのであり、また、私の指によって一時は少し冷やされた子供の額も、元の温度に復帰する。そうして、私が思うに、子供の額と私の指との間に作用の遣り取りがあったとしても――この作用をどちらが作用する側でどちらが作用を受け取る側かと問うのにも意味があるのか、確かなことは、私が子供の額に触れにいったという（熱の遣り取り以前の）働きかけがあることである――、それはむしろ束の間のこととしてすら無視され、その無視の上に子供の額を対象とした、その熱さの知覚が成立する。額は、その熱さを調べようとする私の働きかけ（現実には私の肉体の一部である指の額との接触）によって熱さを変えるはずはなく、指はひたすら額のあるがままの熱さを知らせるだけの自らは透明な器官である、このような要請が実現してしまっているという建前が疑問なしで承認されているのが、あらゆる知覚が含み持つ論理なのである。それで、私は、私なしで確定されていた世界（の一部）を今や知覚によって発見する。たとい指と額とが接触しているとしても、私の指は私の向こうで確定しているもの、私から独立しているものとして額を見いだす、このような論理が貫徹される時に知覚、対象の知覚は成立する（ここで「私の向こう」を「私の指の向こう」と置き換えることはむしろ避けなければならない。確かに肉体という基準点を出さずには「向こう」を限定はし得ない。だが、肉体はあたかも透明であるかの如くなり、すると「向こう」という言葉は知覚する私と知覚される対象とを区分する言葉として漠たる仕方で機能し始めるのである)。熱さの感覚の中で私の指と子供の額とはあたかも融合したかの如くであっても、それが額の熱さの知覚であるためには、額を私の向こう、私でないものと位置づける距離、確かにもはや理念的なと言ってもよい距離が必要なのである。

ただ、実は温度の例は複雑過ぎる。なぜかと言うと、肉体は絶えず発熱し、かつ熱を放散させていて、しかも恒温を維持するために放散の在りようを変え、放散の在りように応じて発熱の在りようをも変えるものだからである（ここに熱さや冷たさの感覚や知覚の急速な消失、「慣れ」として処理される事柄を理解する手掛かりの一つがある――慣れの現象は広範な事柄にみられるが、以下で考察する事柄では議論に上せず、代わりに、一般に能動的反復によっては知覚や行動が容易になり、受動的反復によっては内容が次第に気づかれなくなることを述べておく）。それでも、以上の考察から確実に言えることは、外物の作用による肉体の特定部位の変様というものは、対象を出現させるのにどうしても必要なものでありながら、対象の出現のためには自身は現われの場から消去されねばならない、あるいは、あたかも消去されたかの如く退かなければならない、という論理の支配である。こうしてのみ、肉体としての私でない私、知覚する私による対象の知覚が成立する。

そこで、風呂に入る時や、冬に戸外に出て外気に触れる時の温度知覚のことを考えてみよう。「ああ良い湯加減だ」とお湯の温度の知覚をなしたつもりの後で、私はいつか自分の体の温もりを楽しむことに変わっていってしまう。外気に触れた途端、「ひゃあっ、冷たい」とか、「おっ、今日は寒いな」と外気の冷たさを発見し、次いでもう身に沁む冷たさに震える心地になる。つまり、温もりも冷たさも対象の知覚を構成する代わりに、むしろ私自身の状態の内容をなすものになる。これはどういうことか。対象の現われに不可欠であった作用が黒子であることを止め、その結果としての肉体の変様が現われを占拠して、対象は消えてしまうということである。そうして、この対象性の崩壊は、逆に、知覚対象が含む「向こう」という構造の成立、あるいはそれを支える条件たる理念的距離の設定のためには、媒介者として肉体が透明になる必要があったことを教えてくれる。視覚をも考えると、光という視覚の媒体も対象の見えの成立のうちで消えているのだが、実は肉体もまた知覚する私と知覚されるものの媒体として消える、その方向へ進むことがあってこそ、対象の場が開けられるのである。ただ、肉体は或る仕方で現われることを決して止めない。だから、消去は建前の上での疑似消去でしかない。

(12)感覚と肉体

ここで、何かに触れることを話題にすることから少しの間、離れて、肉体が現われの場に登場する様を考えてみよう。

目が覚めている間、肉体はいつでも現われている。体がだるい、肩が凝る、お腹が痛い、喉がからからだ、動悸がする、私達は様々な仕方で肉体を気に懸けるように仕向けられている。それに無論、自分の手や膝が常時の如く視野に入ってきている。

（ただし、自分の手の見えと、手の横のコップの見えとは同じ種類の見えで、見えるものたる限りでは、手が他ならぬ私の手であることを直接に告げる特徴はない。つまり、私の手であると判断するための材料を提供するに留まらず、それ自体が私の手という性格を持った見えとして見える、そうであるわけではない。見えるものは徹底して向こうに、私の向こうなるものとして、私ならざるものとしてしか見えない。とはいえ、自分の手の場合、私は見えることによるとは別の仕方で、つまりは自分が無造作に動かし得るものたる資格で、自分の手として知っていて、その手を私は見る。）

それから、私が立っていれば私は自分の体の重さを感じ、その重さを支える地面で足の近辺に圧力みたいなのを感じているし、椅子に座っていれば、お尻に窮屈さを感じたり、背もたれに寄り掛かった背を或る圧迫や温もりなどの感じのもとで通奏低音みたいに意識したりしている。

重要なのは、肩が凝るとかの事柄は、ただ肉体の事柄として現われているということである。どうしてこんなに肩が凝るのだろうと私が問うことがあっても、その問いは後から付け加わることもあるというだけのことであって、肩凝りの現われが当然に引き連れているものではない。胃がきりきり痛い、だから胃がどうかしているのではないか、と考える時も、「どうかしてる」というのは痛いことそのことではないのはもちろん、痛みの感覚に内容成分として含まれているわけでもない。胃が炎症を起こしているかもしれないとかのことを言うのであり、痛みの原因であると考えられるものを指そうとしての表現である。そうして、この場合、原因というのは胃の在りよう自身であるが、一般に原因が肉体外の事柄に求められる場合も多い。先刻、食べたものが悪かったかな、と人は思ったりする。ただ、すると、炎症の場としての胃は一方では食物と同じような身分のものであることも分かる。それは食物と同じく、知覚対象ともなり得る限りで語られているもので、痛みとして感じられる仕方で現われる胃、まさに私の胃として現われる身分のものではない。しかし他方で、それは私の肉体の一部である。そのことは胃の痛みを感じるのは私だけであることに示されている。

これはどのようなことか。炎症は胃の在りよう自身である、これは誰も疑わない。しかるに、胃の痛みも紛れもなく胃の在りようなのである。確かに西欧近代哲学なら、炎症は「肉体——物体」のラインに属する事柄で、痛みは「精神——心」のラインに属する事柄であると位置づけ、両者を心身間の因果関係、もしくは平行関係として処理するであろう。しかし、私は次のように考えるべきだと思う。第一に、痛み、それから胃もたれとか、一般には痒みやくすぐったさ等の、要するに感覚のグループこそ、私のものとしての胃、一般に肉体の特定部位の存在を、その場所、肉体における位置とともに私に告げるものである（この定位は、私が肉体のその部位を意志的に動かし得るかどうかで、より明瞭になったりならなかったりする）。だから、痛み等を肉体から切り離すのはもってのほかである。それどころか、痛みは胃の在りようであるばかりか、他ならぬ私のものとして告げ知らされる胃、これの在りようなのである。

第二に、ただ、胃（そして肉体のあらゆる部分）は、条件が満たされれば見ることの対象にもなり得る、ただし、その時は、先刻、見える私の手について述べたように、見えるものたる限りでは徹底して見る私の向こうなるものとして見え、それで見られた胃は、見える他の諸々のものと同様の性格を持って見え、その見えの中にそれを私のものとする特有の成分を携えてはいない。私の胃の痛みは私しか感じなくとも、私の胃を見ることの方は内視鏡と画像を通じて医者も私も同じ資格で見得ること、それどころか、私の腹を切り裂いて手術する医者の方が私よりは良い条件で見得ること、更に陳腐なことだが、私の後頭部だったら、人はしょっちゅう、それを目にしているのに、私自身は見はしないことなどに改めて注意するのも無駄ではあるまい。そこで第三に、感じられる痛みとしての胃の在りようと、見られる炎症としての胃の在りようと両者の関係は、これら二つの事柄だけを考えるなら、事実的平行関係として処理されるべきものとなる。ただ、心身の平行関係としてよりは、肉体の二つの現われ間の平行関係としてである。もっとも、といっても、見える仕方での肉体の現われは対象としての現われでしかなく、それ自身では私の肉体であることを告げはしない。そこで、平行関係は、或る知覚対象と或る感覚内容との平行関係である。二つの存在間の関係でなく、二つの違う現われ方をするものの間の関係である。一般に知覚対象は理念的な距離の向こうに私ならざるものとして現われるので、見られる限りでの肉体も私のものという特性を持たずに現われ、しかし他方で感覚のうちに肉体は距離なしで私の事柄として現われるのである。

だが、更に第四の事柄がある。私達は見えるものとしての胃に働きかけることによって胃の痛みを変え得る。そして、ここに、痛みと炎症との間を平行関係よりは因果の関係と考えることが自然な発想になってくる理由がある。それで、働きかけとは胃というものを選別してそれに働きかける行為、しかも働きかけるためには働きかける者が世界の部分たる資格でやはり部分としての相手に（多くの場合は部分である何か、薬や手術のメスを媒体にするなどして）作用するものとしてあることを要する行為である（他方、胃を見るとは、見えるものの広がりを話題にした時に述べたように、胃を他のものと一緒にそれらと同様の対象として眺めるということであり、また、そのことに対応して、見る私の肉体の方は現われの舞台からは消えてゆく傾向にあって、私はいわば対象世界全体に対峙するものであるかの如く己を――ちょうど「主観」と呼ばれるようなものとして――位置づけがちである）。そうして、実は、行為の媒介による因果関係の設定に先行されることなしには、痛みと炎症との間に平行関係を設定することも可能にならない。なぜなら、どうして他ならぬ二つが特に取り上げられ関係づけられるのか、その理由は、行為とそれが明らかにする因果関係からでなければ、どこからも出て来ないからである。関係づけを、二つの間には規則性が見られることに基づけようとするのは、人が常に物事を観察せんとばかり心懸けた態度を取ることを要求し、そうして、その態度に対してはおのずと物事の規則性が浮き出てくるはずだと考える馬鹿げたことである。本当は、関係づけをもたらし、規則性を語ることを可能にするのは、働きかけの相手を選別する行為とそれがもたらす結果が持つ、或る許容範囲での反復の構造なのである。ところが、近代の哲学は、あらゆる因果関係の批判に鋭さを見せる一方で、平行関係を優先させてきた。そうして、このような思想がどこからくるかと言うと、認識の問題をこそ最重要な問題だと考え、しかも認識とは発見されるものを無傷のままに見いだす発見であると考え、行為こそが持つ秩序設立の機能に目を向けなかったことからくる。行為こそは物事の変化をもたらし、そのもたらし方の整序を通じて秩序を設立し、いわゆる科学的と称される認識に内容を与えるものなのであり、また、因果性の秩序を認識の中に持ち込むものなのである。しかるに、認識のモデルを、単に相手を発見するだけの働きと思われてしまう視覚的知覚に求めて、すると肉体が透明になってゆくという知覚の方向性におのずと従い、その限りでは不可避の歩みを進めながら、しかしながら限界を越えて肉体を抹消し、あたかも精神の目で見ることこそがなされるべきだと躍起になって主張するに至った、このような経緯がある。

(13) 見られた接触と作用の概念

見える世界での出来事の理解にどのようにして因果的了解が入り込み、またそれが排除されもするか、これらについては第三章と第四章とで詳しく見ようと思う。だが、ここで、物と物との接触というものは接触に至るまでの運動と接触の際の作用という概念を含まざるを得ないとしても、接触をただ見ることからは作用の概念が失せがちであること、これを、見える広がりの様態について何らかのことを教えてくれる限りで、少しみておきたい。

　本が机の上に載っているのが見える。力学的に言えば、本は重力でもって、机は抗力でもって互いに作用し合っている。力学を離れて日常的経験に即しても、私が重たいと思って持っていた本なのだから、その重さを今は机が支えてくれているはずであり、支えるとは作用の一種だと考えてもよさそうではある。けれども、互いに接触していることによって本や机に変化が生ずることはない。確かに机がなければ本は落ちる、それを机は阻止してくれているのだが、本がいったん机の上に在り始めた後、何の変化もなく本と机とは在り続ける、そのように見える。それで、力学やら本の重さやらを忘れて、ただ見ているだけの場合、見られた（本と机との）接触のうちには作用を告げるものは何もない。

　それで、離れていたものが近づいてきて接触するのを見る場合、それを私達はその時、二つのものの間に作用の遣り取りがあると見るのが自然であるのだが、西洋近代哲学はそこに作用を見ることを禁ずる傾向があった、これは何故かを言わなければならない。それは、認識のためには対象を選別し、それに働きかけ変化させることが不可欠であることに目を向けず、ただ観察による知識を理想と誤って考えたからである（第四章も参照）。それで、見られただけの事柄に徹して見られたものどもが告げる内容を取り出すと、見られたものどもの間には何の作用も見えない。それらは互いに独立した、同時的共存物として見えるのである。広がりは、一方では、そのうちに在るものをすべて一つの世界に属させながら、他方では、どれほどに近づき合った二つのものすら別々に引き離すことを本来とするのである。もっとも、そうすると、今度は、一つのものと見えるものもまた広がり（ヴォリューム）をもって見えるのに何故それが一つとして見えるのか、相互外在的なばらばらの部分へと雲散霧消し、更には部分というまとまりすら解体されてゆかないのか、こちらの事柄を理解しなければならなくなる。答えは、一つのものとは私が行為において働きかける対象として選別する、その選別相手になることでもって一つとされるのであり、しかるに、見える輪郭は行為への手掛かりを与えるものなのであると、こうなろう。そうして、事情がこうであるので、或る二つの（それぞれが一つのものとして）見えているものを離している広がりが、そこに何もないのに見える（実際には空気などがあるのだとしても見えない以上、見えるものは何もない、何も見えていない、それなのに何もない広がりが見える）ことの奇妙さも理解できる。空虚な広がりは、働きかけの対象として選別された広がりを差し引いた余剰であり、選別された対象が私の可能な働きかけの相手であるのに対応して、それら諸対象に向かう行為途上の肉体が横切る隔たりの意味を重ね合わせられたものなのである。こうして、行為ないし、それ自身が一つの物として自己限定している肉体の移動を織り込むことによって、広がりは空虚と物とに分割される。

(14) 痛みと刺激

さて、痛みなどの、私の肉体の或る部分が己を私に告げ知らせる種類の現われの考察から、対象の現われの成立へと、私達は歩みを進めることができるであろうか。ところが、このような関心で私達の経験を振り返ると、痛みがただ肉体の事柄としてのみ現われるとは限らないと思われる場合に気づかされる。背中がチクチク痛い。服と肌の間に何か入っているなと思い、調べてみると、山歩きの時に入り込んだに違いない草の種子が肌着に引っ掛かっていた、このような経験は誰にでもあろう。この時、痛みは背中という肉体の在りようを告げると同時に、何か対象を（それが種子だとかの限定はできなくとも少なくとも外物である何かとして）知覚させていると言ってよいのかも知れないではないか。

先の尖った種子が私の皮膚を傷つけ、そこで、もう皮膚に接触していないのだが痛い場合、それから、種子が皮膚に刺さったままでいて痛い場合を、右の例に付け加えて考えよう。といっても、これらの例も更に場合分けをするなら、実に多様な様態の経験を私達はなすわけであって、従って例はあくまで感覚と知覚とを支配する論理を見届けるのに役立つ例を道しるべ的に選ぶ、そのような方針で進むのであることを断らねばなるまい。そこで、新しい二つの例だが、それらは、この項の最初の例と、前項での胃の痛みの例との中間に位置を占めるものになろう。

まず、背中に傷があって痛いというのと、胃に炎症があって痛いというのと、二つは差し当たり全く同じ種類であると考えられる。この考えを根拠づけるための議論も要るまい。けれども、それでもなお、違いがあるとするなら、どういう時に違いが生ずるか。傷は体の表面のもので、炎症は内部のものだというのは確かである。しかし、表面と内部とを区別するのがどうして可能なのか。この区別を、表面の傷は見得るのに胃の炎症は見えないということに基づけるのであるなら、それは見られる対象という資格の中で当座隠れているかいないかの違いでしかない（だから内視鏡を使えば炎症も見える、隠れたものでなくなり対象になる）。しかるに、違いが生じ得る場合にどのような違いが出てくるのかを考える際に問題とされるべきは、痛みを感ずるそのことの有りようにおいて区別される違い、これなのである。

背中の傷は、右腕を上げる時に服に擦れて余計に痛くなる、ということはある。確かに胃の痛みだって、なぜか強くなったり弱まったり、一時的におさまったりもする。しかし、背中の傷の場合には更に、その傷の痛みの増大が、はっきりと服との摩擦とかの折に生ずる。そうして、微妙なのは、この、より強く感ずることが、服もしくは何か外物の知覚を伴っているか、しかも成分の如くして伴っているかどうかである。私が、右手の人さし指が痛いので指を見てみたら、切り傷があった。いつの間にか気づかないうちに切っていて、切った瞬間には痛みを感じもしなかったということはあり得る。それで、今はともかく痛い、と同時に切り傷を見ている、という場合、痛みの感覚と切り傷の知覚とが共に生じているのではあるが、両者はいわば独立している。私が切り傷から眼を逸らしても痛みは続く。そして、その痛みの中には切り傷の知覚は含まれていない。同様に、私が或る食べ物を食べる度に胃の痛みが強くなることがあるにしても、そのはっきりした相関関係、因果関係と読み替えられることが相応しい関係は、独立して知られる二つの事柄に事実的に判断によって認められたものに過ぎない。しかるに、私が問うているのは、背中の痛みの増大に、それと切り離せない仕方で背中と何かとの（摩擦の）知覚とが結び付いているかどうかなのであり、結び付いているなら、胃の痛みと背中の痛みとに若干の違いがあるわけである。

この問いが、この項の最初の例における問い、即ち、背中にチクチク痛みを感じて肌着に草の種子を発見するという例で、痛みは何物かを知覚させているのかという問いと限りなく似ているのは言うまでもあるまい。それで、くどいようだが、あと一つの場合を考える。それは、私の掌にある傷が、掌を大きく広げる度に痛む場合である。この時、傷口に何かが触れるというのではない。私の体の他の部分が触れるということすらない。傷口が開いて痛みが増すのである。

さて、この最後の場合と、服との摩擦で背中の傷が痛む場合とに共通に、私達はしばしば「傷が刺激されて（ないし傷を刺激して）痛い」と表現する。それで、刺激の概念には作用の意味が含まれていて、時に、その作用するものたる刺激物自身を指して「刺激」と言うこともある。ただ、その作用物が何であるかは未だ限定されていないからこそ、単に「刺激」とだけ言うのである。だから、痛みを感じながら刺激に言及する時、痛み、ないし痛みの増大を結果としてもたらす因果作用のあることを、原因を特定しないまま指示しているわけである。そうするとまた、最初の草の種子の場合や、摂取する度に胃を痛くする食物の場合にすら「刺激」という言葉を使い得る理由が分かる。種子の刺激で痛い、この食べ物が刺激となって胃を痛くさせる、こんな具合になるのである。ただ、食べ物と胃の痛みとの因果関係の場合、これは明らかに判断される事柄である。しかるに、草の種子の場合、もし痛みの感覚そのことの生ずることが何か外物（つまり他の、見ることなどの知覚の援けでは種子と判明するが未だ何かははっきりしていないままのもの）の知覚を引き連れているのなら、その引き連れの様態は、いわば知覚される因果関係を通してのことではないのか、このように問題を進展させることもできるように思われる。関係が、つまり項そのものでなく二項の間の関係といういわば論理的なものが、判断されるのではなく知覚されるというのは確かに奇妙ではある。だが、事柄の成立する次第を注意深く分析してみよう。対象の知覚は、或る原因からの肉体の知覚器官とか感覚器官とか呼ばれる部位への作用を不可欠としながら、その作用の消去と肉体の透明化との方向に相即的に（普通はその原因であったものを、原因という資格を消えさせて対象という資格において）成立するという論理、これは擬制の論理である故にどこか不可解であった。原因であることから対象であることへの転換、過去に位置するものから現在に現われるものへの転換、これこそ知覚の謎の論理である。だが、今や、この論理を補い、より詳細にし確かなものにする道筋がおのずと引かれているように思われる。即ち、肉体の現われの原様態としての感覚が、いつか作用という関係性を含むものを己のうちに孕ませながら、対象性の次元の誕生に一役かっていること、これをみるべく誘われるのである。

けれども、あと何がこの誕生に協力しているのか。考えるに、刺激を言いつつ、掌の傷が開く時の痛みの増大の場合には、刺激物の役割を果たす外物は見当たらないように思われる。代わって確実なことは、運動の関与である。しかるに、背中の傷の服擦れの場合にも、そして、恐らく草の種子が引っ掛かった際の痛みの場合にも、運動の関与がある。そこで、運動と外物の知覚との間にあるかも知れない関係を、項を更めて追究するとしよう。

(15) 運動と圧迫

想い起こすと、触れることとの様々の経験を調べ始めたのは、触れることとは空虚から接触への移行の経験であると思われたからであった。しかるに、触れにいく時の移行、それが肉体の運動なしで生じないのは当然のことである。それで、私達はまた運動と触れることとを関係づけて考えることに戻ってきたのである。そして、今、漸く、いわゆる触覚的接触について論ずることが射程に入ってきたのである。

さて、今度は草の種子でなくて、ドングリが先の尖った方で肌着に引っ掛かり、私の背の方には丸い滑らかな曲面を向けている場合であったらどうであろうか。既にシャツや肌着という私が身に付けているものが私の肉体にとって外物であるが、それらがどのように私の知覚や感覚の経験の内容物になるか、その姿は実に多様である。着心地の良さや悪さとして表現される事柄がある。暑さや寒さに応じても服は違って意識される。服は時に重く、時に窮屈なものとして気に懸かる。また、私のあれこれの運動が服を目立たせたり忘れさせたりする。服の縫い目一つが、襟の首回りへの当たり具合が服全体から浮き出て自己主張することもある。すると、ドングリもまた、服のデザインの気紛れな変様と同様の事柄として服の中に服の一部として溶け込むこともできないわけではない。だが、服という、知覚対象としては複雑なものを主題に論ずるのは止そう。確実な一点に分析を絞る。その一点とは、背の部分にドングリが紛れ込んだ服を着た私が、余りふんわりしたものでない椅子の背もたれに体を預ける時、少なくとも一瞬、私は背に何か固いものを知覚するだろうということである。

注意したいが、その後、私が椅子に背をもたせかけたままでいると、その知覚はすぐに、体と椅子とがいわば融け合うようにしてつくる安定感や窮屈さとか、いつまでも冷んやりしたり逆に徐々に体温で温められて温もってくる、そのような温度感覚とかの中に埋もれてゆくことがしばしばである。しかし、私が体を動かし、自分の背を椅子の背から離し、再び椅子の背に委ねることをなす度に、何か固いものの知覚は自己主張を繰り返すに違いない。あるいは、私が腕を大きく上に伸ばすような動作をする時に、何かが背中に当たっていると感ずるであろう（ここで「知覚」という言葉と「感ずる」という言葉と両者のどちらもが自然に出てくるような状況があることにも留意したい）。

このような経験は何を教えてくれるか。それは、第一に触れる仕方での知覚は圧覚を持つことから始まることであり、第二に、運動なしでは生じないことである。けれども、運動と圧覚との関係を、運動と抵抗との関係と誤解してはならない。圧覚は、運動が私の肉体の運動である時にも、向こうから何かが私に触れてくる運動である時にも生ずる。そうして、前者の場合、抵抗の如く肉体の運動を挫折させるものであるよりは運動に指針を与えるものであり、後者の場合、私に運動を促すもので、そして、促された運動を私がしないなら私の外なるものの知覚は生じないのである。それら肉体がなす制御された運動、及び促された運動は僅かのものである。けれども、その持続、コントロールされた運動の持続が圧覚において対象を出現させる。人の皮膚が弾力を持つのは故なしとはしない。皮膚が凹み元に戻る運動、この或る原因の作用に応ずる動きが、その原因を対象の地位を取るものへ転換し、知覚を成立させる。作用があり、肉体における変化が生じ、しかも、その変化はあたかも運動によって吸収されるかの如く肉体を持つ私自身へと現われることはほとんどせずに、引き換えに対象が描かれる。因果の作用も消えて、時間の流れに無傷に存立するものとして対象がただ発見されるだけであるかの如く姿を取る。文字通り皮膚の一瞬の運動が、向こう側という知覚の対象性の次元を描きつくりだすのである。

こうして、触れることが対象の知覚としての像を結ぶ時には、触れることは皮膚と外物とが互いに圧迫し次いで離れようとする往と還との運動から成り立っていること、そして、少なくとも還の運動の方は肉体の側からの運動として生ずるのでなければならないことが分かる。離れようとする運動、それは離れてしまうというのではないが、対象を向こう側に突き放す。接触が直ちに（肉体と外物とが無差別に融け合い結局は肉体の事柄として現われる）感覚のうちに眠り込んでしまわないためには、肉体はあたかも作用を中和するかの如く運動し、自己を透明化しようとすることによってのみ、経験された質の担い手として（己をでなく）対象を、向こう側に描き現出させるのである。そして、ここから、普通、私達が触覚的知覚の相手としては固体を想い描くのが何故かも理解できる。実際には私達は水のような液体にも触れる。しかし、水に触れるとは、触れる指に冷たさを（即ち指が冷たいと）感じたり、水の冷たさを知覚したりすることを含むけれども、何よりも指を濡らすこと、指が濡れ、その指を水から離して再び触れる以前の指を取り戻そうとしても指は以前の状態とは違った状態を取り、水の方はその一部が触れられる前の水の集まりから分離して私の指に移動してくることなのである。私は運動によって水を向こうの次元の事柄として描き、己の指の方は忘れてしまう、そういうわけにはゆかない。水を見ることは、見る私をこちら側に、見られる水を向こう側に、それぞれ無傷に放っておくが、水に触れることはそれを許さない。だから、水に触れることは既に一種の行為である。黒い得体の知れない液体に指を突っ込む人は冒険をなすのである。

ところで、私は水をつかむことはできないが少なくとも水に触れることはできる。しかし、雲のような形態はつかめないだけでなく触れさえできない。それはどうしてか。雲は私の運動に何の指針も与えず、運動を促しもしないからである。そして、だから、ついでながら、私達が例えば煙が部屋に立ち込めるのを見る時、煙の部屋の壁への接触という発想を持たずに見る理由も理解できる。二つのものの接触を見るとは、先に述べたように、二つのものの隔たりを埋める運動を最後まで進めたこととして見ることであり、すると、自分の肉体で触れることになぞらえた仕方で一方の他方への接触を見るわけである。しかるに、私達は煙に触れ得ない、触れることをしないと考えている。そこで、そのことに正確に見合って、私達は煙の壁への密着というイメージを持ちにくいのである。煙が「這うように」壁を伝って動いてゆくと語るにしても、それは何か煙が壁に精一杯くっつこうとしながらも触れたということとはどこかずれている、そのような具合に見てしまうことの表現でしかない。最後に、固体に戻れば、その固さと柔らかさとの対比は、触れることにおいて皮膚が違った運動を指示されることとして見いだされる。

だが、では翻って痛みを考えるに、痛みもまたしばしば肉体の一部と何物かとが触れる時に、ただし単なる接触というには強い仕方で触れる時に出現するものであるが、痛みにおいて現われるのは何よりは肉体そのものであった。痛みはどのように位置づけられるべき経験なのか。ここで、先に例に挙げはしたが未だ吟味には至らなかった例、草の種子の先端が皮膚に刺さったままで痛い場合の経験が参考になる。この場合、恐らく運動に応じて痛みが増したり減ったりするであろう。それで、運動の際に服で擦れない時には、痛みは単に肉体の痛み、背中の痛みである。けれども痛みが増大する時、それは単に痛みの増大であるばかりでなく、更に、何かが刺さる、ないし既に刺さっているものがより深く刺さろうとしてくると感ずることも多いのではないか。そこには、いわば外物の知覚の萌芽がある。そうして、この知覚には、あたかも痛みから逃れようとするかの如き肉体の微かな運動が結び付いている。その運動なしでは痛みは肉体の事柄に留まる。考えてみるに、圧覚が嵩じると痛みに変わることはよく知られている。これはどういうことか。皮膚の弾力がもはや圧してくる力を吸収できない時に痛みは始まるのではないのか。触れてくるものから離れようとして圧迫してくる力とバランスを取りつつそれを力から対象に変える背中の皮膚の運動、向こう側という次元を構成するミニマムの運動ももはや可能でなくなる時に、痛みは始まる。痛みとは作用を受けながらも運動し損なった肉体、作用を中和しつつ現われの舞台から消え去ることをしなかった肉体の或る部位が発する警告、剝き出しの作用結果であると思われる。それ故、痛みと圧覚とは連続性の上に極微の差によって出現する、元々は同じ作用に由来する兄弟なのである。だから、次のように言うことすらできる、人に痛みを与え得るものにだけ人は触れ得ると。

（いわゆる皮膚の痛点、圧点、温点、冷点の分布や、それらを成立させている神経終末の種別等に関する発見は、ここの議論と無関係である。実験的状況で、先の尖った針や毛髪で細心の注意を払って皮膚の或る一点だけに少し触れる、触れられた人は人で注意深く、その時に感じた事柄を区別し報告しようと身構えている、これは或る理論的関心と技術の構築に導かれた分析で、確かに経験の有りようを変える技術的行為——感覚麻痺の治療、リハビリの指針など——に役立つ情報を与えてくれるとしても、圧覚や痛みの日常的経験の姿の適切な分析にはなり得ない。私達は針に触れたときにはもう刺されてしまい、毛髪ならそれを曲げてしまうのが普通だし、そして、大抵は広い面を持ったものに触れるのである。だから、皮膚の違った部位に圧点と痛点とがあり、だから、それらは独立で対等な感覚であると思われるかも知れないが、圧覚のあとに痛みが続き、痛みの前には圧覚が原理的にあり得ること、この論理は動かない。また、胃の痛みとは私の体における異変であり、体にとっては元来は外的な事柄の侵入であるというような性格を持つ。胃もたれ——食べ物が外物から内的なものへ転換する前の段階——から胃の痛みへ、これが辿られるべき論理である。また、液体には触れ得るが液体は痛みをもたらし得るとは限らないではないかと指摘するむきもあるであろうが、液体は非常に冷たくなったり熱くなったりすると、触れる肉体に痛みを与える。それに、強い風のような気体もまた、痛みを与えると言えるようなものになるなら、その直前で触れ得るものになる。次節で述べる、炎についての経験も一考に値する。）

4　運動と知覚と広がり

(16) 導かれる運動

さて、私の議論は、対象性の次元を成立させるのに肉体の運動が不可欠であることを示すことに向かって歩まれてきた。この歩みを、次に、触れることによる形の発見の在りようを調べることでもって更に先に進めたい。

夜、暗がりで私は枕元の目覚まし時計や電気スタンドのスイッチを手探りで探す。私の手は用心して動き回り、触れたものの形をなぞる。なぞるとは、圧覚に導かれての運動である。導きとは、肉体と物との作用があるのにもかかわらず作用によってあたかも変化が生じないかの如き擬制が維持されるように作用の在り方を導くこと、かくて、作用によって、導くものを対象として発見させることである。そうして、運動は形を描き、その形は対象を指示する。私の手が描く形は私の手の向こうに位置する形なのである。ここには、運動による、因果関係の対象性への転換がある。持続する作用が己を消す方向に働いて、対象を、その時間に無頓着なものとして現われさせる。発見されるものが、発見という時間過程によって変化を蒙らずに存立するものとして現われる。作用結果ないし交渉結果の現われとしての肉体における感覚は、肉体の運動を導きながら運動の中で退き（といっても完全に退きはしないが）、対象の知覚という出来事を成立させる。

ここでもう一度、熱さと冷たさの経験を、ただし、先に述べた幾つかの事例よりは特殊な場合を少し考えてみる。第一は、焚き火の時の温かさや熱さの経験である。私達が「炎に触れる」と言う時はどんな時か。火傷する時、あるいは火傷しようとする位に極度の熱さを感じた時。一瞬にして姿を変える赤い色として見えるもの、それが、やはり眼に見える手に視覚世界の中で触れる、これはイメージとして自然に浮かぶが、熱さの経験を取り除いてそのイメージだけに頼ろうとすると、決して明瞭なイメージではない。赤い炎は手に触れようとした瞬間、むしろ手を包むために形を変え、手の縁をすり抜ける。それは波の飛沫が私の手に触れることに似ていて、違う。飛沫は確実に私の手に付着したものとして見える。

（ただ、この見えは対象どうしの見えでしかなく、そこで、他ならぬ私が私の手で液体に触れることとの経験は、やはり接触の見えとは別に、冷たさの感覚や、いったん触れた以上はもう液体が皮膚から離れない、皮膚を濡らしたままでいる等の事柄と一体をなすものとして論じられなければならないのに変わりはない。）

それで、炎に触れることがあるとするなら、それはもう痛みという肉体の現われに移行する寸前の間隙においてでしかない。で、その間隙はどうして可能か。痛みの瞬間に私の手を引っ込め、痛みから身をかわすことによってのみ辛うじて可能であろう。完全に火傷する時、私は火傷の燃えるような痛みから出発して、判断によって、手が炎に触れたことを語るであろう。結果から原因にさかのぼる仕方で。しかし、知覚としての炎への触れが可能であるなら、つまり、炎が対象という資格で（しかも視覚における対象としてでなく触れられるものとして）現われることが可能であるには、触れる手の運動が感覚を消す仕方で向こう側を描き、対象性の次元をつくり出さなければならないのである。

ところで、多くの場合、私は炎に触れることなしに焚き火の周りを回る。そうして、仮に私が視覚障がい者であったとしても、私は焚き火の周りを回ることができるであろう。ちょうど、暗がりで私が壁を伝って廊下を通り隣の部屋へ曲がってゆくことができるように。焚き火から遠ざかると熱さは和らぎ、近づくと増す。この運動と熱さの程度の増減との関係は、皮膚が窪み元に戻る運動と圧覚における圧の強さの増減との関係を拡大してみせるようなものである。そして、ほぼ一定の熱さを感ずることに導かれて焚き火の周りを回ることは、触れて形を確かめることにおいて働いている論理をゆっくりしたヴァリエーションにおいてみせてくれる。つまり、手がボールや鋏の柄の部分を包み込む時、五本の指や掌が違ったふうに曲がり、指や掌のあれこれの部位に異なる大きさの圧覚を覚えることがボールや鋏の形を教えてくれると言ってよさそうなことに関して、その教えるものの内実は運動の形であることを類比的に示してくれる。私の手の各部は曲がると言いつつ、それはボールや鋏に導かれながら私が自分の手を曲げる運動をなすことであり、そして、実はその運動を通して結果としてボールや鋏をなぞり、形を現われさせつつ対象性の次元たる広がりをつくるのである。一般に熱さの経験というものは、先に述べたように、対象を発見させたとしてもその後すぐに肉体の事柄として在り所を変えるものである。だが、焚き火の熱さの場合、私が動く限りでは対象性の次元が崩壊せずに維持される。なぜなら、その動きは導かれる運動となり、運動は向こう側を描き、対象性の成立に不可欠の理念的距離を産み出すからである。

また、冬の陽溜まりに私がいる場合を考えよう。私の背はぽかぽか温かい。日陰に入ると寒い。それで、私が体に感ずる温かさ寒さは、私が陽溜まりと日陰との間で動く限りで場所の温かさ寒さの知覚に転換する。しかし、陽溜まりの中で私がうずくまっていると、温かさはただ私の肉体の事柄となる。けれども、再度、陽溜まりに留まったままで、だが私が体を巡らすと、私の背や後頭部から、肩、横顔へと温もりが移動し、同時に私は或る温かいものを私の体の向こう、一定の方向にあるものとして知覚する。それを太陽とか光と同定するのは判断であっても、判断以前に、知覚として微かな対象性を持って、私によって発見されることを待っていたものとして体の外の温かさは発見される。まさに私の肉体において生ずる変化、或る作用のお陰で、しかも、その作用は肉体の事柄として現われながら、ただ、肉体の事柄としては消去する方向性を持つことによって、対象の現われが可能となる。

(17) 導かれる運動と働きかける運動

しかし、焚き火の周りを歩くことは、いわば或る温かさには触れ続けることであるかも知れないが、焚き火そのものからは離れているとも言える。そこで、この点に着目する仕方で後で再び熱の経験を、熱源の知覚という観点から取り上げ、見ることにも含まれていた奥行きの問題を、更に一般的な事柄として論じ直す材料にしようと思う。そして、その際、陽溜まりの温もりでは熱源の概念は生じないようであることに含まれる事柄をも考えたい。だが、今は接触という経験、しかも触れることが知覚として己を整える場合の経験へと話を進めよう。焚き火の周りを熱さの感覚の程度に導かれて動き、或る意味で焚き火の広がりの形を顕わにすることと、いわゆる触覚的知覚、例えば電気スタンドのスイッチを手探りで見つけたり暗がりで壁を伝ってその凸凹を知ったりするというのにはやはり違いがある。その違いがどこから生ずるのか、考えてみたいのである。

違いが対象と肉体との接触の有る無しにあることは分かりきったことのように思われる。けれども、接触を言うなら、既にみてきたように、純然たる触覚的知覚においてのみあることだとは限らない。肉体のどの部分かは常時、地面、床、椅子などに触れていて、それらで体の重量を支えてもらっている。これこそ最も卑近な触れる経験である。そして、それらの触れている相手は、それらに肉体が触れた瞬間には知覚されても直ちに知覚の場から消えてしまう。肉体の在りようを告げるものとしての感覚といわば融合し、その現われのうちに埋もれてゆく。ただ、時折の肉体の運動の度にそれらは知覚の対象という地位を回復し、かくて、運動の関与が対象性の次元を成立させるために必要なことを教えてくれる。次に、触れることが痛みになっていて触れている場合もあることも私は考察した。この時は触れている相手の対象としての知覚はない。そこで、この場合をも考え併せると、肉体と接触しているものとして知覚される時ですら、対象の出現はいわば理念的距離を必要とすることが分かった。そして、この距離を産み出すものとして私の肉体の運動の関与があるのである。それから更に、触れることは対象への働きかけの過程に含まれもするものでしかない場合もあることも私は指摘した。この時、もちろん、運動の関与があり、そうして、対象に何らかの変化をもたらすことがある。そこで、今や調べるべきは、触覚的知覚を成立させる運動と、対象に働きかける時の運動と、両者の関係であると思われる。

（対象が人である場合、働きかけは必ずや相手に触れることを要するわけではない。それで、ここでは言葉の力に頼るような対人行為は取り上げない。また、愛撫のような触れることも、本書全体が物の世界と私との関係を主題にしているので扱わず、以下、対物行為だけを考える。）

さて、働きかけることは相手に変化をもたらすことであるが、知覚するとは対象を在るがままに見いだすという建前を持っている。見ることや聞くことが、見られたもの、聞かれた音の有りようを変えるとは誰も思わないであろうし、実際、変えはしない。私がどれだけ林檎を見凝めても林檎の色が変わったりはしない等々である。けれども、温度知覚の経験を吟味した際に指摘したように、子供の額の熱さを測ろうとする私の指は、額を幾分は冷やすのである。しかも、にもかかわらず私は、自分の指は額の熱さの在るがままを知らせるだけをする、いわば透明な器官であるかの如く扱う。

実際には、何かに特に触れる経験を考えないでも、私達は生きている限りで活動し運動をしていて、自分の体の周りの事柄に変化を及ぼしている。熱を発散させ、呼吸や身動きによって周りの空気を乱すことは絶え間ない。そして、これらの作用を考える度に私達は作用の相手を体に接しているものと考えるべく仕向けられる。あるいは少なくとも何かを媒介に接していると考えざるを得ない。けれども、普通は私達はそれらの作用のことも、体に接する仕方で体を取り巻いていてその作用の相手となっているもののことも気に懸けない。気に懸けるのはどういう場合かと言うと、自分がもたらした変化に応じて次の活動をどうするか考えなければいけない時である。そして、働きかけるということで私達が了解しているのは、或る特に選び注目した対象に積極的に変化をもたらす場合のことであり、そうして、私が注意を払いたいのは、その時、私達はおのずと典型的な対象としては固体を想い浮かべてしまうし、また、そうでない対象に変化をもたらすことが課題である場合にも、少なくとも肉体が直接に働きかける相手としては固体を当然に考え、その媒介で目的を達するということである。私は鍬で地面を耕す。その私の肉体の運動は、肉体の周りの空気を押しのけて実現されているわけだが、私は空気を、自分が働きかけている相手だと思ってもいない。鍬や地面に生ずる変化を問題としている。それで、次に水を運びたい。私はどうするか。バケツに水を入れる。バケツという固体に対してなら私は確実に行動を遂行できる。ところで、バケツがなければどうするか。掌に水を掬って運ぶことを考えてみよう。これは何を語るかと言えば、肉体もまた固体であるということである。弾力を持ち柔構造を持つが、固体である。そうして、実は固体とはどのようなものであったかと言うと、固さと柔らかさとの対比に言及した議論でみたところによれば、触れる肉体に圧覚を与えるものであった。そして、圧覚とは、肉体の運動に指針を与え、あるいは運動を促すものであり、いわゆる触覚的知覚を初めて成立させるものであった。かくて、触覚的知覚における運動と働きかけることをなす運動との二つの運動の関係は次のようなものであることが分かる。どちらの運動も対象によって導かれ、そのことによって対象を向こう側に現われさせている。しかし、触れる仕方での対象の知覚に含まれる運動の方は、対象を変える運動（行為）になる一歩手前で辛うじて踏みとどまった運動、そして、運動がまさに踏みとどまるべく導かれる運動であることによって、対象性の次元の産出を純然たる姿で実現し、対象の発見という知覚の建前に応えるものである。他方、働きかける運動の方は更に対象に変化をもたらそうとし、対象の知覚は前提されているが中心の地位を占めてはいない。

私は触れるや否や壊してしまうシャボン玉を、触れる仕方では知覚できない。シャボン玉に触れた時に指に弾けるような冷たさを感じるとして、それは冷たさが対象のものとも指のものとも区別もつかぬ具合の、対象性が垣間見せたのか否かも分からぬ程の経験でしかない。触れればどんどん溶けゆく淡雪で作られた雪ウサギや樹氷の形も、触れる仕方では発見できない。また、壊れやすいガラスの工芸品には私達は優しくそっと触れてのみ、それを見いだすことができる。工芸品に働きかけそれを変化させることをしないぎりぎりの仕方で作用して、それを知覚の対象の地位におくのである。私が先に、液体に触れるのは既に行為であると述べたことも、想い起こす価値があろう。

ところで、ガラス工芸品を触れる仕方での知覚の対象として見いだすのでなく、それに働きかける時、例えば運ぶ時、私はどうするか。そっと優しく持って運ぶ。なぜそうするのか。知覚が命ずるからである。対象を発見するだけのものであるという建前を持つ知覚を成立させると同じものが、対象に働きかける行為をも導くのである。私はハンマーなら握り締めて振り下ろし、雲雀（ひばり）の雛なら、そっと掌に包んで巣に返す。

（ただし、ハンマー振り下ろしの運動の方向を導くのは別のものである。私は釘を注視し、その視覚が運動を導く。しかし、ここでの議論ではそのことではなく、私の手の動きが、手が触れているハンマーとの作用の遣り取りにおいて生ずる感覚に導かれ、その導きはハンマーを私にとっての対象的なものにすると同時に、ハンマーへの働きかけの仕方をも導くという点、こちらに焦点を置いている。）

それからもちろん、私はガラス工芸品にげんこつの一撃を加えることもできる。その時、触れる仕方での知覚の成立は問題にならない。こうして、対物行為の運動は常に触覚的知覚を成立させる運動を越えてゆくもの、導かれることに留まらず自ら突き進んでゆく運動なのである。とはいえ、他方の導かれる運動も対象に作用しないわけではない運動である。運動が対象に変化をもたらさないというのは建前、そのように見做すということでしかない。だから、触れることが必ずやもたらす或る変化、これを無視することが触覚的知覚に本質的だと言ってもよいかも知れない。触れる相手の温度を変えることもする、温度の触れる仕方での知覚については二度も述べた。あと一つの例として、果物の種別を当てるゲームか何かを挙げ得よう。私が眼を閉じて果物籠を探る時、実際には中のバナナに触れて（それを温めることは別としても）少し表面をつぶしたりすることもあろうが、そうだとしても、知覚はそのことの無視の上に、即ち、知覚するとは対象に変化をもたらしはせずにただその在るがままを見いだすのだという建前の承認において、成立する。私の手は果物の形を発見しようとし、その過程で当の形そのものを少し変えながらも、私は手の運動によって対象の在るがままの形を見いだしたと思う（その結果バナナだと言い当てる）。ただし、それが樹氷のように大きく形を変えてしまうものの場合は無理で、知覚は成立しない。

それから、もう一度、私が鏡にぶつかる経験を考えよう。私は林檎をつかみそれを移動させようとしたのに鏡に手をぶつける。その時、何が生ずるか。鏡は手の運動を挫折させるものとして、抵抗として、その運動を挫折させるという仕方で一瞬だけ導くことによって辛うじて対象の姿をまとって現われ、しかし導くものたることをすぐに止めるゆえに直ちに（触れられる仕方での）知覚からは消えてゆく。幸い私は代わりに見る仕方で鏡を見いだすことに移ってゆく場合がほとんどである。

(18) 対象の選別と安定した世界と広がり

さて、私は林檎と梨とが並んでいる中から一つの林檎だけにそっと触れる。また林檎をつかみ、ナイフでそれを割り、皮を剝く。触れることと働きかけることとは、対象の選別を不可避に含む。そして、その選別は、私の肉体が対象のところまで移動した後でのみそれに触れ得、働きかけ得ることと連動している。それで、移動は時間過程を要して、そのつどに広がりの中の或る部分のみを占めつつ移りゆいて遂行される。また、移動のための広がりが肉体が最初に在った場所から対象までへと連続していなければならない。これらのことを踏まえ、再び空虚と、知覚における奥行きとの主題を考えてみよう。

奥行きの向こうに知覚されるものとして、まず視覚的知覚をもう一度考える。もちろん、注意深く見るためには私は対象を一つずつ見てゆくけれども、一挙に多くのものが見えることは視覚の特徴である。見えの同時性は、私が同時に林檎と梨とに触れ得ないわけではない時の同時性とは原理的に違う。見えるものの同時性は、奥行きの向こうで知覚されるものの同時性であり、それは見えるものどうしが隔てを保って見えることと連動していて、いわば、ゆっくりした現在をつくることに参与しているものの同時性、そして互いの独立性の主張を携えた同時性である。そうして、鏡に映った林檎の像の見えでさえ林檎そのものの像の見えと一緒に同じ連続した広がりのうちで全く平等な仕方で見える。鏡の中に見いだされる広がりはガラス窓の向こうに見える広がりと同じ資格で一つの広がりに参与して今をつくっている。それに対して触れるものの同時性は作用の同時性でもあり、交渉のうちにあり、作用がそれぞれ或る一点でなされる受け渡しであることに対応して、時間に関してもいわば瞬間に密着したかのような同時性である。ただ、触れることが触れた相手の発見である時、私はそれを向こう側に位置づけるのであり、しかも、他方で肉体が前面に現われるから、その向こうを、触れている肉体部位、それ自身が広がりを持つ部位の外側として明確化する。それから、触れることに先立つ運動は肉体の周りの広がりないし空虚の現実性を自明としているので、触れたものが位置づけられる肉体の向こうとは肉体が運動し得たかも知れない広がりの一部という資格を必ず得ている。

これらのことから、次のようなことが分かる。即ち、私達が諸々の運動を思考することは、知覚においてその時間的な存続が当然と見做されて一挙に与えられる広がり、これを前提してのみ可能となるのであり、けれども他方、広がりは空虚としてでなければ現実のものとされず、その空虚に意味を与えるのは運動、己が肉体の運動なのであること。運動は予めの広がりを予想しているし、しかし、運動だけが現実の広がりを空虚として順次に顕わにしてゆく。それで、予想でしかない空虚の方になおも何らかの現実性を、一挙に現前する広がりという仕方で与えるのは知覚なのである。こうして私達は二つの違った内容を持つ広がりがあることに気づく。けれども、運動が顕わにする広がり（すなわち空虚）の概念はよく分かったものとして人は受け取るであろうが、知覚が携える広がりの在りようについては、これを運動の広がりに結び付けないままではどこか曖昧なところを覚えるのが普通である。そこで、ここのところをはっきりさせるために、触れるものがやってくるのでないのに或る何かがやってくる類の知覚の経験を調べたい。その種の経験の一つは、既に取り上げた、焚き火のように離れた熱源からやってくる温かさの知覚の経験である。それから、匂いの知覚や音の知覚の経験である。

(19)やってくる知覚的質の経験と広がり

まず熱の知覚を、それには源があるということに関係させて論じよう。それで、技巧的な例を許してもらって、次のような場合を考える。二つの部屋があって、仕切りの壁は断熱材でできていて、一方の端で五十センチほど切れて、二つの部屋はそこでつながっている。しかも、そのつながっている箇所の二部屋に共通の壁（仕切りの壁が到達せずにいて、仕切りと垂直方向に面を向けている壁）は、凹曲面をなす、よく光や熱を反射する金属板でできている。そうして、私はこちら側の部屋に居て、もう一つの部屋に、凹曲面の金属壁に向かって輻射式のストーブが熱を発生する状態で置いてある。すると、私の体の金属壁に近い側は温もりを感ずるであろう。そして、私がじっとしているなら、温もりは私の肉体の事柄としてのみ現われ続けるに違いない。けれども、私が動くなら、私は私の向こうなるものとして、金属壁の方向に或る温かいものを知覚するであろう。確かに私が居る部屋の空気は徐々に温まるし、温かさとは私を包む空気の温かさだと言うこともできるが、私のその時の経験としては、私は熱源を、私から離れた場所に、金属壁の方に知覚すると述べるのが適切であろう。

（ここで輻射熱と対流熱との違いを持ち出すこともできようが、そのような学問的ないし技術的知識に先立って、私の温かさに関する経験がある。）

私が体の向きを変えると私の体の違った部分が温かく感ずる。私が金属壁の方に近づくかたらない。

遠ざかるかに従って、より温かく感じたり、温かさが遠のいたりする。そして、私の体の在りようを告げる感覚が背景に退く方向に向かうと、引き換えに何か私ならざる対象が現われを占めるようになる、つまり知覚が成立する。この成立には特に顕在的な判断の介入は見当たらない。

ところで、本当の熱源、ストーブは金属壁の方向にでなく、仕切りの壁の向こう側に在る。これはちょうど、鏡に映った林檎の本物は見える場所に在るのでなくて、鏡の手前、見ている私の横に在るのと同様の事柄である。だが、本当の熱源とか林檎そのものとかで、私達は何を意味させているのか。これについては後で論ずることとして、今は、温もりが金属壁のほうからやってくるのは間違いないことを確認したい。すると、この「やってくる」ことに含まれる広がりは、鏡の中の映像が携える広がりと同様、それ自体の内容を持ち、それは、本当の熱源や林檎がどこに在るのかからは独立した価値を持っているのである。だが、「やってくる」とはどのようなことか。

やってくることには出来事という含みが持たされている。それで、私が段々に温もってくるということも、このような表現を誘うことのうちでは働いているかも知れない。けれども、私が寒い戸外から暖房の効いた部屋に入ってきて段々に温まる時、私は熱が向こうからやってくると知覚するわけではない。すると、やはり、知覚の対象性を成立させる運動の関与が不可欠である。けれども振り返って改めて考えるに、私が陽溜まりで或る方向に温かさを感じ、その限りで対象性の次元に熱を置く時、それを可能にするのも体の運動であったが、それは体をゆっくり巡らす回転運動であり、熱がやってくる方向だけを知覚させて熱源をどこか或る奥行きに位置させることをするわけではない。そうして、熱の方向に向かう線上での運動は知覚の対象性の成立に寄与しない。これに対し、部屋では私が金属壁の方に向かうか退くかの運動こそが、熱がやってくるという仕方での知覚に関与し、熱源の或る遠さや近さを知覚内容に含ませるのである。どうしてか。陽溜まりの場合、直線運動は温かさの程度に何の変更ももたらさず、部屋の場合はもたらすからである。そうして、**その変化が対象性の次元に転換されて**、隔ての向こうに熱源を定立ないし想定することに結び付くのであり、また、このような仕方での知覚こそが、熱がやってくるという含みを持った知覚の内実をなすと思われる。

けれども、そうだとすると、熱源の遠さをつくっている広がりは知覚の現在に与えられているわけで、熱が時間をかけて通過してくるものとしての広がりそのものとは内容を異にしていることになる。実際、例えば私が先の部屋の例で金属壁にストーブの映像を見て、それを映像と気づかないなら、ストーブを金属壁の方向、金属壁よりもっと遠くに見ると同様、その見えに動機づけられて、そのような遠くから熱がやってくると知覚する傾向があろう。その広がりは見えの広がり同様、一挙に知覚内容に含まれた広がりで、時間に沿った運動によって構成されるもの以前の広がりなのである。

(20) 音と匂い

それでも、見えるものは向こうに留まり続けるけれども、熱はやってくる。ここに熱の知覚が携える広がりの様態の曖昧さがある。そこで次に、同じく源の概念を含みとして持つ様式の知覚である、匂いの知覚と音の知覚とを取り上げ、両者を比べ、その違いに含まれる論理を考えて、更なる考察の材料にしたい。すると、匂いの知覚では、匂いが向こうからやってくるという含みが失せる傾向もあり、その傾向が進むのに正確に相関して、匂いの源の代わりにここにおける匂いの担い手の方が知覚内容の前面に出てくることがあること、他方、音の知覚では、音の徹底した出来事的性格が、音の担い手という捉え方を拒むことが分かるであろう。そうして、出来事である音がなおかつその時々の現在において携える広がりの構造があること、これに着目して、知覚の対象性と切り離せない広がりと、運動の概念と切り離せない空虚と、両者の違いを確かめることができよう。

まず音の知覚について考える。本来（つまり、人間における変容様式、例えば音楽で代表されるような様式を後なる事柄と考え、それはおいて、動物の生存体制に組み込まれたものとしての本来の役割からするなら）、音を聞くとは音のする方向が分かること、音源を知覚することである。そして、音は出来事的性格を持っているので、音の知覚とは直ちに行動への指令、音を出しているものから逃げ出すなり、それに対して警戒するなりの指令となるべき類の事柄なのである。それで、対象性の次元の成立に関与し、音の方向の知覚を可能にしているのは、音の強弱や鮮明さ不鮮明さの程度の増減と相関した肉体ないし聴覚器官の微かな運動である。そうして、驚くべきことに（対象としての熱の知覚はすぐに肉体の変様としての熱の感覚に姿を変えがちであり、対象性の維持は大きな運動なしではあり得ないのに、それと違って）、音の知覚には単に音の方向だけでなく、音源の近さや遠さ――これを私達は普通、端的に「音の」近さや遠さと表現しても構わないと考えている――までかなり明瞭な仕方で内容に入っている。また、自分の肉体全体の移動によってであれ、相手の移動自身が理由である場合であれ、音が段々近づいてくるとか、その逆に遠ざかっていくとかも知覚する。してみると、音の奥行きのようなものが音の知覚に構造として含まれているわけである。実際、私達はオーディオ機器を用いて音楽を聞く場合などに、楽器ごとの違った音色が明瞭な空間的配置を携えて聞こえてくることを経験する。それから、音についても、聞こえる音の方向といわゆる本当の音源が在る方向とのずれを問題にすることができるが、音の源とされるものが実際にどこに在ろうと、そのことから独立した事柄として、音自体が広がりの様態を携え或る方向の或る遠さから聞こえてくるのは、紛れもない事実である。

次に、匂いの知覚を考える。匂いもまたやってくる。匂いに関しても、その動物の体制にとっての役割に照らせば、匂いが匂いの源、出処を、或る方向に在るものとして知らせることを含むのは当然なのである。匂いには方向があり、広がっていて、その広がりの様態とは匂いを知覚するその時点で既に一挙に携えられているものである。けれども、匂いについては更に、匂いを嗅ぐことが呼吸に伴うものであること、また、とりわけ食べることに付随して大きな役割を持つことの意味も考えねばならない。人間ならざる動物では、性的事柄にも極めて重要な要素たる地位を占めるであろう。重要であるとは、価値に対して中立的でないということである。匂いは欲求を呼び起こし、時に拒絶を惹き起こす。匂いは離れたものの告知でありながら、同時に既に動物の活動の中に入り込んでいる。匂いは或る意味で匂いの源の一部であり、しかも、早くも活動の働きかけの中に取り込まれたものであるかのようなものとして経験されるのである。動物にとって、牝の匂いを嗅ぐことは既に牝自体との関係を持ち始めることである。腐臭にむかつくことは早、腐乱したものを退けることである。

そこで、あたかも匂いとは匂いの源の一部が移動し到達したものであるかのようである。実際、確かに匂いはここに在る。漂っている。ところが匂いを滞留するものとして知覚する時、人はそこに匂いの担い手を考えるようになる。そして、ここが音の知覚と異なるところである。確かに音で充満している部屋を語ることができる。「あちらの部屋は静かなのに、この部屋は音で一杯だ」と私達は言う。けれども、その時、音は部屋で飛び交っているのであり、音は決して留まらず、あちらからこちらへと動いてくると私達は知覚するのである。音は出来事であることを止めない。これに対して、匂いも出来事としての性格を持たないわけではないが、その性格は希薄である。確かに、匂いがないところに匂いを嗅ぐから、それは出来事としての規定を受け（「音がする」と同様）「匂いがする」となり、そして、匂いは、じきに消えてゆくことも期待されている。けれども、ただ暫しの間でも匂いはここに居座っていると知覚され、その限りでは「匂いがする」ものは「匂いを担っている」ものと受け取られる。或る源から匂ってきて隔たりを表に出した知覚から、ここに漂っているとされる匂いの知覚まで、匂いの知覚の経験には幅や揺れがある。しかるに、音の知覚は徹底して出来事の知覚であり、そして、そのことと、音の源の概念が音の担い手の概念に取って代わられることはないこととは連動している。

（音波が音の担い手だという発想は或る科学理論に依拠してのみ出てくるものであって、ここで述べている、匂いの担い手が知覚の際におのずと想定されるのとは事情を異にしていて、その論理は別に考えねばならない。）

匂いはやってくるものだとしても結局はここ、私の肉体の周りで匂う。それはまた、見えるものが向こうに留まり続けるのと違う。実際に、向こうに匂うものの経験に代わって、ここにやってきて匂いを担ったものの経験への移り行きが速やかになされるのである。だから、熱の経験にも似たところがある。それで、同じ匂いが続くと、それは最初は向こうからやってきたものと知覚されたとしても、次には、その匂いは留まっているものとして知覚されるようになる。翻り音はいつも向こうに聞こえる。あるいは向こうから聞こえる。それで、音は一般に途切れるのが普通なのだが、もし別の音が代わって聞こえるのでなく同じ音が続くと聞こえる時も、だからと言って、それは同じ音が留まっているとしては聞かれはしない。そうでなく、同じ音が引き伸ばすような仕方で続けて発せられているか、繰り返されていると聞かれる。つまり、音の継続も出来事たる性格を失わない。そして、それは何故かと言うと、音はここ、聞いている私の体の周りに留まりはしないからである。音は通過する。それで、音は向こうの音の源からここまでやってくると聞かれるか、でなければ、音そのものが向こうで「する」ものとして聞かれる。先に、「音の遠さ」と「音源の遠さ」とが無差別に語られると述べたが、まさに、そのことは、音はやってくるものだとしても、やってきて聞く私のところに留まるものではないと知覚されることと同じ事態に根差している。熱はやってきて結局は体を温め、匂いは私の体の周りに漂う。しかし、音はそうではない。私達は確かに「音が漂う」という表現もするし、その時は音源を離れてそれと区別された音を語るのだが、けれども、匂いの源から離れてここにやってきた匂いはもはや源から独立して、ここで在り続けるのだが、それとは違って、ここら辺に漂っていると言われるような音の場合も、それは決して匂いの如くそこにあるのではない。つまり、その音を持ったもの、音の担い手をそこに対象として知覚していることを言っているのではない。「音が漂う」というのは、どちらかと言うと比喩的表現で、鐘の音の余韻が響く時のような、音の聞こえようとしては少数の場合にしか用いない。音は聞こえ通り過ぎてゆく。そして、この「通り過ぎ」には二つの含みがある。時間的に生まれ消えてゆく出来事であるという含みと、音の生まれた所から聞かれる所までやってきて、そこを通って更に先までゆくという含みと。それで、前者が前に出ると、音そのものは向こうで聞こえつつ、音があそこでしていると聞かれつつ、ただし消えてゆくのであり、後者が前面に出ると、音の源が向こうにあってそこから音がここまで時間をかけて届く、となる。そうして、実に前者の聞き方の時にこそ、音が「向こうで」するという仕方で、知覚に固有の広がりがはっきりと言葉にもたらされている。その広がりはちょうど、鏡の中の映像が向こうに見える限りで携える広がりと同じ性格を持つ。つまり、それは知覚の成立のそのつどの時間で既に一挙に実現されている広がりの様態なのである。これに対して、後者の捉え方において音が通ってゆく広がりとは、鏡の中の広がりを空虚と取ってしまう、それに対応する広がりで、運動が前提しつつも運動だけがその実を顕わにする広がりなのである。しかし、二つの広がりは結局は重ね合わされる。広い部屋で大勢の人々が声高に喋るのに居合わせると、声が人から人へと飛び交うように聞こえる。声の向きは、その音を聞く私の方にやってきているのに間違いないのに、そうでなく、声を出す人の顔の向いた方へ、即ち声を聞くべき人、喋りかけられている人の方へと運動するように聞かれる。

(21) 味

さて、ここでやっと、鏡に映った像でない本当の林檎とか、金属壁の方に知覚される熱源でない本当のストーブとかの意味を、二つの広がりの区別を踏まえ、運動との関係で考えることができる。しかし、それはもはや、物とその性質とを主題とする次章で扱うべき事柄である。それで本章の最後として、視、触、聴、嗅、と並べて挙げられることが多い味覚について、それが知覚の一様式とされる際には承認されている前提、これについて少しだけ述べることにしよう。

視、聴、嗅の三覚は遠隔的知覚、つまり離れたものの知覚であるのに対して、触覚と味覚とは近接的知覚だとしばしば言われる。また時に、或るものを味わうことは必ずやそのものに触れることを含むので、味覚は触覚が特殊に分化したものであるかの如く扱われることもないわけではない。けれども、触覚の基礎である圧覚は排除の論理に従って機能しているのに、味覚は摂取の論理のうちにある。

まず、肉体がヴォリュームを持った己を外側全体から切り出す時の自己限定が問題なら、つまり、外物でなく外界、即ち互いに区別されて現われる諸対象でなく、諸対象を位置させながら切れ目なく肉体を取り囲む広がり、実際は大気で満たされているが空虚なものと見いだされ、それでいて何ものかである広がりとしての外界との関わりにおいての自己限定が問題であるなら、触れることを含まない運動とともにある熱さや冷たさの経験、それから重力や傾きなどの経験の役割を挙げるべきであろう。けれども第二に、圧覚が外界の中で特に或る物を肉体との相互排除の仕方で関係させる。それは排除であり、選別でもある。外物とは、私がそれを手懐(てなず)けることができるとしても、しょせん、私の肉体の向こうに位置づけられるものである。しかしながら第三に、或る特定種の外物はこれを摂取しなければ生体としての肉体は生きてゆけない。呼吸や飲食によって私は、それらを摂り込み我が物にする。大気や水、食糧は、生体にとって己の外なる自己、予定された自己であるとすら言えないこともない。それで、大気は常にふんだんに在り、それを摂り込む呼吸は絶え間ない。これに対して水や食糧は離れて在り、それらを求める渇きや飢えは間歇(かんけつ)的で、動物をそれらに向かって運動させ、それらを引き寄せさせる。しかるに、呼吸が匂いに、飲食は味覚に関係しているのは言うまでもない。そして、匂いが本来、欲求と深く関わっているに違いないことについては既に述べた。確かに匂いも向こう側に対象性の次元で知覚されるが、他方で匂いは吸い込まれる。

そこで、飲食に伴う味わうことを考えよう。明らかに、味わうことは味わわれたものを消費する活動の中でしか実現できないことであることに注意しなければならない。消費とは働きかけの運動以上に相手を無傷のままに残すことをしない活動である。しかるに、翻るに、触れることは触れられる対象への働きかけの行為の一歩手前の事柄であった。あるいは、働きかけによって相手に変化をもたらすにしても、あたかも変化をもたらすことはないかの如く己を成立させるのが、触れる仕方での知覚の特徴であった。私は触れてざらつきを発見しながら、実はそのざらつきの程度を減らしたりしているかも知れないのであるが、そのことが知覚の内容に入ることはないのである。そうして、このことが可能なのは、触れることでは結局は肉体の運動が対象によって導かれるからなのである。ところが、すると、相手の在りように変化を加えるどころか相手を消えさせてしまう活動でありながら、味わうことが相手の或る性質、味なるものを発見すると称することができるのは何故か、これも私達には理解できる。即ち、味わうとは畢竟、食べ物によって導かれるとも言えないこともない口、舌、歯などの動かし方に相関した事柄である限りで、辛うじて対象の資格を持ったものを現われさせるのである。そうでないなら、それは痛みを典型とするような感覚の種類に姿を変えてゆく。渇きや飢えという欲求を満足させることと味わうことが切り離せないことは、このことを物語っている。利き酒をする人が自分の快の感覚に浸るのでなく、味を酒という対象に性質として帰属させるためには、酒を口に含み、それを舌の上で転がすようにするなり、相手に相応しい細心の運動をする必要がある。繊細な味を持つねっとりした食べ物にはその食べ物に応じた味わい方が、一般にどんな食べ物にもそれぞれの味わい方が、つまりは味覚器官の運動のさせ方があると言えばあるわけである。

とはいえ、味わうことは対象を消失させ、消費してしまう。そこで、「この林檎は美味しいよ、食べてごらん」というふうなことを私達はしょっちゅう言っているのだが、私が食べた林檎の半分はもうないわけで、あとの半分が私が食べた分と同じ味がする保証はないのである。

（これは、或る同じ林檎について二人の人が同じ視覚内容——例えば同じ色——を経験するのか、あるいは更に、私が別の時に再び同じ内容を経験するとどうして保証できるのか、という哲学でしばしば発せられる問いとは、種類を異にする。なお、こちらの問いは肯定的に答えられることが望ましく、そうでない場合には、本来は避けられるべき懐疑主義に陥ると、このような前提で立てられることが多いが、だとしたら、これは適切な問いではない。問いはそもそも「同じ」という言葉に意味を与え得る論理の様々の場合を整理することの中で、もはや提出される必要のないことが理解されてくるであろう。）

味わうことは味わう相手を選別する。私は、生っている時に太陽が当たる南側であった林檎の部分を選んで食べるかも知れない。そうして、この選別という一点で、味わうことは触れること、働きかけることの仲間で、見たり聞いたり匂いを嗅いだりとは違うのである。私達は一緒に同じ林檎を見、その匂いを嗅ぎ、林檎が床に落ちる時の音を聞く。けれども、私が林檎を掌で包んだり、運んだり食べたりすれば、他の人は自分の番を待ったりする他はなく、あるいは待っても無駄だったりするのである。もちろん、或るものを見るための場所を争うようなことを私達がしなければならないこともある。けれども、それは別のことである。問題は、私と他の人と知覚対象と、それらの間に当然に前提されている隔たり、ないし空虚に関わっている。そして、空虚の問題と相関的にこそ、在るもの、物体的な仕方で在るものの問題は解かれ得る。そこで、この空虚と在るものとにまつわる事柄を、本章で論じた、知覚が携える広がりや奥行きという事態とも絡めて、章を改めて論ずることにしよう。

第二章　知覚的質と本当に在るもの

1　知覚されているものの広がりと物の広がり

(22) 匂いの源

私は前章で、隔たりの向こうから匂ってくるとする匂いの知覚の経験が、いつか匂いが私の周りに漂っているとする経験へと移行する、このような事態がしばしばあることを述べ、前者に関係づけて匂いの源の概念を、後者に関係づけては匂いの担い手の概念を持ち出しておいた。そうして、音の知覚については、音の源の概念は適用されるが、それが音の担い手の概念に取って代わられることはないことに注意して、このことを、音の知覚は徹底して出来事の知覚であることと連動している事柄だと考えた。ところで、出来事は在るというよりは起きるのであり、しかるに、源の概念にしても担い手の概念にしても、それらは何か確固として在るもの、という含みを持っている。また、源や担い手とはもちろんそれぞれ或る知覚される質の源であり担い手と理解されているのである。ここで、質とは、知覚の種類ごとに特有の事柄であり、しかるに、源や担い手であるものは、どの種類の知覚にあっても狙われる在るもの、それどころか、知覚されることとは無関係であり続け得るものである。そこで、この在るものを「物」という述語で呼ぶことにして、以下、源と担い手との両概念を手掛かりに、最初に、知覚されるものと本当に在るものとの関係を、次いで、物とその知覚的質という、私達が物事を理解する時の最初の基礎になる対概念、これが拠っている論理を考えてみたい。

（物体のような仕方でではなく在るものとして精神があるというような主張にも意味があるが、今は知覚対象の概念がおのずと含み込む在るものの概念を主題にしていて、それを呼ぶのに「物」という述語を使用することは許されるであろう。）

それで、源と担い手との両方を自然に呼び出してしまう匂いの経験の分析から始めたい。

さて、或る朝、玄関の扉を開けて外に出ると良い匂いがする。いつもはない匂いが、その朝は在る、だから確かに出来事とも言える。だが、匂いは私の家の周りでしている、その辺りに在る。

（その辺りで音がしている、響いているというのとは違う。匂いの出来事とは、匂いが滞留しているという、それが在ることとの出来事で、音の徹底して出来事であること、生まれ消えてゆく出来事以外の何事でもないというのとは違う。）

ところで、匂いを嗅ぎながら、私は木犀（もくせい）の橙色の花が咲いているのを見た。そして、「ああ、今年も木犀の花が咲く時期になったのか」と思った、つまりは、匂いを木犀の匂いだと理解したのであった。これが知覚でなく理解だと言うのは、内容は判断によってもたらされた事柄であるからである。

けれども、私はまた、匂いが何の匂いか分からず、匂いを辿って花に行き着き、鼻を花に近づけ匂いを嗅ぐ仕方で、匂いがその花の匂いであると、判断というよりは知覚の事柄として発見することもあろう。そして、これを捉えて、ここに匂いの源が確定されると言ってもよさそうである。だが、この点について、前章におけるよりも、あと少し慎重に考察したい。

実は、私は匂いを嗅ぐ仕方では匂いの源に、近づけはしても決して到達できない。匂いに導かれて私が木犀の花にまで至った時、私は花を目で発見し、また手で触れて、ないしは鼻がそれにぶつかって確定したのであり、匂いを嗅ぐことそのことにおいて花を、ちょうど、見ることと触れることとがそれぞれの相手を同じものとして一致させながら確定したような仕方で確定するのではない。匂いは相変わらず離れた向こうからやってくる。匂いは花の輪郭に閉じ込められた広がりの様態で経験されるのでなく、花が見える場所で私が指でつまんでいるその場所辺りから私の方に向かってくる広がりの方を、漠然と満たして匂ってくるのである。だから、むしろ木犀の花の在る場所と匂いの在る場所とは違うとさえ言ってよい位である。木犀の花は匂いが漠然と広がった様態で経験されるその広がりの始まる向こう側の点であるに過ぎない。しかも、その一点を確定するのは決して匂いの経験ではない。匂いの広がりが、私の向こうのどこから始まってやってくるか、その始まりの点を、匂いの経験自身は、ようと確定しない。この点、音の遠さ近さが分かることの多い聞くことの経験よりは、熱の経験に近い。いや、匂いの経験は熱の経験よりもっと、その与えられる時の様態である広がりの向こう側の始まりに関しては非限定的である。なぜなら、熱の経験は熱源から離れている時も、(それが火傷や瞬間的凍傷を惹き起こすようなものでなく穏やかなものである場合などでは)熱源に触れる仕方でも経験でき、そして既に触れる直前に、それから決定的には触れた瞬間に、熱さや冷たさの強度が急に増すという特質がある故に、その触れたものを熱の源と確定できるのであるから。要するに、熱さや冷たさは触れることの内容にもなることを利して、源は触れられた相手として肉体部分が接する場所に確定されるのである。けれども、匂いは触れることの成分内容にはならない。確かに匂いも、熱さが熱源のすぐ近くで際立って増すように、匂いの源のすぐ近くでは非常に濃くなるとしても、いつも限定を逃れる隔たりの向こうを指示するだけに終わり、決してその向こうを輪郭づけない。

しかし、ともあれ匂いは時に明確に或る方向からやってくる。時にただ漠然と広がっている。ここで匂いながら、しかしここに限定されずに広がっている。そして、それは私の運動や移動が匂いを対象性の次元に置くからである。空気を吸いながら、私は匂いのする方向を探索する。部屋に入る時、出る時、匂いが充満する部屋と匂いのない場所とを区別する。確かに時に或る匂いが私に付きまとうこともあり、匂いがどんな広がりの様態を携えているのか、はっきりしないこともある。気づいてみれば、身に着けた衣服か何かに或る匂いが微かに移ってきているような場合である。そんな時は、私が匂いを吸い込んだり止めたりの運動によって辛うじて匂いに対象性を与える程度の事情にあるのである。それがなければ、匂いは私の快や不快という事柄だけになってしまう。匂いが向こう側の事柄であることを止めて、私が匂いに酔うということだってあるのだから。前章の成果を受けて確認すれば、匂いの強弱に導かれあるいは強弱の変化を伴う運動が匂いのための対象性の次元を描き、その次元は（匂いでなくても、どんな質の場合でもそうであるように知覚の現在において一挙に与えられた広がりの次元であり、匂いは広がりの様態を携えてこそ対象という資格で経験され、ただ、それは、いわゆる匂いの源が占める広がりとは別の広がりである。

では、匂いの源が木犀の花であるとはどういうことか。木犀の樹の周りでだけ匂う。それで、ちょうど、私が目を閉じても焚き火の周りを巡って焚き火の場所を囲むのと同じような仕方で、また同じような程度では、匂いの源を、それを漠然と囲む或る広がりの中心に位置するものとして限定することができよう。けれども、私は前もっての知識がなければ、木犀の小さな花にまでは行き着けない。源は葉かも知れない。何か珍しい昆虫かも知れない。ガソリンの匂いだったら、その濃淡を辿って、ガソリンがこぼれた路上の油溜まりまで行けるかも知れない。それでも、その時でも結局、私は見ることなどの助けを借りる。

いや、ここで立ち止まろう。見ることは色や形をしか発見しないはずなのに、どうして匂いの源の確定を手伝うことができるのか。この問いを成立させている論理は実は既に、触れることと匂いを嗅ぐこととは一方が他方を成分として含むような関係でないこと、他方、触れることは熱さ冷たさの知覚を含むこと、これら両者を対比させながら述べたことの中で働いていたことに注意しよう。それで、油溜まりを見ながら同時に或る匂いを嗅ぐ、この同時性が見られた対象と匂いとを結び付けさせ、前者を後者の源だと考えさせるのだと答えること、つまりは哲学における経験主義的認識論の常套の武器を使うことは、問いの真の意味をつかみ損なっている。私がその匂いを嗅ぐ時に同時に見るのは油溜まりの横の石ころであることももちろんあるのであり、すると、なぜ、特に或る見られたものと或る嗅がれた匂いとの同時性だけに取り立てて注目するか、この理由が問題なのである。

昨日も石ころを見て、その時は何の匂いもしなかった。今日は石ころの他に油溜まりをも見て、そして今日だけ或る匂いがする、このようにして同時であるものどうしの範囲を狭めてゆくことは理に適っている。けれども、そのような観察や比較が本当に問題であろうか。そして、そのような手続きが或る二つの事柄を結び付けるまでに至るであろうか。また、油溜まりを見る時にはいつも或る匂いがすると付け加えることも、私には無駄な努力だと思える。一回目それだけの時に結び付けることをしていなければ、繰り返しそのことに注意してゆくこともできないのではないか。だから、同時性に依拠した主張はどれも二次的な役割を果たすに過ぎない。

日常、私達はいとも容易に物事を処理している。或る匂いが何の匂いかの前もっての知識がない場合を想定しよう。食料貯蔵庫の扉を開けたら嫌な匂いがする。私はどうするか。中の物を一つずつ取り出す。すると、或る物を移動させると、匂いの広がる漠然とした場所も移動する。私が或る物を選別して働きかける行為が匂いの経験の在りようを変える時、私はその物を匂いの源だと判断する。行為が物を選別し、或る変化をもたらす。その変化に関わる因果性が知覚内容を物に結び付けることを許す。そうして、その物とは、後で論ずるが、いわゆる本当に在るものとされているものである。

翻り、私が或る匂いを辿ってゆくこと、これは匂いを嗅ぐという呼吸運動をもしながら私の方が移動してゆくことだが、或ることの実現を、即ち匂いの濃さが増すことないし少なくとも匂いを捉え続けていることを、意図的に追求している限りで既に行為である。匂いを追う運動が匂いを対象性の次元に置く運動と重なることは当然である。ただ、この運動は匂いを対象とするだけで決して物にぶつからない。濃さが急に増しても、その匂いは相変わらず或る輪郭のうちに、いわゆる匂いの源のうちに閉じ込められはしない。木犀の花の匂いが木犀の黄色い花弁のうちに収縮すると思われるのは、花弁を見ること等に動機づけられた判断が匂いの経験に暴力を加えて実相を隠しているのである。それから、確かに匂いの源である物と私との距離が縮まる点では、物が私の方に移動してくることと私の方が移動するのとは同じである。けれども、物が他の様々の物の中から明確に浮き出てくるのを許すのは、物が移動すること、物が他の物どもと取る位置関係を変えることの方である。しかも、その物を匂いの源とすることを可能にするのは、匂いを対象の位置に置く運動をなす私自身がもう一つの運動でもって物を移動させ、それと私との距離を変えつつ、匂いの知覚の在りようを変えることである。こうして、匂いの源とは、文字通りに匂いをもたらすもの、匂いという結果をもたらす原因であるという因果連関のうちにあり、そして、その連関を顕わにするのは、原因と結果とを共に（一方は見たり触れたりする仕方で、他方は匂いを嗅ぐ仕方で）観察することでは決してない。原因の位置を占めることになる物の方に働きかける私の行為が、両者を関係づける。しかも、行為が初めて、物を本当に在るものの位置に置く。知覚はそれぞれの種類ごとに知覚内容をすべて一挙に受け取るが、行為だけが物を選別し、かつ己がもたらす変化を通じて、違った種類の知覚が関わる様々の事柄を結び付けるのである。

(23)匂いの源から匂いの担い手へ

私が木犀の花の匂いを吸い込んだ後で部屋に帰ると、娘が「あら、お父さん、いい匂いがするね」と言う。言われて私は、自分が着ている服の袖を嗅いでみる。「ああ、木犀の花の匂いが移ったんだ」と娘に言う。娘が視覚障がい者で耳が聞こえないなら、娘はただ或る匂いが自分のところにやってくるのを嗅ぎ、その匂いを私に結び付けることはなかったであろう。けれども、匂いは匂い固有の広がりを携えて、或る方向を示すであろう。私が匂いの源であること、それは私の移動と、匂いに関わる変化とを結び付けることによって果たされた判断である。匂いの知覚の内容ではない。匂いの知覚は、私が居るのと同じ方向をのみ示すこと、これがあるだけである。

ところで、匂いの源が私であるという判断と、匂いは木犀の匂いであるという私の判断と、両者はどのように両立しているのか。「匂いが移った」という言い回しは、匂いの源を言うことから匂いの担い手を言うことへの移行をスムーズに実現している。私は匂いの本来の源ではない。二次的にのみ源となっているだけである。ただし、このことは本来の源が何かの確定は、それが本当に在ることを含めて、承認済みであることを前提した考えである。そして、二次的源の出現が可能であるからには、匂いは文字通りに源から流れ出してくる、即ち貯蔵庫である源からその一部が分かれて場所を移動するのであり、そして時にどこかに滞留し、それから更に、その移動先から再び別の所へ流れ出してゆくと、こう考えられていることになる。けれども、その移動は、まさに考えられるのであって、知覚されるのではないことに注意しなければならない。私は自分の服が匂うことなど思いもしなかった。私は或る匂いを木犀の樹の周りに見いだしただけである。またもし玄関先にいる私の近くに娘が居たとして、娘は木犀の花から私の服へと移っていっている匂いの移動を知覚するであろうか。そんなことはない。匂いはどこかから娘自身の方にはやってくると知覚されるであろうが、その、やってくるとは、それがまさに広がりの様態を初めて構成する、そのような意味での事柄である。その時、匂いは一挙に広がりを携える仕方で嗅がれる。嗅ぐ運動、外の空気を吸う運動が広がりを描く、その広がりの次元で匂いは対象の地位を獲得するのである。しかるに、何が木犀の花から流れ出し私の服に移動するのかと問うことは、広がりの様態を携えてそのことにより広がりを初めて構成するものを問うのではない。既に前提された広がりの中の諸点を時間をかけて移動してゆくもの、そして移動しつつ前提された広がりを実際に顕わにしてゆくものを問うことである。また、この問いは運動の対応物、本当に在るものを問題にする思考が発する事柄であることに注意しよう。

それで、匂いの担い手の概念であるが、私達はこれを、一つには、この問いに対する答えとして呼び出されるものとして考えることもできる。すると、この限りでは、担い手の概念も、匂いの移動（今や正確には匂いの担い手の移動）そのことと同様、考えられたものである。匂いの担い手とは、行為と匂いの知覚との連携によって確かめられた匂いの源、これに準じたもの、いわば小さな匂いの源、一つ一つの源であるべく要請されている。そして、匂いの源とは匂いの担い手が一杯詰まっている所だということになる。実際、人は匂いの粒子を語る。また、匂うものの条件の一つとは揮発性を持つことだ、それから発してよそへ浮遊してゆける粒子を含むものだと私達は言ったりする。それで、人はその粒子の匂いを嗅ぐということになる。けれども、だとすると、匂いの担い手の概念を考案することは無駄にならないか。嗅がれた匂いはまたもや、その粒子の輪郭のうちに閉じ込められているはずはない。匂い固有の広がりの様態は、粒子が占める広がりとは別のものである、そうならないか。

実際、二つに一つである。もし問いに導かれた発想に従って、匂いの粒子の一つ一つを小さな木犀の花の如きものだと考えるなら、匂いの粒子は私の向こうに留まっていて、匂いの方はその粒子から始まって私の方へとくるような広がりの様態で知覚されるのであり、粒子が占める広がりに閉じ込められたものとして嗅がれるのではない。結局、粒子という匂いの担い手を持ち出しても、それは匂いの源を言うことから一歩も進んでいない。しかし確かに、匂いの粒子を持ち出すと人はいつか次のような第二の考えを採ってしまう。即ち、その粒子とは木犀の花から発せられ、嗅覚器官である鼻孔までやってきて、それに作用して、かくて匂いの感覚を生じさせるものであるとする考えである。そして、この考えは（後で示すように）本当に在るものとは必ずや或る場所を占め、場所を移動してゆくことによって他の場所に在るもう一つの本当に在るものに作用する、とする、それ自体は健全な考えに添うものである。けれども、この考えの方に従うなら、そうだとしても今度も、私が知覚する匂いの広がりは粒子が占める広がりとは異なることに注意しなければならない。なぜなら、私は匂いを自分の鼻のところにあるものとして知覚するのでは決してなく、匂いは玄関先から庭まで広く匂っているのであるのだから。そして、念を押せば、それも、何も私が玄関先のあちこちを動いて匂いを嗅いで回って、ああここにもここにも匂いがあると確かめ回った結果、その辺りに広く匂いがしていると分かるというのではない。匂いは最初にそれを吸った瞬間、一挙にその辺りに広がっているという様態で知覚されるのである。匂いの源は匂いの広がりの向こうで或る広がりを占めるものとして想定されたのだが、第二の考えでは匂いの粒子が匂いの広がりの手前に位置させられている。

いや、匂いが鼻を突くということがあるではないか、と人が言うなら、私は指摘しなければならない、その場合は一般的ではないし、また、その場合でさえ、それは「鼻を突くような」ものというだけ、比喩においてのみ一点に収縮し、しかし現実にはやはり（鼻という肉体部位が発見の器官として自らは透明になってゆく方向にあることに対応して）向こう側という様態を携えて経験される事柄であると。あるいは、文字通りに鼻を突くものである場合、粒子は匂うものであるのを止めて刺激になる。つまり、むしろ触れることへと、いや、それどころか、それを通り越して痛みや吐き気をもたらすものへと移り終えて内容を持つ事柄となる。そして、その時は肉体だけが現われ、対象は現われない。それで、こうして匂いの粒子というものを鼻孔に作用するものと考えるなら、それはちょうど、光が目に作用して物を見せると考えられる時の光、もしくは、目に眩しさや軽い痛みを感じさせて、もはや物を見せなくなる光の如く粒子を考えることに他ならない。

（ついでながら、痛みを与えるような刺激になる匂いの粒子や光は、そのような刺激に変わる直前では強い匂いの経験を成立させるものとして、また、極度に明るい物を見せたり、ないし明る過ぎる光源を見せたりするものとして働くことに注意したい。すると、これらの例は、圧覚が昂じると痛みになると述べたことの一般化に他ならない。けれども、「あらゆる感覚は強度を増すことによって痛みに転化する」という命題には警戒しなければならない。語られている事柄の内実は知覚から感覚への移行なのだが、しかるに命題は知覚と感覚とを区別しないまま最初から感覚について語り出していて、移行に潜む論理という肝心な点を見逃した不毛なものになっている。移行の要点は、対象から肉体へと、現われるものが移ることである。対象性の次元を設定し知覚を陰で成立させていた肉体の運動が、強い刺激のもとで痙攣に変わり、ないしは不能に陥り、かくて己を媒体の地位に置いて透明化することをし損なった結果が痛みの出現である。それで、肉体の感覚と対象の知覚とを区別しない思想は、それらをともに精神の変様と解釈した西洋哲学の呪縛を引きずっている。）

ともあれ、以上を振り返ると、匂いの広がりと匂いの源が占める場所との区別に動機づけられ、本当に在るものを思考する流れの中で登場した匂いの担い手の概念について、今のところ奇妙な状況に置かれていることが分かる。もし匂いの担い手としての粒子が匂いの小さな源であるなら、担い手の概念の源の概念に対する独自性はなく、担い手の概念が匂いの経験の叙述に寄与するところがはっきりしないことになる。しかし、匂いの粒子についての二番目の発想では、光自身は見られず、光は光を反射した物を見させてくれるものなのだ、ということに平行して、匂いの粒子はそれ自身は嗅がれず他の或るものの匂いを嗅ぐことを可能にしてくれる媒体だということになり、だが、そうなると、粒子が匂いの担い手であるという考えは、恐らく林檎が赤い色の担い手であるという考えにこそ対応するものとして登場したのであったはずなのに、いつか、林檎を見させてくれる光を赤い色の担い手であるとする考えに相当するような内容を呼び寄せてしまい、やはり何かはぐらかされた具合になる。だから、以上の分析は不十分である。

(24) 匂いの源の概念から独立した匂いの担い手の概念

そこで、匂いを嗅ぐこと以外の経験に助けられて確定される——想定ではない、想定だったら匂いの経験だけのうちで既になされる——匂いの源の概念、これから出発して匂いの担い手の概念をも考案する道筋、これを離れて、匂いを嗅ぐ経験そのものにおいてもおのずと内容を得る匂いの担い手の概念がないか、考えてみよう。実際、匂いが向こうからやってくるというふうな仕方でではなしに、ただ、この辺りで匂っていると匂いを嗅ぐ場合、また、匂いが移ったとかの発想なしで匂いを嗅ぐ場合、その時も私達は匂いの担い手を想定する。そして、その時は、匂いが携える匂いの広がりに重ねて、その広がりの全体に匂いの粒子が多数、散らばっていると、おのずとこう思うのではないか。そして、この思いが知覚の自然な内容をなすということが重要なのである。

要するにこうである。匂いが対象性の次元に現われる限りでは匂いは広がりの様態を持つ。ところが、その広がりは広がりが始まる向こうを予想させることもあれば、その向こうの方向性が失われる傾向もある。つまり、匂いはどこかからやってくるものとして経験される時もあれば、むしろそこら辺りに滞留しているものとしても経験される。そして後者の傾向が強まるに平行して、匂いの源の概念が想定されることから担い手の概念が前面に出ることへの交替が生ずる（この時、源の概念も想定されるのでしかないというのは、源が匂いを嗅ぐこと以外の経験の助けによって確定されるまでには至っていないからである）。そうして、この時は、匂いが移ったのなら匂いの源から正確には何が流れ出したのかという問いに対する答えとして匂いの担い手が考えられるのではない。匂いの担い手は知覚される匂いが対象性を持つ時におのずと含まれる成分内容なのである。つまり、嗅がれる匂いが広がりの様態を持つ時に、その広がりに正確に一致して、匂いの担い手がその広がりを満たしてあると想定されてしまうのが、匂いの知覚の成立にとって当然なのである。そして一般に、知覚が対象性を持つことと、知覚的質の担い手を想定することとは同じことであるとさえ言ってよい。そして私のみるところ、これは知覚されたものの実在性、匂いの担い手の場合には匂いの実在性を言うために要請される事柄なのであるし、また、それだけでしかない故に、私は「想定」という言葉で語っているのである。どういうことか。

(25) 担い手の概念と本当に在るものの概念

匂いの担い手という概念には、匂いを担うだけでなく、その他に様々の性質を持っているという含みがある。それで、匂いの担い手を言うことは知覚された匂いが本当に在ることを主張することに繋がっている。このように私は分析する。ただし注意したいが、ここで問題にしているのは、匂いがするならその知覚は匂う何かが在るという主張を当然に携えるということであって、その逆、何かが在るとして、それが匂うことが本当かどうかに関わる話をしているのではない。けれども、匂いがするなら匂うものがあるのが当然だというのは余りにも自明ではないかと人は考えるかも知れない。しかし、匂いと匂うものとの分節が問題で、匂うものが在ることはそれが匂うことに尽きないこと、これを踏まえた上での事柄が肝心な論点なのである。

匂いの知覚は匂うものが在ることを当然に主張する。だが、それは主張でしかない仕方で、知覚の内容に含まれているのであって、従って匂うものの存在は、匂いの知覚に固有である限りでの具体的内容をいわば超過していると言えないわけでもない。現に確定した内容を持って現われているのは、まさに匂いという嗅覚に固有の知覚的質であるが、知覚がおのずと含む存在の肯定は、知覚されなくとも（ということはその時、匂いという知覚的質は現われない）何物かであるものの、知覚されることによる肯定、知覚されることにおける肯定なのである。そして、私が主題にしているのは、この肯定が従っている論理である。

それで、実は匂いを嗅ぐという知覚の場合、匂いの知覚が含む匂うものが在ることとの主張、これは、匂いの広がりの様態の特性に対応して二通りの仕方でなされる。つまり、明示的に言うなら、匂いの源と匂いの担い手の概念のもとで。ただ、源に関しては、この章の最初から論じてきたように、容易に、源の概念は匂いを嗅ぐこと以外の経験、特に行動の対象となり、すると、主張は直ちに根拠づけを得る、そのようになっている。その点、匂いの担い手の概念の場合には、匂いの経験だけが純粋な形で取り出され、すると知覚においては、その知覚の種類に見合った質を越えて在るものが把握されるという構造が、他の事柄による汚染なしで見やすいのである。

ポイントは四点ある。一つは、知覚がおのずと含む存在の肯定において、物とその性質という分節が初めて、そして自然に確立され、知覚とは或る性質を通しての、その性質を持つ物の把握として己を主張することである。そして、匂いの担い手を言うとは、匂いをたかが一つの性質として持つ物を言うことに他ならない。第二は、物が存在するという概念は、物が、肉体がその中で運動する広がりの中の或る場所を占めているということ、これを内容としていることである。そして、第三は、知覚的質自身が広がりの様態で経験され、ただし、この一挙に示される広がりと肉体がその中で時間をかけて運動する広がりとは別のものであること、しかしながら第四に、二つの広がりは、知覚的質が広がりの様態で現われるためには知覚器官を中心とする肉体の運動の関与が不可欠である故に、おのずと重ね合わされ、この重ね合わせがなされることを通して、知覚された事柄は何か在るものの性質であるという含みを持ち、知覚は或る存在するものの肯定、仮に知覚されなかったとしても在るに違いないし、知覚された質以外の様々の性質をも持っているはずのものの肯定を含むことになることである。

それで、以上の論理を納得ゆく仕方で説明するために、ここでいったん匂いの経験を離れて、もう一度、鏡に映った林檎の像を見るという経験を一つの標準事例として考えてみる。

ここに林檎がある。それは触れると冷たく、見ると赤い。赤さは見える仕方でのみ現われる視覚的知覚に固有の質であるが、私達は赤さを林檎の一つの性質だとして見る。見えるものが林檎か、また果物であるかも分からない得体の知れないものであっても、私達は見えるものは見えている赤さの他に様々の性質をも持っているに違いないものだと見、赤さの方は、そのものが見られる時に私達に示す一つの性質だとおのずと把握する。そこで、私達は「そのものが赤い」「そのものの色は赤だ」「そのものは赤い色をしている」などと言う。そして、これらの言い回しに共通な発想を捉えて、「赤さを見ると私達は赤さの担い手をおのずと考える」と述べることも、少し堅い表現だが差し支えないと思う。ところで、鏡に映った林檎の像、これも赤く見える。この時、私達は何が赤いと見るのか、とか、何が赤く見えるのか、と尋ねるなら、まさに、ただ、林檎の像だという答えが得られてしまうかも知れない。だから、私は代わりに、私達はその赤さの担い手をどう考えるだろうか、と問うてみたい。

すると、見えるものが鏡に映った像だと知っている時には（像のもとになっている私の横にある林檎が赤いのだ、だから、赤さはこの林檎に担われているのだ、と言うのを別にすれば）、恐らく、担い手を考える発想を採らないのではないか。少なくとも、林檎の像が赤さの担い手だとは誰も言うまい。なぜか。色の担い手を言うことは何か色をその様々の性質の中の一つとして持って存在しているものを言うのであり、なのに、赤い色で見えているものはただそれだけ、見えているだけで、その色をしたものがそこに本当に在るのではないからだ、本当に在るのではないことを知っているからである。確かに赤いものが見えている、しかし、その赤いものを赤さの担い手と言うことには躊躇する。見えている赤いものとはまさに見えていることに尽きていると知っているということは、見えることを通して把握される或るもの、見られなくともそこに在るものが、今、見られて赤いものとして見られているのだという分節構造を消滅させているということである。担い手とはこの分節構造を生じさせている「本当に在るもの」、知覚されることに尽きないものを明確に指示する概念である。

けれども、翻り、鏡に映った林檎やその他の像を像だと知らないで見る場合のことを考えなければならない。その時、私は赤いものが見えるその場所に赤いものが在ると思うであろう。そして、その、見えるだけでなく実際に在る赤いものでもって、単に赤いだけでなく、重さを持ち、或る固さを持つなどするはずのもののことを考えている。すると、問題は、像だと知っていることと知らないでいることとの落差と知覚内容との関係を適切に理解することである。

(26)見えている広がりと物の広がり

鏡に映った様々のものを見ることと普通にものを見ることとは全く変わらないことを前章で論じた。だから、鏡の存在、介入を知らなければ、人は鏡に映った像を見ても、映像でしかないものを見ているとは思わない、そこに（実際に）在るものを見ていると思っているのである。肝心なのは、この「思う」とは知覚が当然に含んでいる内容であるということである。それで、映像でしかないものと私の横に実際に在るものとの違いとは何なのだろうか。映像でしかないとは、見えているだけでしかないということである。けれどももちろん、私の横にあるものも、見られている限りでは見えているだけでしかない。そして、両者の見え方は同じである。絵に描かれた像や写真の像、スクリーン上の像だったら、それを林檎だと見るにしても、その林檎の見え方は私の横にある林檎の見え方とは違うけれども。すると、鏡の中の映像でしかない林檎と私の横にある林檎との違いは、前者はどこまでも見えているだけでしかないのに留まるのに、後者は見ること以外の相手ともなる、なり得るということにある。私は鏡に映った林檎の側面を見たいなら、首を左に傾けて側面を覗き込むことができる。ちょうど、高級な果物店でガラスケースに陳列してある特別な林檎を横からも見ようと試みる時のように。そこで、前面があって側面があって、見えている林檎はヴォリュームを持っている。それは絵や写真の像とは違う。しかし、そのように鏡の中の林檎は固定した見えのうちに閉じ込められず様々の姿を呈してくれようとも、やはり、どこまでも見えるだけのものでしかない。それを私はつかんだり齧ったりはできない。これに対して私の横にある林檎はもちろん、つかめる。だが重要なのは、この言うまでもない対比を改めて確認することでなく、見ることは見えているものを、見ることの対象であるだけでなく様々の私の活動の相手となり得るはずのものとして見ること、見えることをたかだか一つの性質としている或る在るものとして見ることであるのが当たり前であることの方を確認することである。（在ることの方からすれば見えることは大したことではない、存在するものが見える種類のものであるとは限らない。）

だから、鏡の中の映像を見て、あれは映像でしかないというふうに見ることの方が、普通に見ることよりは余分の努力、判断を必要としている。それで、以上が、先に挙げた四つのポイントの第一点である。

そこで、では、どうして見ることは見えているだけのことに他の事柄を付け加える仕方で見るのか。言い換えるなら、先に述べた、知覚がおのずと含む存在の肯定の論理とはどのようなものか。かつて赤く見えているものに同時に触れたこともある、だから今、同じように見えているものはまた触れることもできるに違いないと見てしまうのだという具合に、経験主義の発想で答えてはならない。根本的なのは広がりの規定の意義である。

見えるものは広がりの中でヴォリュームを占めて見える。そして、そのヴォリュームが鏡に映ったものでしかない時には確かに見える仕方でのみ広がっていて、中に私が体を入り込ませ得る仕方で広がっているのではない。けれども、見ている私から鏡までの広がり、ないしは少なくとも私の肉体のすぐ前の広がりは私が歩みを進めることのできる広がりで、しかも、そのことは何も私が実際に歩いてみなくても私が自分の肉体の目で見ているというそのことにおいて当然のこととなっている事柄であり、そうして、その広がりに連続しているものとして鏡の中の広がりは見えるのである。しかるに、私の肉体が位置している広がりの中に在るもの、これこそが、いわゆる本当に在るものだと私達が考えているものであり、そして私が見る仕方でのみならず様々な仕方で相手にすることのできるものなのである。「本当に在るものなら、それに触れ得るはずだ」としばしば人は言いたがるが、それは「本当に在るものなら、それが位置する場所へ私の肉体が移動し得るはずだ」というものに置き換えねばならない。煙は本当に在るが触れることはできない。けれども煙の在る場所に私は原則として行くことができる。しかし、鏡に映った林檎が位置している広がりは私の肉体が運動していって入り込める広がりではないゆえに――ただ、それは見えている限りは肉体が位置する広がりに連続した広がりと見える――、その林檎は本当には無いのである。その林檎に触れ得ないというのはこのことの帰結でしかない。ついでながら、では何故に触れることを人々は重要視するのか。触れることは、そのものか肉体かの運動の後で肉体の運動の場所で生じ、従って触れ得るならそれは在る（逆に、「在るなら触れ得る」とは言えないが）ことが第一。次に、触れられる対象は肉体の運動を転換させるものとしておのずと選別されて現われるが、私達は普通それを、つまり自分の肉体の運動を挫折させたり対応的に運動行為によって働きかけたりもできる相手を、またそのような相手のみを何物かとして遇するのであるからである。だが、すると、触れるものに劣らず、それ以上に重要なのが、何もない広がり、そこを肉体が自由に動き回れる空虚であることに注意しなければならない。実際にはそこには空気とかがあるのだと人は言おう。けれども、肉体が通ってゆける限りは何も無いと私は見做す。そもそもが、私の肉体の周りは肉体を支える地盤などを除けば空虚でなければならない。それが、運動する限りで生きる肉体の自己限定の条件なのである。だから、肉体の運動が可能な限りで何も無いと言われ得る空虚な広がりはいつも「本当に在る」のであり、そうであってこそ、私は何か在るものに出くわすのである。そして、以上が先の整理の第二点である。こうして、見えているものはすべて、私の肉体の向こうに、私の肉体を囲む広がりに続くと見える広がりのうちに見える限りで、本当に在ると見られるのが当然である。

ここで、広がりの連続ということの中身によくよく注意しなければならない。見えている広がりはいつも一つの広がりである。そして、その中には必ず肉体の周りの広がりが（見えているものの奥行きの私の肉体側における始まりを構成するものとして）一部として含まれている。仮に鏡があるなら、鏡の中に見える広がりも、開いたドアの向こうに見える広がり同様、見える一つの広がりの部分である。鏡の中の広がりは鏡が掛かっている部屋とは別個の独立した広がりとして見えるではないかと語る人は、鏡の縁取りで囲まれた平面を考えてしまうことに捕らわれて見えるがままを叙述していない。鏡の裏側に壁、更にその後ろに隣の部屋を想定させるのは予(あらかじ)めの知識で、それは見えてはいない。見えているのは、半開きのドアの奥に広がりが見えるのと同じように鏡よりもっと奥に見えている広がりの方である。すると、見えている広がりは最初から一挙に一つのものとして全体が現前し、繰り返せば、その一部に必ずや肉体の位置している広がりの肉体の前面あたりが含まれている。そして、この含みのおかげで、見えている広がりの中に見えるものはすべて肉体と同様に在る、肉体が在ると言われると同じ意味で在るとおのずと見えるのである。

ただ、確かに、見えている広がりがどこかから、肉体の周りの広がりに続くものであることを止めている場合がある。それが鏡に映ったものを見る時である。けれども、この止めるとはどのようにして顕わになるのか。広がりの部分を順次に埋めて通ってゆく運動だけが、不連続を顕わにする。鏡にぶつかった更に先には進めない。かくて、その不連続とは空虚と物との分節を範型としてのみ内容を持つ。空虚とは運動が進む場所で、物は既に空虚を埋めていて運動を阻むものである（そして、ここに触れ得るものが物の典型として登場する理由がある）。翻り、一挙に見える広がりももちろん、その中に空虚と物との分節を含むのではあるが、ここでは不連続よりは、物すべてを包む広がりの連続性の方がより重要な契機をなしている。

すると、一挙に現在の同時性のうちで連続的な一つのものとして与えられる見える広がりと、運動によって順次に確かめられる空虚と物との不連続を含む広がりの、二つの区別されるべき事柄があり（先の整理の第三点）、しかも、前者は後者に重ね合わされて見られるという構造がある（第四点）。実際、見える広がりで物が奥行きの向こうに見えるのは、運動の先取りによる分節である。なぜなら、見るとは、運動するものとしての肉体の一部である目が、それ固有の運動をしながら、見える広がりという対象性の次元を産み出すことであり、しかるに、目の運動を導くのが見える物の輪郭で、その運動によって、見える広がりにおける空虚と物との分節、いわば仮想的分節が産み出されるのであるから。考えてみるに、私が草原に寝転んで雲一つない青空を見る時、私は茫漠と取りとめのない広がりをのみ見る。定かな奥行きを見ることができない、空を遠くに押しやることができない。何も映っていない鏡もいたずらに白く、のっぺらぼうである。どうしてかと言うと、いずれの場合にも私は視線を辿らせるべきものを見いださないからである。ただ、私の視線はいつでも自分の体の近傍に戻ってきて、そこに肉体の部分や地面、床などを見いだす。すると暗がりしかない場合は別として、私はやはり或る奥行きのある広がりを見いだす。そこで翻って考えるに、物を見るとは、視線を落とすといつでもここ、肉体がしっかと在る場所に帰ってくるところから視線を運動させ、見える物の輪郭をなぞって視線を遠くに近くにすべらせることである。すると、一方では私の肉体はその場所から動かない限りで、視線の運動が描く広がりは肉体全体が移動してゆく時に順次に進んでゆく広がりではなく、それの前もっての描き、文字通りに視線が描くことによって構成しつつ受け取る広がりでしかなく、他方では、しかしながら、見る目が位置する肉体のこの場所を含み込んだ、この上ない現実性を有した広がりなのである。見える広がりが自分の肉体を起点とする限りで、その中で見える様々のものは、自分の肉体と同様で、肉体の運動を阻むこともあるような様々の物として見える。こうして、空っぽな広がりとそのあちこちに散らばっている物とを共に見るという、見ることの構造ができあがる。そして、物を見るとは存在する物を見るのであるということが当然とされるのである。ただし繰り返せば、実際にその物が在るためには、その物と私との間の、見えるものでしかない空っぽな広がりのうちに、私の体が入ってゆけるのでなければならず、これは保証されていない。

(27) 肉体と空虚

だが、以上の議論からすると、空虚とは、物とよりは、むしろ、まずは肉体との対比において規定される概念であることになる。実際、肉体という物と肉体のすぐ周りの空虚との分節は、肉体が在ることとそのことだけで既に実現されている。肉体は運動するものとして己を他から分離していて、分離は他との間に空虚を挟む仕方で実現されている。その空虚の中を私は運動する。そして、私が両腕を伸ばして私の胸の前方で手を組むなら、私と腕とで囲まれた円形の広がりは、どれほどかの上下の広がりをも含んで空虚である。私は腕を何物にもぶつからずに自分の胸にまで引き寄せることができる。そもそもが、肉体は弾丸の如く運動するものではない。固定的構成を持った諸部分を違った仕方で動かして互いに位置づけ合う。頭を巡らし手を動かし、そして、頭も手も他の肉体部分との間で定まった平衡的位置関係にいつも戻る。そして、この反復の運動こそが広がりの根源的経験であり、ヴォリュームを持った私の肉体とそのすぐ周りこそが「本当に在る」広がりの核、違った仕方で経験されるあらゆる広がりを統合するものとして働かないではおかない、広がりの核なのである。この核において、肉体と空虚との対比が必ずや描かれている。そして私が力点を置いているのが、この空虚が空虚たる資格で本当に在るということ、肉体の運動の現実性によって現実性を与えられるということの方なのであることに注意していただきたい。鏡の中に見える広がりには私は手を差し入れることはできない。鏡に映った林檎をつかめないというのはその帰結でしかない。それで、映像としての林檎が本当にはないように、ないしは、それ以上に、その林檎の映像の周りの空虚も本当にはない、このことと対比して、本当に在る空虚について語ることには意味がある。

(28) 物と空虚

すると次に、空虚と私の肉体ならざる物との分節が問題となる。空虚の最初の意義に照らせば、空虚とは私の肉体が入り込んでゆく広がりである。けれども、これでは、運動するものとしての肉体が在ることとそのことだけで産み出している、肉体と空虚との対比を繰り返しているだけに過ぎない。それで、その空虚に対して物が登場してもう一種の分節を描くとはどういうことか、これを考えねばならぬ。すると、すぐに理解できることは、肉体に準じたものが空虚に対立する項として現われることである。私の右手の拳の運動は左手の拳にぶつかって阻まれる。そのことと、拳が机を叩いてそこで運動が止まるのとは同じような事柄である。机は空虚でなく、机が無ければ空虚であったとしても構わない場所を占める物である。何と当たり前のことを、あるいは素朴なことを言っているのかと思われるに違いない。けれども、ここから話は二つの方面で進められなければならない。第一には次のことを考えねばならない。即ち、私はたまたま机を拳で叩いてぶつかったが、私達はそのように在るものなら何にでも、それにぶつかって運動を阻止される仕方でその在ること、即ち空虚ならざることを経験するわけではない。道路の高い所に電線が在る、そして、それが在る所はそのすぐ周りとは違って空虚ではないことを言うのに、私達は自分の肉体を電線が占める広がりの始まる所までは運動させていって次に肉体がそれにぶつかる、だから、やはり電線という物が在る広がりの中には肉体が入り込めない、つまり空虚ではないことを経験する、このようなわけでは決してない。これに対してはもちろん、私達は電線にぶつかる代わりに、それを見るではないか、と直ちに指摘されよう。知覚が運動の代わりをするのである。だが、電線とその周りの空間との分節を含んだ見られたものの奥行きを持つ広がり、一般に知覚が伴う広がりは、ここで論じている空虚と物との分節的広がり、肉体の運動が現実性を与える広がりと重ね合わされるのが普通ではあるが、それから区別されなければならないこと、このことこそ、これまで述べてきたことの一つの大きな主題なのであった。そして、一口に知覚と言っても例えば匂いの知覚の経験では、匂いが携える広がりの様態には（嗅がれる限りでの）物と空虚との分節は、ようとは現われないのである。

第二に、人は次のように考えるであろう、机にぶつかる前に私の拳は何物か在るものを押しのけて運動していったのかも知れないではないか、そのものと机との間に、空虚と物というような大きな対比を設けるのはおかしなことではないか、と。問題は何かが在るか無いかではない、固体であるか気体であるか、あるいは、その中間の液体であるかの違いが運動に関わっているに過ぎない。更には、それら三種の相の境目も決してはっきりせず、すべては、在るものの中での相対的な区別に関わることでしかない。空虚などは決して存在しない、肉体、もしくは肉体の一部は空虚の中を移動するのでなく、移動する時は必ずや他のものを押しのけているだけなのである。ざっと、こんな具合である。そして、このような主張は更に、知覚が運動の代わりをすることを指摘する第一の考えの底の浅さまで笑ってみせるに違いない。何物も見えない、知覚されないからといって、そこに何も無いとは限らない。要は私達の知覚能力の問題である。顕微鏡を覗くと、それまで見えなかったものが一杯見えるではないか。私達の周りの空中には何と多くの微細なものが気づかれないままに漂っていることか。

宜しい、私はそのような主張に反対はしない。ただ、その場合、その何物かが在ることに内容を与えるのはどのような事柄かをこそはっきりさせるべきである。しかるに、結局、私達は二つの仕方に帰ってゆかざるを得ない。知覚と行為とである。そして、両者において肉体とその運動が関わる。ただ、決定的なのは後者、ただし知覚と連携することを必ずや含む後者、行為でしかない。単なる知覚では何物かは肉体の向こうなるものとして現われるのであり、知覚は（行為から離れた知覚独自の現実性は別にして、ただ今の文脈においてのみ言うなら）行為が働きかける相手となり得るものを予告する仕方でのみ在るものに関わる。しかし、何物かは私達の行為の相手となることにおいてのみ、肉体と同じ場所を争い得るものとして（たとえ間接的にであれ）規定され、本当に在るものとされるのである。なぜなら、肉体がヴォリュームを持って広がりを占めている、このような仕方で在ることこそを私達は在るものの標準とするのだから。翻り、対比的に、肉体が己自身に由来する制約のもとだけで運動する広がり、これが空虚である。それで、確かに私が「空虚」と呼ぶ広がりのうちに何物も無いことの証明はできない。ただ、肉体の運動に指示を与えるものに出会わない限りで、私は何もないと見做すのであり、見做して構わないのである。場所や空虚とは、肉体の運動の概念と連携することなしでは意味を失う概念であること、ここから意義を汲んでいることに注意しよう。

(29) 次節への移りゆき

さて、以上を指針に、知覚内容と本当に在るものとの関係を、今度は行為の関わりを本格的に考えて、調べよう。知覚はもちろん、本当に在るものを発見するという主張を携えている。そして、それは、知覚対象が広がりの様態を持って現われ、その広がりが肉体が位置する広がりに続く広がりであると直ちに受け取られるからである。知覚はそれぞれの種類ごとの知覚器官の運動なしでは生じ得ず、各知覚固有の広がりは、知覚器官を表面部位に持つ肉体のすぐ近傍では必ずや現実的である広がり、これを起点として構成される。そして、その広がりは視覚における如く知覚される限りでの物（が占める部分）と空虚とに分節されていたり、嗅覚におけるように、空虚と占拠とのくっきりした分節なしで経験される場合もある。見ることにおいては輪郭を持ったものが見えることが多いが、匂いの漠然とした広がりはきっぱりした輪郭を持たない。しかし、いずれにしても、広がりは知覚されるものの対象性成立に不可欠の要件であり、知覚する私は知覚されるものに対するに、その広がりを手掛かりに行為する。ただ、問題があって、それは時に手掛かりが裏切られることがないわけではないことである。そして、本当に在るものについてはいつも行為の方が発言権を有する。行為が顕わにする秩序との整合性から独立した知覚固有の現実性というものもあるが、それは、肉体の存在を標準とする意味での存在するものとは別の領分においてである。そこで、まずは、知覚と行為との交錯のもとでの本当に在るものの概念の構造を調べ、私達が普通になす、物とその知覚される質という分節的把握が従っている論理を明らかにし、更には、物と物の（知覚的質以外の）一般的な性質との分節的把握の論理をも問題にしよう。行為への手掛かりという役割を離れてもなおあり得る知覚の現実性については、第3節で述べる。

2　物とその性質

(30) 再び匂いの源と匂いの担い手

嫌な匂いが台所からしてくる。匂いの出処の方向は、嗅ぐことそのこと、知覚だけのうちに既に内容として含まれている。それで、テーブルの上のハムを見ると、その視覚に助けられて、ああ、ハムの匂いかと分かる。しかし、第一に、ハムは台所から隣の部屋までの匂いのしている広がり、これとは別の広がりを持つものとして、つまり匂いの広がりの向こう、匂いの広がりが始まる所で、はっきりした輪郭を持つものとして見える。そして、ハムの手前、匂いが漂っている場所は視覚にとっては空虚と見える。見える限りでの物と空虚との分節がある。第二に、匂いとハムとを私が結び付けるのは何故かと言えば、匂いが示す方向上にそれを、匂いの経験とは違う経験である見ることによって私が見いだすからであるのは事実であるが、何度も言うように、それだけでは不十分である。ハムだけでなく缶詰なども見える。だから、見える多くの物の中から匂う物としてのハムを見つけだすには、知識か知識の元になった行為の介入が必要である。そして決定的には手持ちの知識は不十分で、その時の行為による因果的連関の発見ないしは設定のみが解決を与える（「設定」ということの中身については第三章で論ずる）。ハムはいつも匂うわけではないし、缶詰も絶対に匂わないとは限らないのである。それに実は今している匂いは強烈で、とてもいつものハムの匂いとは思えない、ということもある。だから私は、ハムを動かし、それに連れて匂いに変化が生ずることを確かめなければならない。よく見るとハムは腐っていて、それで嫌な匂いをさせているのである。また、この時、私がハムを動かし得るということ、これが、見えていたハムが本当に在ることを示すのであることは、もはや言うまでもあるまい。

　とはいえ、匂うものはハムなのだと確定され得るとして、しかし、匂いの広がりとハムが位置する広がりとは異なるということは残る。このことは既に、単なる匂いの経験だけのうちに潜んでいる。匂いは、やってきて漂うというふうに知覚されるのだから。一般に知覚とは、その知覚に特有な質の経験を通してその質を性質として持つ物を知覚するという構造を持っていて、その時、物は広がりを占めるものという資格で概念化される。そこで、匂いの場合、匂いという質を通して物を知覚することは、匂いの広がりの二つの様相（即ち、向こうから、この辺りに、匂うという二通りの仕方）に従って、匂いの源である物の限定へ向かおうとする方向と、それとは区別された物、即ち明示的に言うなら匂いの担い手という概念のもとで表示される物の限定の方向と、二手のいずれの方向をも取り得るのである。ただ、匂いの広がりは漠然としていて明確な輪郭を持たない故、（他の知覚によっては輪郭を持ったものとして見いだされる）匂いの源も、嗅ぐという経験だけでは或る方向の向こう側に想定されるだけである。まして匂いの担い手は、匂いを嗅ぐ経験が匂いの実在性を当然に主張するそのことのうちで要請されている概念であるそれだけのことで、匂いを嗅いでいる私の周りのこの辺りに在るという程度に限定されているだけなのである。それは私が匂いを嗅ぐ時の鼻孔の運動によってのみ対象性を与えられている。それで、私の注意はおのずと、嗅ぐ仕方以外で容易に限定できる、匂いの源にゆく。確かに、源としての確定は（匂いを嗅いでいるだけでは決してできないのはもちろんだが）それが見えることによってもできるわけではない。行為を関与させて匂いという知覚的質を或る物に結び付けることだけが確定を可能にする。しかし、見えてもいなければ行為を関与させることも難しいのも事実である。しかるに、例えばハムは見える仕方で輪郭づけられ、触れることもできるものである故に、それに働きかける行為をなすことが容易かつ平明なのであり、かくて、それが匂いと結び付くものであるかはすぐに試される。そして、匂いという質は、このはっきりと行為の相手として確定でき、その在りようの変化が匂いの経験の在りようの変化と相関する物、これの性質と考えることがおのずとなされるのである。この時ハムの手前の匂いの広がりを満たしているはずの匂いの担い手の方は放って置かれる。

だが、私がハムをポリエチレンの袋に密封し部屋の外に遠ざけたのに、相変わらず部屋で匂いがぷんぷんする。こうなると、もう、ハムという匂いの源とは区別される匂いの担い手の概念が強く前面に出てきて、放って置くわけにはゆかなくなる。この辺りに、匂いがする広がりのすべての場所に、見えもつかめもしないけれども何かが、匂うものがある、匂いの担い手があり、これをどうにかしなければ、となるわけである。

（ただ、そのものは確かにハムから出たものであるかも知れないが今やハムそのものではないと考えられているのに、それでも、匂いを呼ぶのに「ハムの匂い」と言うしかない位に、ハムは限定されやすく、また名前を与える価値があり、対するに、ハムではないその匂うものは、特別に名付けるに至らない程に限定されにくい。)

とはいえ、差し当たり匂いを嗅ぐ仕方ででしか相手とならないなら、そのもの、ここで匂いの担い手の概念でもって指示されているものは、実は、匂いの対象性、即ち匂いの広がりに動機づけられて、相変わらず在るはずだと想定されているに留まるに過ぎない。それは、匂いを私が大きく吸い込む時に、それがいかにも在ると感じられる、このような具合でしかない。そして、その時にも既に、吸い込むことが匂い以外の要素を私に経験させる(匂いの混じった空気をヴォリュームとして感じさせることなど)から可能なのである。つまり、匂いの担い手の匂いに尽きない性格がはっきりと証拠づけられるというわけである。それから更に、私が匂うものを鼻先から大きな息で吹き飛ばし、すると匂わなくなるとか、逆に掌で扇いで何かを鼻先に集めようとし、そうしたら強い匂いがすることを確かめるとか、そのような事柄が、本当に匂いの担い手が在ったとか在るとか言うには必要なのである。それらの事柄は単に匂いの強弱の変化をもたらすだけではない。空気の流れの触覚のような、匂いとは違った手応えをも私に与えてくれ、匂いという知覚的質の変化を結果にももたらす行為の働きかけの相手を示す。要するに、知覚するとは、その知覚の種類に固有の質を通して、その質以外にも様々の性質を持つはずのものを知覚するという構造をもって成立するのであるが、そのものが本当に在ることを確かめるには、当の知覚とは違った通路でもって同じ相手にゆき当たってみせねばならず、しかも、違った通路で対象となったものと問題の知覚で対象となったものとが同一であると言うためには、両者を結び付ける根拠が行為の介入によって示されなければならない、この論理が、匂いの担い手に関しても、匂いの源についてと同様に貫かれている。実際、部屋の窓を開け放っても匂う、匂いの元と思われるものすべてをチェックして遠ざけても、いつまでも匂うとなったら、今度は私は、自分が嗅覚の病気に罹っているのではないかと疑わなければならなくなる。つまり、私の匂いの経験は、(匂いを嗅ぐ器官の側はともかく、嗅覚の対象の側における) 本当に在るものに関わっていないかも知れないことになる。

　では、ハムでなく、ハムが残した匂いの担い手を限定するのはどのようにしてできるであろうか。また、ハムでなく、こちらのものを限定するのにはどういう優位点があるだろうか。

　普通、日常の生活では私達は後者を殊更に限定しようとはしない、もし私が庭で嗅いだ素敵な匂いを部屋でもさせたいなら、私は木犀の一枝を伐り取って花瓶に生ければよい。時に花だけを摘んでハンカチに包み、恋人の服のポケットにそっと入れておくかも知れない。しかし、木犀の花の周りの空気を集めて運ぼうとは思わない。腐ったハムの嫌な匂いを追い出したければ確かに部屋の空気を入れ替える。けれども、部屋の空気とは漠然とした概念で、私は換気後もどの位の空気が入れ替わったか決して知りはしない。それに、腐ったハムを部屋に置いていると、いつまでも匂うかも知れないが、それをどければ、どけた後も暫くはなおも匂いがする部屋からも、いつかは匂いは失せるのである。気体は拡散する。匂いの担い手を躍起になって限定する必要はない。匂いの源こそが重要である。

ところで、私が或る部屋に入るなり何か匂いがして、見ると中空に青い靄のようなものが立ち込めていると、私は匂いをその靄に結び付けるであろう。だが、これは予測であり、判断である。

（だからこそ、その青い靄が私の鼻先まで見えなくても靄は匂いに結び付けられる。田舎の道で何か匂って、ふと見ると田圃（たんぼ）で籾殻（もみがら）を燃していて、煙が見える。その煙は遠くにしか見えないとしても、私は、自分の居る所で嗅ぐ匂いを、その煙の匂いだと考える。煙はここでは濃度が薄くなって見えないだけだと考える。）

ただ、例えば、温泉場で或る匂いがして、噴泉から湯気というか煙というかもくもく立ち昇るのを見ると、そのもくもくした気体が匂うのだと思うのが自然であるに違いないが、もくもくしたものは単なる水蒸気で、匂いの正体は別物だということはある。

それで、別物だということを知ることや、靄が匂うのだと確定することは、どのような場合に重要であろうか。知的好奇心を別にするなら、結局、匂いを統御しようと考える場合である。しかるに、統御するとは、匂いを嗅ぐ経験そのことにおいてでなく、匂いの源や匂いの担い手に働きかけることによって統御するのである。私が息を止めれば、その間は匂いを嗅がなくて済むであろう。けれども、それは匂いの真の統御ではない。汚濁した沼から発する匂いの解決のためには、沼を浄化するしかない。本当に在るものを統御するのである。沼が綺麗になれば、沼の畔で暮らす誰もが悪臭を嗅がずに済む。それで、統御しやすいのは確かに匂いの源であることは多い。だから私は木犀の一枝を運び、花の周りの空気を運ぼうとはしない。また、まさに源である故に、これを放置していては匂いの持続的統御はできない。源からこそ匂いの担い手の新手が次々に現われるのだから。けれども、匂いの担い手が何かを把握することの方が匂いの源を把握することよりは、より正確に統御できる、このことにも今や注意を払わなければならない。匂いの源は、己が発散させる匂いの担い手を己の一部に含むだけで、ただ、多量に含むから重要なのである。だから、その真に匂いに責任のある部分と残余の部分とを区別できるなら、匂いを、その源においても効果的に統御できる。こうして、ここに、匂いの源のみならず、匂いの担い手をも限定しようとする試みの動機と、その優位点が同時に理解できる。

(31) 統御できるものと本当に在るもの

確かに統御の観点から、匂いの源と匂いの担い手とを分離することもできる。これは何故かと言えば、統御という私達の行為の相手となるものとは、それこそが本当に在るもので、しかるに、匂いの経験において本当に在るものとして把握されるものには、匂いの源と匂いの担い手との二つが区別されたのだから。木犀の花の匂いを強く嗅ぎたければ、木犀の花が咲いた枝を鼻先に持ってきてもよし、手で、花の周りの空気を扇いで鼻先に寄越してもよい。ハムの腐った嫌な匂いを嗅ぎたくなければ、ハムを遠ざけてもよいが、ハムに働きかけることは何もせず、ハムと私の間に何か遮るものを置けばよいこともある。遮るとはハムがこちらにやってくるのを遮るのではなく、ハムからやってくる、ハムとは別のものを遮るのである。また、非常に性能の良い吸着剤を使えばよいかも知れないが、それはもちろん、匂いの源である物体でなく、匂いの担い手である空中の浮遊物を吸着させるのである。科学者なら、或る気体を適量ばらまいて、それと匂いの担い手である物質とを化合させて、匂いのしない物質に変えるのが究極の方法だと主張することもあり得よう。

ところで、同じ理屈を他の知覚経験に適用すると、どうなるか。見えることについては、見えるものと光との分離、聞こえることについては、向こうで聞こえる音とやってくる音波との微妙な差異が顕わになり、つれて、物の知覚的質の概念が不安定なものになる。

(32)囲むことと物と光

林檎が見えている。私が林檎を動かす。その林檎は本当に在る。鏡の中に見えている林檎なら、それに働きかけて動かすわけにはゆかない。それで、林檎を動かすと、その見え方が変わる。見ているものと、私の動かす行為の相手となっているものとが結び付いている。私の手が触れて冷たさや滑らかさを見いだす時、林檎の見えの一部が手の見えに隠れる。冷たさや滑らかさも見えるものに結び付く。行為がもたらすそれらの出現や変化の相関を通じて結び付く。指で弾いた時に聞く音も、それらと結び合いにくる。核となるのは、私の行為の遂行を担う肉体の運動が確定する広がりである。肉体の運動が入り込もうとする広がり、これを占めて肉体の運動を挫折させたり導いたりするものが物の資格を取り、知覚の種類ごとに異なる様々の知覚的質は、それぞれが様態として携える広がりの自ずからなる重なり合いを通して、その物の性質という身分に納まる。そして、その場所に確定された物、これに私は肉体の運動によって働きかけ得る。運動は別々の場所に在るもの、林檎と肉体とを、間接的にであれ、関係づけ、作用させ、変化させ合う。それで、林檎の見え方を変えたければ、見ることの方を変えるのでなく、林檎を動かすことの方が多くの確実な実りをもたらす。

次に、知覚の成立を阻むという行為に着目して、知覚の統御が含むところを別面から考えてみよう。一般に何事かの欠如の考察は、それが与えられるための条件について教えてくれるものである。

さて、知覚されるものは必ずや向こう側に、私の肉体のこの場所の向こうに知覚される。それで、その向こうと肉体との間に邪魔物を置いて、知覚を遮ることができる。邪魔物は例えば自分の手であり、ドアである。その邪魔物がなくなると何かが様々の仕方で、違った種類の知覚のもとで、つまりは違った知覚器官によって、知覚されてくる。しかも、知覚しないわけにはゆかない。そうして、知覚することが知覚されるものに変化を及ぼすことはないと思える。だから、知覚とは発見だと私達は考える。

遮るという概念は、何かがやってくるのを遮るという意義を含んでいるが、その何かについては後で考察する。今は、遮ることの完全な形としての囲むことを考える。実際、私が移動して、その遮ることをなすもの、衝立だとか壁だとかを迂回して向こうに越えゆくなら、私は再び知覚されるものを見いだすことができる。それで、迂回もできなくするように遮れば、それが（私自身の肉体を囲むことを別にすれば）知覚されるものをあらゆる方位から囲むことであり、内側に或るものとして閉じ込めることである。しかるに、囲むとは一般にどのようなことか。囲むとは本当に在る広がりの確定である。それが空虚であろうと、何か在るものが占める広がりであろうと。それで、鏡に映った映像としての林檎は囲めないこと、これが林檎とそのすぐ周りの、いわゆる鏡の内側に奥行きを持って開けて見える広がりは本当には無いことの、確かな内容なのであり、代わって囲まれた鏡と、その鏡の前方や後方の方が本当に在るものなのである。確かに、鏡に映った林檎を見えなくするには、私と鏡との間に衝立を置いて、その見えることを遮ればよいが、しかし、それは遮ることの徹底ではない。私が鏡と衝立の間に入り込めば、私は条件がよければ再び林檎を、林檎の映像を見得る。それで、遮りの徹底が、見えている林檎（の映像）を囲むこととしてでなく、鏡を囲んでしまうことにしかならないのが重要なのである。

　他方、私は、見えている林檎と私との間に衝立を置かずとも林檎を見えなくできる。つまり、本当に在る林檎と鏡との間に衝立を置けばよく、そして、迂回もできないように徹底するには、映像ならざるもう一つの見える林檎を囲い込めばよいのである。そして、この最後のこと、囲い込めるということが、その林檎が本当に在ることの中身をなしている。

　ところが、更に注意すべきことがある。見えるものを見えなくすることが問題である場合、あと一つの方法がある。真っ暗にすることである。しかも、これは、テーブルの上の林檎の見えも鏡の中の映像としての見えも、無差別に見えなくしてしまう。ただし、真っ暗にするとは、昼間なら太陽の光を遮る空間をつくることで、これは、まさに鏡や林檎を、見る私もろともに囲むことを含んでしまう（私の向こう側で、私と知覚対象との間に遮りを置く形で知覚対象を囲むのではない）。しかし、もし夜に、それも月も星も出てない暗闇で、或る方向から光がやってくる場合にはどうするか。光を囲むことが可能である場合がある。それで、光を囲むとは正確には、光源を囲むことであり、まさに、囲まれたものとして、光や光源は在る。こうして、物が見えることに不可欠のものとして光がその存在を主張する。

見える物は確かに在る。私は自分の掌の上の蜜柑を見る、それを食べる。それで、突然に闇が訪れて蜜柑が見えなくなっても、蜜柑は在ることを止めはしない。私は器用に蜜柑の皮を剝き、相変わらず美味しいと思って蜜柑を食べる。では、蜜柑の、見えとは何か。蜜柑のあの橙色とは何か。蜜柑の性質の一つである、ただ、暗闇では人はそれを発見できないだけである、単純極まりないではないか。けれども、蜜柑の冷たさ、ざらつきや滑らかさ、匂い、味を発見するには、蜜柑自身と、その諸性質それぞれを知覚するそれぞれに見合った知覚諸器官を私が有していて目覚めていればよい。なのに、色を見るには蜜柑が手許に在り、見える器官である目があるだけでは駄目で光が要るとはどういうことか。ひょっとして、見えとは、また色とは、物と光との合作によって出現するものなのか。

光もしくは光が関わる経験については、実に多くの述べることがある。けれども、そのかなりは紙数の都合で断念する。それでも多様な事柄があるので、記述はどれも、次の一連の事柄の脈絡の中に置かれるべきことを念頭に選ぶことを予め述べる方がよいであろう。即ち、月や星のような光るものや、私達が手に触れることもできる諸々の光るもの――反射によって光るものも含め、烈(はげ)し過ぎる眩しさではそれ自体は見えないが、様々な仕方での眩しさとともに見えはするもの。明るさ、それも昼間の明るさのようなものと、闇のなかでの孤立した明るさ。例えば、輝く焚き火やロウソクと、それらの周りの明るさ、しかも遠のくにつれ徐々に弱くなり、いつか闇に薄れ吸われてゆく乏しい明るさ。陰、及びシルエットとしての影。雨戸の節穴や細い隙間からの光、即ち埃や煙を目に見えるものにする線や帯としての光。

（埃を見せるために貴方の目に飛び込んだ光を貴方は見はしない、だから、貴方が光だと思って見ているものの本当の中身、つまり実際に貴方に見えているものは埃であって光ではないのだ、と誰かが私に指摘するとしても、私はそれを光として見ると言う権利を持つ。なぜなら、浮遊し動き回る無数の埃を見ながら、私は真っすぐの辺を持った帯状の明るい不動の部分が、暗い中で浮かび上がっているのを見るのであるから。）

夜空を照らして旋回するサーチライト。これらの経験に、私達が火を扱うことによって明るさをも扱うことを始めとする光の統御の経験を加え、私達がどのように光がまつわる諸経験を組織化するものなのか、それを整理することが、光と物を見ることとの関わりを分析するには必要である。すると、例えば、物と物を見せてくれる光とを単純に二分することなどは謹むべきことも分かるであろう。ただ、私は本書では、色という視覚的知覚のみが見いだす物の性質が、人が殊更に光を考慮する時には、その、物の性質であるという明白な身分を失いかねない事態が生じないでもないこと、このことに焦点を置き、僅かばかりの事柄に言及するに留める。

(33) 光と色

焚き火の周りでは誰の顔も、いつもより赤く見える。また、絵を描く時に気づくのだが、物はどれも、陽の光が当たっているか否かで随分と色合いが違う。艶のあるものは弱い光のもとでも照り映えて、その部分は白っぽく見える。けれども、私達は、これらの見えの異なりを一時的なものと見做し、物にはそれぞれに固有な色があると考えている。日陰と日向（ひなた）とで物の色を見まちがうことも、そうはない。ここでもちろん、物の色は変化することがないと主張しているのではない。むしろ、いつまでも変わらない色を保ち続けるものの方が少ないかも知れない。木の葉は黄緑色から深い緑へ、次いで秋には黄色くなったりする。人工のものである紙は年月とともに黄ばみ、壁はくすみ、服は色褪せる。それら色の変化の背後では物自身の変質があるのかどうかとか、そもそも異なる色を取りながら同じ一つのものであり続けるものについて語ることの根拠はどうかなどについては、今は論じない。ただ、ここで話題にしているのが、確かに承認すべき事柄としての物の色自身の変化、これとは区別される、物の色の見えの変化であることを確認しよう。後者は物を見せてくれる光の違いによって生じさせられる変化なのである。そして、この区別を維持している限りで、何の混乱もない。けれども、光が生じさせる色の変化の中身を考え始めると、区別がどこまで維持できるのか、不確かになる。少なくとも、かなり曖昧な事態の中に巻き込まれてゆく。

赤い絵の具と黄色い絵の具とを混ぜると橙色になる。それで、もし光に色があるなら、その光の色と光が当たる物の色とが合わさると、合成の色が出るのは当然だ、こう考えることができるなら、特別に頭を悩ますこともないと誰かが言おう。では、光の色とはどのようなものか。焚き火が周りを明るくする限りで焚き火から出ると考えても構わないであろう焚き火の光は、焚き火が赤いのだから、赤いと言ってよいのか。このような迷いを振り切るために、サーチライトのような光線の色を考えることから始めるとよさそうである。けれども、煙草の煙が充満している真っ暗な部屋に一条の光線が射す時、その光線が青く見えるからといって、光の色は青いと言うわけにはゆかない。青いのは煙なのである。しかし、太陽光のもとでは白く見える煙、これに或る光が当たって、その煙が緑に見えるなら、その光の色は緑色なのだとは人は主張できる。つまり、サーチライトの色は、それを光線として見せてくれる空中の埃などが白色である限りで、その色を光そのものの色と言うことができる。では、その時、光が照らすものが元々は白いということだけが、それが違う色に見える時にその色でもって、照らしている光そのものの色を教えてくれるという特権性はどこからくるのか。白い物は光をすべて、どのような種類のものも反射するのだとかを根拠として挙げるのは止そう。知覚できる事柄のレヴェルで話を進めなければならない。反射を言うなら、池の水の燦き（きらめ）が池に張り出した樹木の葉を照らして、水が揺れると葉でもちらちら明るさが揺れる、このような知覚できる事態に即して発言するに留めるべきであろう。その時、どのような種類の光がどれほど反射されているとか、私はどうして言えるであろうか。すると結局、太陽光のもとでは白く見える物の特権性は、それが光源の色と同じ色を取ることに由来する。そもそも物は何であれ明るくなければ見えないが、物と物の周りが明るくなるのは或る光源があることによってである。それで、光源はしばしば、輝くという独特な様態のもとで、やはり一つの物として見ることができる。物として、というのは、他の諸々の物と同様に、他の物と並んで或る定まった広がりに位置を限定されて見えるということである。それは光るものではあれ、光そのものとは言い難い。街灯と街灯から放射されている光の広がり、ほとんど明るさの広がりと言っていいものとは、はっきりと区別できる。それで、物が普通は、つまり昼間の普通の明るさのもとでは白く見えるものである場合には、それが或る光源のお陰で見えるようになりつつ取る色は、その光源自身の色、ちゃんと見ることができる色と同一なのである。

（では、白壁を白く見せる太陽は白く見えるか、むしろ金色などに見えはしないかと言うなら、白壁を見せてくれる光源はもはや太陽であるのではない、他の家の壁や地面、その他、無数のもので反射され混ぜ合わされた、無数の光源が白壁を見せるのだと、指摘しなければならない。太陽と見えるものとの間には多くの媒介物がある。それで、太陽が直接の光源であるような場合、まさに物は金色に燃えあがったり輝いたりして見えるのであるし、赤い夕陽のもとでは物は赤い色に染まるのである。）

舞台の演出家、照明係はこのような事情をよく知っている。白いドレスの踊り手は、ライトが変わるままに易々と衣装の色を変えてゆく。それで、ドレスが黄色く見える時、ドレスを照らすライトの帯を辿ってゆくと、黄色く光る光源、ランプを見ることができる。この時、そのランプから舞台へと真っすぐに伸びる帯状の明るさの色は、黄色ではないかも知れない。先に述べたように、客席から立ちのぼる煙草の煙の濃さによっては、それは緑色っぽく見え、結局、緑色の光が見えているようでいて、緑色に見える煙が見えているのである。

あと少し考えよう。夜、焚き火をしたりローソクを灯したりすると、明るくなり、それまで見えなかったものが見えてくる。明らかに焚き火やローソクから出る光が物を見せてくれるのである。とはいえ、その光を私達は直接には見ない。私達が見るのは焚き火やローソクの炎であり、同時に浮かび上がって見えてくる諸々の物である。明るさでさえ、物が見えてくることとしてのみ内容を得る（ただし、明るさは次項で述べるように、むしろ物の見えに本質的に付随する物の周りの空虚の見え、この空虚を満たすかの如きものとして見える）。ところで、焚き火の炎は赤く、ローソクの炎は黄色い。すると、焚き火に照らされた物は赤みを帯びて、ローソクに照らされた物は黄みを帯びて見える。高速道路のトンネルの中では、しばしばナトリウム光線で照らされた車内の何もかもが、トンネルに取り付けられたランプと同じ独特の黄色に染まって見える。これらの時、物は光源と同じ色に見えるというのではない。物の色も或る主張をしないわけではない。そう、光は物を或る色に染めようとすることだけがあるのである。染料で服地を染めると、服地の元の色と染料の色とが混ざった色に染め上がるようなことが生ずるように。ただ、染料はずっと服地に付着したままなのに、光の方は付着せず、光が物を照らすその時限りでの染めでしかない。これは重大な事柄なのか。それとも些細なことか。

　更に考えるべきことがある。同じレインコートが、青い傘の下でと赤い雨傘の下でと幾分、違った色に見える。これはあたかも、傘の青さや赤さが、離れたままでレインコートの色を染めたかのようである。そして、恐らく、このことに連なる事柄として、光が物に或る色を投げかけるように、逆に光が物から色を受け取るかの如きことがあるのであろう。色付きのセロハン紙を懐中電灯に被せると、電灯が照らす物はセロハン紙の色に染まって見えるが、何より、その明るく灯った電球自身、その光るもの、光源としての資格での見えるものが、セロハン紙に左右される色を持って見える。また、私が自分の目にセロハン紙を当てると、私に見える一切が、セロハン紙の色に濃淡や影のようなヴァリエーションを加えただけの色でしか見えない。

　翻って考えるに、そもそもが色が混ざるということはどういうことか。分かり切ったことのようでいて、必ずしもよく分からない。重い物と軽い物とを混ぜると（密度としては）中間の重さになる。そのことと、赤い絵の具と青い絵の具とを混ぜると紫色になることは同じようなことなのか。赤い点と青い点との多数の配列を遠くから見ると紫色に見える、このような色の混じり合いはどうか。

　さて、以上、列挙したこのような様々の色の見えについて、波長の違いによって区別される異なる光と、それらの光との関係を異にする様々の物と、二つを挙げて整合的に説明することはできる。色は物がどの種類の光を反射しどの種類の光は吸収するか、あるいは透過するか、また反射の仕方は乱反射なのか否か、このような条件によって定まるのだと、問題を解決できないこともない。しかし、このような解決は二つのうちのどちらかに至る。一つは、色を物の性質とすることを止めて、光の属性とすること。もう一つは、色を物から剝ぎ取るのみならず、光にも帰属させず、光を受ける視覚器官を持つ見る側において生ずる事柄とすること。しかし、前者の解決に従うなら、私達は物を見る時、実は様々の光の戯れを見ているのだということになるし、後者を取るなら、そこでの光とは見られる光ではなく、目に飛び込んで物を見せてくれながらも己自身は見られない光のことで、そうして、光の到達点において生ずる事柄としての色がどのようにして、光の出発点ないし通過点であった物、即ち目にやってくる前の光を反射したり透過したり屈折させたりする物、これと合流してこの物にいわば張り付くのか、さっぱり分からない不可思議なことになる。

(34)明るさと光

実は、私の目に飛び込むことによって様々の物を私に見せ、自らは見られはしない光の概念というものは、私達はよく口にするのではあるが、必ずしも明瞭な概念ではない。この概念は、前項で挙げたような様々の経験から直接に得られているのでなく、物理学や生理学が獲得した知識から流入して人々の常識になっているような事柄だと思われる。ここでは、物理学と生理学とが合流した恰好の考え方として、正常視のみならず近視や遠視とそれらの矯正のメカニズム、更には鏡の映像や水中の物の様々な見え方をも説明してしまう、ありふれた理論を念頭に置けばよい。一端だけを述べれば、林檎で反射した光は（時に途中で鏡で反射されたり水と空気との境界面で屈折したりすることをも経て）目にやってきて水晶体で屈折し、網膜もしくは少しずれた箇所で林檎の像を結ぶが、前者の場合には人は林檎を鮮明に見ることができる正常な視力を持つのであり、後者の場合、人は林檎をぼやけた仕方でしか見得ないのである等々。けれども、もちろん私は自分の網膜に結んだ林檎の像を見ているのではない。その像を見るとは、像と一緒に網膜をも見ることを含んでいるが、私は網膜も像も見ずに、林檎そのものを見ている。いや、その林檎そのものと普通に言うものが実は像でしかないと誰かが主張するなら、その像を生じさせるために主張者が前提している事柄の一つとしての林檎の身分を逆に問うべきである。どういうことかというと、光は林檎の像からでなく林檎そのもので反射して目にやってきて網膜で像を結ぶとされているのであり、すると、その林檎、光、目ないしは網膜、それから像もまた、すべては、知覚される事柄としては同じ身分の事柄で、それらのうち像だけが特に見られることができると主張するのはおかしなことなのである。実際、私はレンズとスクリーンを使って、スクリーン上にランプの鮮明もしくはぼやけた像が結ぶのを見ることができるが、その時、私は像をランプやレンズ、スクリーンなどと一緒に並べて見る。像をランプと比べたりもできる。像を見ることがランプを見ることの内実なのだというわけではない。そして、私は、それらのこちら側で、目で見ていて、その目を、目の一部たる網膜を見はしないのである。

それでも、件の理論は強力である。どうしてなのか。私は先に、物を知覚できないように遮る時に、この遮るという概念は、何かがやってくるのを遮るという意義を抱え込むことを指摘だけしておいた。それで、匂いの知覚の場合だったら、匂いの源から匂いの担い手がやってくるのを遮るのであることは、明らかなことであった。では、見ることが問題である場合にはどうなのか。光を遮るのだと答えること、これが件の理論に結び付いている。けれども、ゆっくり考えよう。

匂いの場合、遮るもの、即ち壁とかドアだとか容器だとかが代わって匂うわけではない。しかし、或るものが見えるのを遮る時、今度は大抵は遮るものが見えて、それが最初に見えていたものを隠すのである。しかるに、隠すという概念は必ずしも、やってくるのを阻むという意義を含まない。ガラス窓を閉めると、外の排気ガスの匂いをシャットアウトできる。これは匂いが入り込まないようにするのであると私達は考える。しかし、その窓は、外の景色が相変わらず見えることを妨げない。景色の見えを隠さない。では、景色はガラス窓を通して私の所までやってくるのか。いや、景色は窓の向こうに留まっている。ところで、雨戸を閉めると、どうか。景色はもう見えない。では雨戸はガラス窓と違う何をしたのか。

景色の代わりに雨戸が見える場合もあるけれども、雨戸も何も見えなくなることがあることに注意しよう。どういう時か。私が居る部屋が真っ暗になる時である。そう、雨戸は明るさが入るのを遮ったのは間違いない。翻り、ガラス窓は外の明るさを取り入れる。では、明るさとは何か。一方では光ったり輝いたりするものを見ることに光の経験の基礎があり、他方、その光る物や輝く物を見ることには、その周りの明るさを見ることがいつも伴う。（しかし、逆に明るさの知覚の方は光るものの知覚を必ずや要求するとは限るまい。）

その明るさは光る物のすぐ周りにのみ広がり、次第に薄れてゆく。そして、雨戸の小さな節穴からは、明るさは一本の線の形で室内に入る。その運動を私は決して見はしないが、外では溢れる明るさ、室内では暗さという対比があるところで、室内で一筋だけの明るさが節穴の場所を一端にして見えるなら、私達は、おのずとその明るさに外から室内へと侵入するものの運動を読み込んでしまう。明るさはもはや、部屋に射し込む光の矢、光線としか見えない。

とはいえ、明るさと光とを同一視するのを急ぐまい。確実なことは、元々が明るくなければ物は見えないことである。そして、物を隠すものはまた、しばしば明るさを遮りもするし、明るさを通すものは、物の見えを妨げない。ここで、どうして明るさに関しては「遮る」とか「通す」とかの表現が適用できるのか。また、適用できるのに、それを光の遮りや透過と直ちに読み替えるのは躊躇われるのか。それを理解するには、明るくなければ物が見えないことの中身をよくみてとらなければならない。見えるものはシルエットとしての影や暗がりとしての陰をつくる。透き通っているので見えないガラス窓は影を落とさない。窓枠の影だけが部屋の床にくっきりと黒い。そして、窓の横の壁の隅の方はぼんやり暗い。明るさとは決して一様ではない。明るさと真っ暗闇との対比だけがあるのではない。そして、明るさから闇への次第次第の移行、それを私達は二通りの仕方で知覚する。

一つには全体としては闇があって、そこに光るもの、輝くもの、ないしは光源を認めて、それから明るさが周りに発して、光源から遠く離れるに従って明るさが弱くなるのを見る場合である。それで、この時にこそ、光の概念と明るさの概念とは自然に結び付く。けれども、もう一つの場合があって、その時は恐らく太陽のお陰で一気に広い明るさが先にあって、しかし様々の物が重なりながら（くっきりしたシルエットでなくして、何とない）影をつくり、明るさが次第に減ってゆく、これを私達は見るのである。そしていずれの場合も、明るさはまるで、物を見せるというよりは、物が位置する空虚を見せてくれると述べるのがよいかも知れない位である。実際、真っ暗闇と明るさとの違いは何か。私は真っ暗闇では用心しながらでなければ動けない。私が立っている足元や背を寄り掛からせている壁などを除いた肉体のすぐ周りは空虚であることは確かだけれども、その空虚はすぐに終わっていて、腕を延ばすともう何かにぶつかるかも知れない。けれども、明るいと物が見え、物は奥行きを持って見え、私は安心して動き回れる。それで、この、見える奥行きの概念は、今や明るさの概念と重ね合わされなければならないと私は思う。例えば、洞穴が崖の横腹に覗いている。中は入り口のすぐ近く以外は暗い。すると、洞穴はどの位に深いのか分からない。明るい所だけに奥行きのある広がりが、空っぽの広がりが見えるのである。奥まで明るいと壁が在るかどうかが分かるだろう、その壁が暗くて見えないから深さが分からないのだと私達は考えてしまうが、つまり、明るいこととは物が見える条件だと私達は普通は考えるが、実はそれ以上に空虚が見える条件でもある。明るさが行き渡ることと見える空虚が広がることとは内容を同じくする。そう、明るさは行き渡り、広がりゆくのである。明るさは広がり、物にぶつかりそこで止まり、しかし、それから物の脇を回り込んでゆこうとする。まるで奥行きをつくるのは明るさであるかのように明るさは物を取り囲み、見えないけれども物の背後に回っているに違いないようにさえ思える仕方で見える。私は明るさを追っかけて、明るさがすべってゆく場所に物の輪郭を見つけて、そのようにして物を見るかの如くである。そして、とても明るい所と、そうでもない所との差があって、前者では明るさは伸び伸びと広がって見える広がりをつくる。しかるに、本棚と本との間のような仄暗い隙間は奥の方に向かって自信なさそうにしか広がらない。きっぱりした広がりを見せない。

　すると、明るさを通す窓の向こうに景色が見える時、それは窓が景色からやってくる光を通すからだ、と直ちには言えない。さしあたり、明るい広がりが窓の手前にも向こうにも広がっているということでしかない。ただ、もし、窓の向こうに見えるものが光るもので、それを私が見、しかも少し眩しく感ずるなら、その時は、またその時にのみ、光がその光るものからやってくるように私は思うであろう。ただ、その時、私は光をやはり窓の向こうに少なくとも一瞬は見、しかもここで目に感ずる事柄に結び付ける。そして、眩しさの感覚に思考の中心を置くなら、それを向こうに知覚する光によって惹き起こされたと、因果的に考えるであろう。しかるに、この因果性から、そもそもが何かが見えることの成立を、光が目に到達することを系列の一部に含む因果的連関によって説明することには距離がある。なぜなら、光っているのではない普通の物を見る時には、私達は目に何かを特に感ずることなく、ただ対象を見るだけなのであり、その対象も（光るものという意味での）光ではないから。しかし、この距離にもかかわらず、人はその説明を成程と思わないわけではない。

(35) 知覚成立の因果的説明

最初に、物が見えることの因果的説明のどこがおかしいかを述べよう。林檎で反射した光が私の目に到達し、水晶体で屈折し、という進行は、更に視覚細胞や神経の関与をも呼び出すかも知れないが、どこまで辿られるのか、決してはっきりしない。脳というのが通り相場ではあるが哲学理論によっては更に魂とかいうもの、物体や肉体の秩序を離れたものを持ちだしたりもする。しかし、ともあれ生理学の進歩により、それらの説明が素朴なものからより精巧なものになろうと、とにかく話は林檎から始まり、水晶体、網膜など、見ることをなす人の肉体の一部を必ず含む系列を連続的に辿りながら、その系列の各点での或る作用を時間的に追っかける仕方で進行させられる、このことには間違いない。そして肝心なのは、最後の段階で、例えば脳にまで因果系列が到達した段階で、再び林檎が、少なくとも知覚像という仕方での林檎が登場させられ、しかも、その像は、それを成立させる作用が成立している場所から一挙に林檎へ、見られる対象であるものの場所へと投げられることである。そして、このいわば像が飛ぶこと、飛躍は、もはや作用の概念では処理できず、だから飛躍は文字どおり説明の上での飛躍でもあるのである。何のことはない、因果的思考は作用の道筋をたどることを急に止めて、説明されるべき相手、即ち肉体から離れた所で見える林檎を端的に無造作にもってくるだけなのである。それなのに、説明において因果的作用の系列の出発点が林檎に取られたゆえに、この手続きが正当であるかの如く思われてしまう。だが、説明は躓(つまず)いていることは隠しようもない。

一体、プロセスの始まりと最後とで二度、登場する林檎は、どう違うのだろうか。前者は本当に在るもの、後者は知覚されたものでしかないものという扱いを受けている。そして、もちろん後者は前者から引き出されたのである。それで、このところ話題にしてきた色の問題をここで絡ませるなら、前者は色なしで在る林檎であり、後者だけが色を備えた林檎、知覚像であることにおいて色を手に入れた林檎だとされることにも注意すべきである。

けれども、そもそも説明はどうして林檎から話を始め得たのか。また、林檎と林檎を見る私との間に、光が埋めゆくべき距離を置いたのか。私が林檎を向こうに見ることが成立しているからである。しかし、その私が見ている林檎は色を持ったものとして見えている。なのに、説明に登場する因果的プロセスの始まりに置かれる林檎は色なしで十分だとされる。これはどのようなことなのか。本当に在るものの概念は一方ではどこかに場所を占めなければならず、他方で色は必要としないから、因果系列の出発点として本当に在るものでなければならない林檎は、前者の要請に見合って或る場所を指定されねばならず、しかるに、その場所は先ずは知覚によって指示されるしかないし、けれども、それが果たされさえすれば後は知覚は（従って知覚的質も）必要ない、いや、知覚の成立は説明されるべきなのだから登場してはならないとされるのである。そこで、色なしの林檎が出発点に置かれる。

だが、(夕闇で黒っぽかったり陽の光で輝いて白かったりする場合をも広い意味での色に数えるとして)何の色にも見えない林檎を私は見ることができない。もちろん、見えないけれども在るものは一杯ある。無色の気体はどれも見えない。見えない透明なガラスも、色を持たないのである。しかし、そのことと、見れば赤く見えるのに、その赤さは林檎に本当に属する性質ではないということとは同列の事柄ではない。そこで、見れば赤く見えるが赤さを持っているわけではない林檎というものは、或る思考の産物である。それはどのようにして得られるのか。ここで、議論をいったん、一般に物とその性質とを分節的に考えるという私達の基本的把握の仕方に潜んでいる論理に目を転じなければならない。そして、その考察を踏まえ、物の性質の中で知覚的質、知覚の種類ごとに固有の、色とか匂いとか熱さとかの質の特異な位置を考えたい。

(36) 物の性質の探求

匂いの研究をする科学者や、匂いの商品化を目論む企業の技術者がなすことを材料にしよう。彼等は、木犀の花の匂いというものを主題にどうするだろうか。木犀の花の中に幾つもの成分を分離し、そのうちのどれが匂いの成立にとって不可欠であるかを調べようとするであろう。これは私達が、この嫌な匂いは確かにハムの匂いだけれども、いつものハムの匂いとは違う、ハムは腐っているなと判断し、そうして、実際に目で見てハムの一部分だけに腐った部分を発見し、それで、その部分を他の部分から切り離す、それと同じ種類の作業である。切り離した二つの部分を別々に移動させると一方だけが匂いがする。すると、ハムの全体や木犀の花の全体を匂うものと考えていた時よりは、限定に進歩があるわけである。このように科学者は日常の私達が為すことの延長上で仕事を進める。

けれども、多種類の原料を使い複雑な工程の後で工場の煙突から出てくる煙の匂いを研究する場合ならどうするか。原料は煙とは違うから、科学者や、悪臭防止の社命を受けている技術者は、煙を採集することから始めるであろう。木犀の花やハムに相当するものがすぐに見当たらず、花やハムから流れ出て漂っている粒子に当たるものを何とか相手にしようとするわけである。それで、採集とは容器で囲い込むことである。そして、この囲い込んだものが、工場の近くで人々が嗅ぐのと同じ匂いをさせるのか、これを確認することが第一に為されるべきことであろう。その後、手持ちの知識、技術を動員して、容器の内容物を相手に様々のことをする。それは、木犀の花を相手に為すことと原理的に何ら変わりない。

さて、煙の場合であれ花の場合であれ、次のような事柄を科学者がなすと考えてみる。集めた試料をエーテルに溶かす。その溶液をシリカゲルのカラムに通して数種類の物質を分離する。要するにクロマトグラフィーにかける。次にそれぞれの物質の組成を突き止め、いったん突き止めた上は他の生産手段をも援用して、純物質である粒子や気体の適量を得る。そして、それら各々の匂いを嗅いでみる。

この過程について私は四つのことを注意したい。一つは、科学者が調べようとしている物質は、この過程を通じて在り続けると見做されていること、二つ目は、最初に匂いの経験に動機づけられて始まった探求は、その過程の途中では匂いの経験を離れたところで営まれるということである。つまり、例えば匂うものはエーテルに溶かされた段階からは匂わなくなるかも知れないが、それとはお構いなしに研究は続けられるのである。また、匂いの担い手であるものとして得られるべく目指されている純物質の精製過程は、それが匂いの担い手であるということに頼って為されるのではない。それの分子量の大きさだとかの要因が効く操作が為されるのである。途中はどうであれ、要は最後に、得られたものが最初の時と同じように匂うかどうかを確かめることができればよいのである。それから三番目に、これらの調査は、その性質を調べようとしている物を他の様々の物と関わらせることによって果たされるのであること。エーテル、しかり、シリカゲル、しかり。この時、物は他の物と関係を持つためにいわば囲みから解き放たれなければならないことに注意しよう。なぜなら、囲むとは、私が第一章で見える広がりに関して述べたこと、広がりは一方では、そのうちにあるものすべてを一つの世界に属させながら、他方では、どれほどに近づき合った二つのものすら別々に引き離すことを本来とするということを、殊更に表立たせるような事柄であるから。（もっとも、現実には、何で囲むのかは非常に重要な事柄なのであるが、差し当たり、物の他からの独立を、いや、囲む物自身からの独立をも確保できるようなもので囲むことが実現されていると前提して話を進める。）

それから四つ目は、科学者は或る特定の物について調べながら、或る物質種の性質を確定しようと努めていること。工場の煙突から採集した煙の或る成分も、彼が実験室で合成した物も、同じものだ、同じ種の物質であると考え得ることを前提しなければ彼の作業は成り立たない。

これらのうち二番目のことは、匂いの担い手なるものは匂うことに尽きない性質を持っていると考えられていることを示している。そして、その様々の性質のうちの一つが例えばエーテルに溶けることであり、他の一つが空気より軽いことである。しかも、或る時には一つの性質のもとで（ないしは性質を通じて）、他の時には別の性質のもとで限定されている。すると、様々の性質を持つもの、様々の違った性質のもとで限定されながらも一貫して同じであるものは、その同じであるという根拠をどこから手に入れているのか。ところが、これを言い換えれば、上で私が注意した四つの注意のうちの第一、科学者によって当然のこととして採られている前提、即ち物が持続して在り続けるという前提はどのような論理に立脚しているのか、ということになる。明らかに、物の同一性は、時間の流れを通じての広がりの占拠の連続性によって保証されていると考えられている。或る広がりを占めて空虚と区別されたものこそが在るものなのであり、占め続ける限りで在り続ける。そして、それが時に収縮することがあったとしても、全く広がりを占めないことはない。広がりが零であるとは存在しないことであるし、在るものは別の物（と称されるもの）に姿を変えても無にはならない。また、それは時間の経過とともに空虚を連続的に通って運動してゆくことはするけれども、突然に空虚を越えて別の広がりを占めるものとなることはできない。もちろん、この私達にとって余りに当然だと思われることが、二十世紀初頭の量子力学の成立の際に論争を惹き起こしたことは、よく知られている。そこでの諸解釈の経緯については、ここでは述べないが、量子力学における物質の描像にせよ、また、SFで語られるワープの概念ですらも、少なくとも在るものは或る範囲のどこかに在るのだし、そのどこかは結局は囲い込めることを前提していることに変わりない。また、容器の中で酸素と水素とが水に変わるとしても、少なくとも、その水は容器の外に在った何かが変化してできたものではなく、容器内の物が変わって生じたものなのであると、私達はこのように考えること、このことにも注意を促しておきたい。ただ、ところが、そうだとすると、この、それ自身であり続けるものに関して、その物がどのような性質を持つかは、それを他の物との関係のうちに置かなければ分からないという第三の事柄をどう調和的に考えればよいのか、これは簡単なことであるようでいて、様々の論理的問題を惹き起こす。そもそも或るものを一つの物として限定するとはどのようなことか、その根拠の問題にまで及ぶ。しかるに、この問題の解決の一つの策として、科学者は、物を種の概念のもとで考えることをなす。つまり、私の指摘の第四点を関わらせると私は思う。

さて、以上の整理のうちの三番目の事柄に特に注意したい。なぜかというと、そこに、物とその性質という分節的考えと因果的思考との二つの間には一見よりはずっと親縁性があることがみてとれるからである。一般に、物が巻き込まれる出来事の概念が、物にその性質という資格で吸収される論理がある。そして、その論理と、知覚において物とその知覚的質とが分節される論理とを突き合わせて検討することには大いに意義がある。

(37)潜在的なものとしての物の性質

エーテルに溶ける性質を持つ物質Mは、いつでもエーテルに溶けた状態にあるわけではない。また、科学者が溶かそうとする実験をしなければ、エーテルに溶けるようなことは滅多に、いや、ほとんどないことなのかも知れない。エーテルがこの物質の傍に存在することなど、科学者がわざわざ用意するのでなければありそうもないなら、そうである。それで、この性質は言うまでもなく、エーテルという種類の他の物質との関係に関する性質であるのだが、その関係とは、或る時には或る出来事が生ずるということにおいてのみ内容を得ることに注意しなければならない。だから第一に、この出来事をエーテルの側からみることができるし、そうすると、エーテルは物質Mを溶かす性質を持つということになる。第二に、出来事、即ち変化が問題であるのだから、この変化に関わる因果連関の内容が物の性質としての地位を与えられているわけである。つまり、Mという種類の物質がエーテルに触れると、その結果いつでもエーテルに溶けることが生ずるという規則性、これが種の資格でのMの性質の一つに数えられる。性質とは一般に、性質を持つものに属していると、いわばスタティックに語られるのであるが、この帰属という安定的関係の起源は今の場合、変化そのことの規則性にあるのである。そして、その変化は未だ生じていないことは大いにあるのだから、物の性質とは物に潜んでいること、潜在的な事柄であることになる。

（私は、ここで因果連関と規則性との両概念を無造作に並べたが、両者の関係は第三章と

第四章の主題である。）

　では、Mが匂う性質を持つとはどういうことだろうか。Mはいつも匂うわけではない。エーテルに溶けた状態では匂わない。では、匂いを嗅ぐ相手がいなければ匂わない、と言うのはどうか。言ってよいとするなら、匂うという性質も、エーテルに溶けるという性質と同様、Mを巻き込んで生ずる或る出来事の中でMがどのような役割を果たすか、それを前もって指摘した事柄に他ならないのではないのか。実際、次のような状況を考えよう。木犀の花の周りに居る人々十人のうち一人を除いて皆、或る匂いがすると言う。すると、今は問いを出すだけにしておくが、九人は匂いを発見し、一人は匂いを発見できないということでしかないのだろうか。ところで、花に或る昆虫が飛んでくる。また、十人の中の一人が科学者で、彼は木犀の花を採集し、それから或る純物質Nを分離し、その匂いを嗅いで、これが木犀の花の匂いの正体だと主張して、他の九人にも嗅いでもらう。ところが、そのうち三人は、そうだ、木犀の花の匂いがすると言うが、後の半数は、そう言えば何か匂うような気もするがよく分からない、と言う。残りの人は、最初に木犀の花を前にして匂いを感じなかった人をもちろん含めて、何も匂わないと言う。そこで、科学者は木犀の花に飛んできた昆虫を連れてきて放す。そうすると、昆虫はNに対して木犀の花に対してなしたと同じ振る舞いをする。これを根拠に科学者は、やはりNは匂っているのだ、ただ、人にはなかなか感知できないくらいに弱いだけなのだと人々を説得する。

　ここで、昆虫を木犀の花や物質Nに引き付けたものが、人々が木犀の花を前に嗅いだ匂いと同じものであるのかどうかは分かりはしないのは確かである。それどころか翻り、人々が匂いがすると言うその匂いの質が同じであるかどうかをも問題にすれば、答えは出ない。（しかし、だからと言ってこのことを哲学にお馴染みの懐疑主義へ結び付ける必要はない。むしろ「同じ」という概念の使用がどういう時に適切か、また拡張的使用はどういう意味で許されるかを調べることの方が重要なのである。）

それでも、科学者が説得に成功することは大いにあり得る。そして、ということは、**このような発想の線上では、或る物が匂うという性質は、他との関係における役割の概念に完全に転換されている**ということである。一般に知覚的質は知覚する動物に相対的な事柄となり、その相対性を踏まえた上でそれぞれの物に固有なものでしかないことになる。同じ物がエーテルには溶けるが水には溶けない。別の物質は水に溶ける。そこで、二つの物質はそれぞれに定まった違う性質、従って、それぞれに固有の性質を持つと言える。同様に、或る物質に固有の色、匂いなどというものも、その物質と関わりを持つ動物種と知覚の種類それぞれを定めた上でのみ意味がある事柄であり、しかし定めた後では各物質固有の性質として語ってよいことになろう。けれども、もちろん物は他との関係に入ってゆかずともよいのである。エーテルと接触して溶ける出来事に入ってゆかずともよく、或る動物によって見られたり匂いを嗅がれたりすることが必ず生ずるわけでもない。もしエーテルという物が全く存在しないものなら、「物質Mはエーテルに溶ける」という言明は意味をなさない、それと同じように、もし嗅覚器官を持つ動物が全く現われないなら、「物質Nは匂う」という言明も意味を失おう。そして、物質Mはエーテルに溶ける性質を持つということを成立させる出来事は他面、エーテルについて、エーテルは物質Mを溶かす性質を持つと述べることを可能にする事柄である。同様に、或る動物は物質Nを嗅覚によって知覚する性質を持つと言え、そして、その知覚的質は当の動物の関わりなくては何事でもない事柄だと、このようになりはしないか。しかも、Nが匂うには、Nは嗅覚器官を持つ動物から隔離されていてはならない。Nは囲みから解き放たれて動物と接触させられなければならない。つまり、Nから出発する因果の作用が動物でなされ、その結果としてのみ知覚の出来事は生ずる、そして、匂いという、その知覚に特有の質もその時に初めて生まれる、こうなって、先に色という見えについて述べた知覚成立の因果的説明も、方向としては権利を得ることになる。しかも、物の性質とは一般に物の潜在性に関わるものであり、その潜在性が顕在化するとは、物が他との関わりのうちに入ってゆくことに他ならないのだとするならば、それぞれの知覚に特有の質もまた、エーテルに溶けるというような性質と同様、物にその潜在的な性質として帰属させられてもよいであろう。すると、知覚成立の因果的説明のうちで、因果系列の起点に置かれる物からは色などの知覚的質が剝ぎ取られていることに限って言えば、そのことは、他方で私達が普通は色などを物の性質だとしていることと両立しないわけではないこととして、調停され得るようにも思える。とはいえ、知覚において、知覚的質は対象性を持って現われること、そして、それ故にこそ質は物の性質とされること、これの方は、因果的思考は相変わらず決して説明できないのである。

(38) 知覚と行為

第三章と第四章とでみるが、因果的思考は操作の論理に従っていて、それに中身を与えるのは技術的行為である。そして、行為は本当に在るものを顕わにしつつ、それに働きかけ、変化をもたらす。では、在るものに不可欠の要件とは何かというと、或る広がりを占めていること、私の肉体が位置する広がりに続く広がりのどこかを空虚でなくしていること、これだけで、色も匂いも固さも何も必要ないのである。それで、在るものから出発すると、知覚の成立は説明されるべきことになる。そして、説明は実は行為が設定する道筋を辿る。第一に、既に述べたように、在るものの確定からして行為がなす。私達の肉体と場所を争い得るもの（ないしは推論によって、この要件を満たすとされるもの）が本当に在るとされるのであり、行為だけが争いに内容を与え得る。ところで第二に、何か在るとされるものに働きかける時に自分の知覚の在りようが変わるなら、その在るものは知覚を成立させる一つの要因だと考えられる。もちろん、まず本当に在るとの主張を携えた知覚対象そのものが、その知覚される場所で肉体によって働きかけられるなら、そのことによって当たり前だが知覚内容に変化が生じさせられるから、その働きかけの相手として確定される知覚成立の一つの要因である。ただし、それは働きかけられるためには色とか匂いとかの知覚的質を有している必要はない。肉体の運動と作用の関係に入る力を持ちさえすればよく、つまりは場所さえ確定していればよい。ここに、知覚の因果的説明の出発点に置かれる物が、知覚的質を剝ぎ取ら

関係するものどうしを共に同じ資格で知覚する、ないし知覚し得るのに、また、その意味で私は第三者として登場するのに、私が何かを知覚するという私と物との関係の時には私は関係の当事者で、そして、私は自分と自分が知覚するその物と両方を同じ資格で知覚するわけではない。)

そこで、物とは潜在性のかたまりである。私が物の性質とする事柄は、その時に知覚している知覚的質を除けば過去が顕わにしたことからなり、その秩序が保存されていて再び未来に出来事となるであろうと考えられた事柄である。ここには、次の章で検討する反復の期待がある。しかし、それはともあれ、潜在性のかたまりは現実的なものへの取っ掛かりがなければ無に沈む。それで、その取っ掛かりを提供するのが、様々の種類の知覚なのである。知覚される事柄はいつも現在のこととして現われる。そうして、知覚の様々とは、取っ掛かりの様々であり、取っ掛かりはすべて知覚的質による場所の指定を含む限りで実現される。そして、或る場所を占めるものが、物、物体である。ただ、「占める」とは分かり切った事柄であるように思えるが、その内実はむしろ、肉体の運動を導くものとして現われる場所が基本で、そのような場所が「在るものによって占められている」と言い換えられるのである。運動の導きこそが重要で、一見の如く抵抗が問題であるのではないことは既に述べた。私達が、占めることに先立つ物や抵抗にすぐ思い至るのは、私達が事物を想い浮かべる際に、肉体を範型とした固体を真っ先に考えるからでしかない。

だが、場所の指定とは奇妙な構造を持っている。あらゆる知覚は、どんな種類も、それぞれの広がりの様態を携えている。その広がりは現前する広がり、広がりのすべてが一挙に同時的に現在する広がりである。しかし、物体を浮かび上がらせる場所は、選別され、他を排除する場所でなければならず、選別の実現は順次、行為過程によって、肉体の運動による物の存在の確かめによって初めて可能となる事柄である。それで、知覚の事実的構造では、知覚されるものの広がりは(既に述べたように知覚器官を含む身体の運動が知覚に介在することを通して)運動の広がりと読み替えられるべくなっている。目が見えるなら、とりわけ見られる広がりが重要である。例えば音がすると人は音のする方向を見る。音を出すものを目でさがし、見える広がりというあと一つの現実的なものの方に、音が携える広がりの規定をいわば定着させようとするのである。音は出来事で、その広がりはすぐに消えてゆくから、私の諸々の行為や運動の間も過ぎ去らない舞台としての役割を果たしてくれる見える広がりの方が、基礎的なものになる。

その舞台は、一方では一挙に現在的なものである知覚の広がりであり、他方では、可能な運動の広がりという指示を受け取っている。そこで、物が在る場所として指示された広がり部分は、時間の観点から述べると、知覚の現在の中に浮かび上がらされた未来の島である。私は、自分が後にしてきた場所すら、振り返って知覚によって見いだす時、もちろんそれを現在の事柄として知覚するのであり、かつ、やはりこれから歩みゆける場所として見いだす。私は決して過去の事柄には働きかけ得ない。私は先ほど通ってきた並木道のプラタナスを振り返る。その見えるプラタナスに背をもたせるとするなら、それは未来のプラタナスに背をもたせるしかないのである。見えるものとしてはプラタナスは現在のものである。それは定まった決着のついた世界で、その定まりは私の存在の定まりとともにある。けれども、プラタナスは私の働きかけの相手、交渉相手としては未来に属する。そして、これが、広がりにおける二つのもの、同時的なものは互いに独立であることの意味である。なお、過去は物の性質として物に宿らされる。過去の経験の秩序が、性質として理解されるものの中に集められ蓄積されるのである。色を見て、それが色褪せている、その色をしたものは古びていると見るのは、実は理解しているのである。

　それで、二重化された広がりから、知覚される広がりだけを取り出すこともできる。そして、実はこの点と、この点に密接に絡んだ事柄、即ちすぐに行動につなげられることのない知覚、動物としての生存にとっては利害ないゆえに気づかれる必要もない事柄に関わる知覚を人がなすということと、これら二点に人間の知覚の特性がある。ただ、このような人間的知覚の成立がどのようにして可能となるのか、その考察は本書ではしない（前掲『私というものの成立』所収の「自分が書き込まれた地図を描く」参照）。しかし、ともあれ、私達は物を指示するものとしての知覚の在りようから離れて、知覚的質の純然たる現われだけを取り出して、それを楽しむこともできる。言うなれば、人間の生物としての条件、行動するものとしての条件から抜け出て、いわば夢見る存在へと暫し自分を置くことができる。その時、私に現われるものはすべて、現在という時間において決着がついて、ただ一つに溶け合う。だから、広がりの部分どうしの排除し合いも独立も消えて、広がりは一切が結び合わされて現われるそのこと自身になっている。

(41)現在という時

知覚されているものはすべて現在に知覚されている、遠いものも近くのものも。遠くに見えるもの、近くに見えるもの、遠くで聞こえる音、近くで聞こえる音、すべては現在の内容である。物理学者が教えてくれること、今、私が聞いている花火の打ち上げの連続音は三、四秒前に出されて出来事となった音であるとか、夜空に私が見ている星の或るものはもはや存在していないとかいうこと、これらの事柄は、私が聞く音や見る星が現在という時間の内容をなしていること、これを消しはしない。それで、この現在性は、見たり聞いたりしている私が一つの存在として、己を現に存在するものとして感受していることと一体になっている。この私、それは行為する者としての規定を離れて、ただ在ることの事実だけを確認している私である。そのような私にとっては、知覚は物を指示することを止め、純然たる質として私の現在の内容に流れ込んでいる。星（というより星の輝き）はそれを見ている私のうちでは、今、私が見ている今においてこそその生命を燃やしている。花火の音は、音のする方へ行こうとしている私にとっては、それがどの位に離れているのか気になり、見える花火と音との時間の間隔が距離に換算されるが、花火の彩りに見惚れ、音のリズムに心地よく耳を傾ける私には、そのゆっくり流れる時間のうちで色彩も音も知覚されるがままに確定されて、そして、その確定せる内容が私の、ああ、こうして自分は今、居るのだ、という、その私の内容の一部になっている。花火の音の遠さ、足もとからジージー聞こえるケラの鳴き声、それらは奥行きを持ち広がりを保ったままで、一緒になる。夜空の群青色と黒い屋根のシルエットと花火の彩りと月の白さと、それも一つの響きをつくる。こうして、私は本書第一章の冒頭に戻ってきたわけである。私はただ眺め、聞き入る存在として己を安らわせる。諸々の想いがよぎる。色彩の戯れや音の追っかけ合いの知覚に身を委ねながら、私は自分というものの存在の呟（つぶや）きに聞き入っている。

　確かに、私は「どうしよう？」と問い、行為に赴かざるを得ないようにできている。しかし、私はいつも行為する者、ないしは行為を準備する者であるわけではない。私は憩う。それも肉体を休息させるという意味でではなく、自己の感受の調べに没入する仕方で憩う、そのような在り方をもする。無為のうちで、私は見える風景、過ぎ去らず見える風景を眺めながら、あるいは時に暗闇の中でその闇の不思議な黒さのうちで、また、やってくる様々の音を聞き、風の感触に身を委ねながら、時に仄かな匂いに微かに酔いながら、物と交渉することなく、ひとときを過ごす。もはや色は、あちこちに別物として位置している物それぞれの性質であるという身分規定を失う。諸々の色は響き合う。光と影とは物の輪郭を告げるよりも、互いに戯れ、諸々の形も広がりを分割しつつも結び合う。音も、その出処が物であるとの意義を薄れさせて、他の音と反響し合い、リズム、強弱、奥行きを伴いつつ、生まれては滅んでゆく質としての姿を取る。背中に受ける陽の温かさ、恐らくミツマタの黄色い花から流れてくる馥郁（ふくいく）たる匂い、それら知覚されるどの質も私を物に向かわせず、ただそれぞれにそれとして定まった内容をもって現われ、幅を持ってゆっくり流れる私の現在の時間をつくる。確かに対象性の次元は描かれている。それでいて、純然たる現前に留まり物を指示することを止めた（従って通常の知覚世界、行為の論理によって秩序づけられる知覚世界ではなくなった）現われの世界、そのような世界に、私はひとときの自分を置くのである。

ここに、一つのまとまりを有した時がある。確かに時間は流れ、留まる時はない。けれども、今という時が、あたかもたゆたう如く経験されることがあるのは事実で、私にとって重要な大いに価値があることである。いや、たゆたっているのは私で、或る流れ去る時間を私が同じような仕方で居るだけだ。事象の絶え間ない変化の中で、私が比較的小さな変化の中にしか居ず、しかも、その変化に気づかないだけだ。そう言うべきか。だが、変化とはどのようなことか。物の変化について私は語る機会を持った。そして、私もまた確実に、生まれ、成長し、成熟し、老いてゆく仕方で変化し、更には諸々の行為をなすことを通じて以前とは違った自分をつくり、変化してゆく。にもかかわらず、今という一つの時がある。決して瞬間ではなく、一つのまとまったゆっくりとした時がある。そして、そのような時を過ごす私にとっては、仮にそこに変化が語れるとするなら、むしろ、それは在ることそのことの誕生、生成に他ならないように思える。何か在るもの、在り続けるものと、その様々の性質の変化という、このような分節の手前で、私がただただ自分自身を見いだして、しかも、その見いだすことそのことのうちで初めて、見いだし見いだされる私自身が存在し始めると思われるような、そのような存在の生成がある。このことを私は、無為のうちで様々の知覚的質の現われをただ受け取るが如く知覚しながら、そうして、様々の想いを辿りながら、確認する。

(42) 私の存在

時間というものを私は二つの仕方で見いだすと思われる。行為の秩序において先ず諸々の物を考え、次にそれらの諸変化を考える中でと、今、述べた、現在という時、現に在るものが現に在るという仕方で生成してきて、そのことと現在という時の生成が一緒になっていることを、私が自分自身の在ることとの確認、感受における確認のうちで経験する仕方でと。そして、後者において、在るものとは徹底して現われであるものである。現に何かが在ること、現在という時があること、今、現われている事柄が、現われという仕方で内容を確定せる事柄があること、これらは一つことになっている。そして、その要(かなめ)に、私自身の在ること、私が私にとって中身を持って現われていること、様々の現われを享受しつつ己を感受していること、このことがある。

私は、自分の存在を見いだす時間としてしか現在を理解できない。その時間も確かに移る、過ぎゆくと言うことができる。しかし、現在は刻々と新しくなるのであって、それは、私は現在にしか居ないが、私が在るとは時を経ること、ほんの少しであっても年老いること、新しい時間に真新しい存在を獲得しながら古びることであると、このように私が自分の存在を見いだす、己の感受の動きにおいて見いだす、このことと一つことに見いだされる。

現在とは何かが現われている時である。私とはその現われを見いだし、現われの感受をもってすべて自己となす存在である。現われという現実性が生成し、現われは既に感受されており、その感受が私を、行為することから離れてただ在るとだけ己を見いだす時の私を、つくっている。現われとは新しさである。感受され滅び、ただし滅びとは新しい現われに替わられることに過ぎない、そのように感受されゆく新しさである。そうして、この感受の現実性が私の現に在ることをなし、感受はいつも新しさの中にある故に、私の現に在るという現在は、更新されゆく豊かさを、生成を、持続を持つ。滅びが新しさに引き継がれることと一つことである確かさがある。私が、ひとときを、無為のうちで、物の指示を止めた様々の知覚的質の現われを受け取りながら過ごすとは、この確かさが支配する時間を過ごすことである。

もの想いに耽る私の目に、遠く沼が見えている。ここで秋草が揺れる。風が冷んやり吹いて、枯れ葉が微かな音を立てる。沼の水が光り、どこか遠くから車のクラクションの音が聞こえる。風が吹いた時、水が光った時、クラクションの音が聞こえた時、それらは皆、確かに別の時で、それらの間に幾らかの時間が流れている。けれども、私は一つの時を、或るまとまった現在、ゆったりした幅のあるひとときを過ごしている。遠くの沼と足元の秋草とが一つの広がり、風景を成り立たせているように、また、それらは視線の動きにつれて順次にしか目に映らないとしても、それらが一つの風景をなすように、風が吹いていった時間も車の音が聞こえた時間も、一つの持続、豊かな内容を持つひとときをつくりながら、ばらばらの事柄ではないかの如くに私の経験内容となる。それらの出来事には順序がある。けれども、そもそも現在というものが時間の様態であり、時間の目盛りの一時点ではないのだから、つまり、現在とは固定した無時間性でなく、現在自身が既に時間の生成の場、新しさが生まれ、滅び、新しい新しさに引き継がれる場であるのだから、その現在において様々の事柄が次々に生ずると言うのと、ゆったりと幅のあるひとときを言うこととの間に何の論理的不整合があろう。大事なのは、どのような幅の現在こそが中身のあるものとして語られるか、いや、そもそも現在という特別の時間に内容を与え得るのはどのようにしてなのか、その基準を見いだすことなのである。しかるに、その基準は、私が私の存在を感受するその在りよう、ゆっくりと年老いる私が一つのトーンに彩られて己を在ると見いだすその在りように求める以外にないではないか。現在とは、過去や未来と違って、充実した存在と密着した時間であり、現われの時である。そして、諸々の現われが物を指し示さずすべて一つに溶け結び合う時にこそ、つまりは潜在的な事柄への分割の手前でそれぞれを示す時に、私もまた己を、行為によってつくりだしてゆく課題としてでなく、既にもう、このように在ってしまっていてなおも在りゆくものとして、そのひたすらなる生成として、見いだすのである。そのひとときは、諸々の行為と行為の準備のために組織された時間を過ごすことが多い私の在り方に挿入された、あたかも私が自分のぎりぎりの存在を確認するかのような、ひととき、私がいわば己を己の存在の確認そのことのうちに切り詰めて見いだす、ひととき、己を想い、想うことによって己を獲得して、そのような仕方で在る、感受そのこととして私が在る、そうしたひとときである。確かに、それはまた、行為なしで形を失い、また、孤独に打ち棄てられた私の時、私がどうしようもなく私として現われる時でもある。その時、私は何か行為へ向かうことを遠くに置いて、己が存在、私自身が愛おしむのでなければならないまいぎりぎりの存在を前に、その存在自身として佇むのである。そして、その時、もし色や光、影、温かさ、音、匂いなどが私を運びにくるなら、つまり私の存在の時がそれらの質の現われの出来事とともに流れゆくなら、そこに私を僅かに救う美しさの経験があるのだと私は思う。そして、これが、他の人が現われることを抜きにした物の世界、ただし、行為の中に組み込まれ用立てられたり立ち向かわれたりする以前の物の世界、だから、むしろ物の世界というよりは物を指示するはずの様々の知覚的質の世界が物から離れて与えてくれることができる、精一杯の私への贈り物である。

第三章　因果的理解と行為

1　因果性と法則性ないし規則性

(43) 因果法則の概念に先立つ因果関係の理解

物を知覚するとはどのようなことかを論じた前二章を受けて、私は本書の後半では、物の世界での出来事を私達は普通どのように理解しているものか、これを考えようと思う。ここでも、私達の現実の生活にとって最も重要な、人々が主人公である出来事、これの理解というものの在り方については述べることができない。この価値ある主題は、残念ながら別のところで論じるべき事柄である。しかし、私の議論がその主題におのずとつながるべき論理を持っていることだけは、述べておこう。結び目は行為の概念である。

さて、私は、出来事を理解する際の私達の最も基本的な理解仕方は、因果的理解だと思う。そして、出来事の因果関係というものがどのようなものであるか、これは日常的にはよく分かったことだと考えている。けれども、哲学の歴史を繙けば、これを巡っていかに紛糾せる議論がなされているか。因果的理解というのは、それほどに、少し立ち止まって考えると曖昧なところの多い考え方でもある。けれども、私はこの理解仕方を批判するのではない。擁護するのである。ただ、それを、この理解仕方の源泉を明らかにすることでもって果たしたい。すると自ずと、出来事の因果的理解というものはどのような意味で権利を持ち、どのような誤解からは護られなければならないかが納得ゆくようになると私は思う。それで、議論の糸口を私は、因果法則という怪しい概念における、因果性と法則性との二つの概念をほぐすという課題に求めたい。

物事に因果法則があるなら人間の自由はどうなるかといった議論がしばしばなされる。けれども、私のみるところ、物事に因果関係を認めることと自由の概念とは互いに他方を要求することこそすれ、決して対立するものではない。対立を懸念する時、人は因果・法則という複合的概念において、或る種の法則概念を前提し、それに従属させる形で因果関係を取り込んでいるのだと私は診断する。私は、因果関係の概念は法則性の概念からは元来は独立した概念であって、だから、因果関係とは何かを理解するには、それを考えるに当然の如く因果法則について考え始めるという習慣を持っているならそれを廃し、因果関係から法則性をいったん切り離して、それ自体の概念構造を調べるべきだと主張したい。そして、その上で何故に因果関係の概念と法則性の概念とが結び付くのもまた自然なことではあるのか、しかし結び付くことによって何が生じているのか、これらをはっきりさせるのがよいと考える。するると、実は法則の概念は喧伝されるよりはもっと慎ましいものであるべきで、それはむしろ因果的理解の中からこそ、遅れて生い育ってくるものでしかないことが分かろう。それで、批判された方がよい類の法則概念との関係での議論は、第四章ですることにする。本章では、因果的理解の源泉と、それが法則めいた概念をも生む次第と、両者に目を向けたい。

(44) 出来事の筋道を辿る際の自ずからなる因果理解

「私が机にぶつかり、机の上の花瓶が倒れて転がって、床に落ちて割れた」。私が実際にあった出来事に関しこのように述べる時、私は既に特定の出来事の系列を選ぶことをして述べている。私は私の体や机の回りの空気の振動を叙述することなど思いつきもしなかったし、私が膝小僧に痛い思いをしたことや、ガチャンと音がしたことにも言及していない。けれども、傍にいた娘は、「痛くなかった、お父さん」と声をかけるし、隣室から、「今のは何の音?」と言いながら妻が顔を出す。ところが、息子は、「今日の午後、お父さんが机にぶつかったり、花瓶が割れたり、皆は大騒ぎしていた。僕は漫画を読んでケラケラ笑っていた」と日記に書くかも知れない。

さて、まず私の叙述から考えると、このように或る特定の出来事を選んで述べる時、私はそこに因果理解を含ませながら、というより因果理解を含ませることによって、筋道をつけているのではないか。即ち、私が机にぶつかったことが原因で、その結果として花瓶が倒れたと、また、花瓶は床に落ちたから(それが原因で)割れた(結果が生じた)と、おのずからいい、いい、因果理解をしていて、しかも、この因果理解が、無数に選び得る諸々の出来事の中からなるら特定のものを選び筋道をつけ、一続きの出来事として述べることを導いているのではないか。ところで、そうだとして、考えてみよう。このような筋道づけに含まれている限りの因果理解の場合、因果性の概念には法則性や（もっと緩く）規則性や一般性の概念が不可分に結び付いているだろうか。決してそうではあるまい。花瓶は落ちたから割れたと理解することは、花瓶は落ちれば割れることが多いと理解することであるわけではないし、そのような理解を含むとも限らない。一般的な場合、生ずるかも知れない場合などはどうでもよい、花瓶が現に倒れ、割れた出来事が生じたこの個別的出来事だけをひたすら主題にしながら、因果理解をすることが成立するのである。

　一体、一般的な場合をカヴァーする主張を織り込むこと、つまり、「一般に（あるいはもっと緩めて、大抵の場合は）このような事柄が生じればかくかくの事柄が生じる」という理解を含むことが、或る個別的出来事の因果理解に必要であるのなら、そもそも全く新しい事態の出来に関し、それを因果的に理解することはどうして可能であるだろうか。また、一般性の考慮なしに個別的出来事の因果理解が可能でないなら、仮に規則性が見られる多数の例を幾つも集めたからといって、それらに見られる規則性から因果理解が生まれることがあるであろうか。既に因果的に理解されている出来事の似たような事例を沢山経験することを通じて、人が因果連関に潜む規則性を洞察するに至ることはあろう。だが、規則性を知ることだけからは因果的な仕方での理解は出てこない。そうして、今、「因果連関に潜む規則性」という表現を使ったけれども、この「潜む」ことの意味は、よくよく反省されねばならぬ事柄なのである。

(45)予想される反論(1)　因果関係自体は法則性と結びついていないのか

けれども、予想される反論が二つあると思われる。第一、問題はその因果理解が正しいものであるかどうかであって、その理解の正しさが根拠づけられているか否かを決める部分にこそ因果関係の有る無しの客観的な場所があるのであり、そうして、この部分においては因果関係は一般性と、究極のところ法則性と結び付いているのだ、という反論。実際、「あら、その花瓶は割れてたんだけど、ひとまずくっつけておいたのよ」と祖母が言うとすればどうか。くっつけられた花瓶の破片が再びばらばらになったのは確かに私が花瓶を載せた机にぶつかったからではあるけれども、机にぶつかったから割れたというのは正当でない、と言えそうである。すると、因果理解をすることと実際に因果関係があることとは別だということを認めねばならない。そして、「そうだ、この花瓶は超強化ガラス製なんだ、この机の高さあたりから落ちて割れるわけがない」と私が納得するなら、私は花瓶の破損に関わる因果関係の一般的知識や法則性に訴えているのではないか。だから、真の因果関係ならそれは科学が明らかにするような法則性の裏打ちを持っているのではないだろうか。

(46)予想される反論(2)　因果理解の成立を可能にするのは規則性の経験ではないのか

さて、因果関係を理解すると否とにかかわらず、因果関係が客観的にあり、そこでは法則性が因果関係を貫いているというのが、第一の反論の立場であったが、次に、因果理解の成立の可能性自身を問題とするところに、第二の反論の可能性があろう。即ち、一続きの出来事を選び筋道を付ける際になされる自ずからなる因果理解においては法則性ないし一般性への言及は不要であると認めた上でなお、人が因果理解をするようになったいきさつの中には、物事を支配する法則性はともかく、少なくとも観察される規則性、これの経験が関与しているのではないかと主張することはできないことではあるまい。実際、息子は日記で、「お父さんが机にぶつかったり、花瓶が割れたり」と書くが、ここでは少なくとも叙述上は二つの出来事はただ並列的に述べられて、両者間の因果関係は認められた形になっていない。息子自身が実際はどういう理解をしたのかはおいても、このことは次のようなことを考えさせはしないか。因果関係がもっと直接的であるように思われる花瓶の落下と破損とを取り上げるとして、「花瓶が落ちた、花瓶が割れた」と二つの出来事を因果関係に無縁である如く並べるだけにせず、おのずとであれ両者を因果の関係にあるものとして理解してしまうことが実際にあるのだが、実はこういう理解に至らせた要因というものがあるのではないのか。要因がなければ、並列的理解であっても構わなかったのだから。しかるに、その要因とは、人が、花瓶とか壊れ易いものが落ち、そうして割れることを度々経験したことに他ならないのではないのか。これらの繰り返しが、「落ち、そうして割れる」という引き続きなされながらも元来ばらばらになされる理解を、「落ちた、だから割れるだろう」と予測することを促し、また、「落ちた、だから割れた」という二つの出来事を結び付ける理解へ変えていったのではないか。だとするなら、因果性の概念にはやはり規則性の概念が（個々の因果理解がなされる時にはもはや忘れ去られることが多いにしても——忘れることができることは習慣の概念によって説明され得る——）内容上は含まれているのではないか。こう、この反論は説くであろう。

ところで、この反論は、必ずしも第一の反論が主張していることを前提しない。つまり、花瓶が落ちれば割れることは法則的な事柄としていつでも妥当するということの主張を第二の反論は含んでおらず、ただ、これまで花瓶が落ちた時には花瓶が割れたことが繰り返し見られた、そのような経験の積み重ねが、二つの出来事の因果理解を成立させてきたのだと主張しているだけである（ただし、この経験は、一個人において生じなければならないというのでなく、人類が補完的に得て来て或る仕方で蓄えた経験であっても構わないことを許容した、そうして、恐らく言語の中に作用する力を持ったものとして保持された、そういう意味での経験だと考えることが必要だろう）。だから、これから先、これまでの経験に反したことが生じても、それは別の話なのである。第一の反論が出来事間の客観的な関係を問題にしているのに対して、第二の反論は、出来事を理解する側の或る特定の仕方での理解の成立の論理だけを問題にしているのである。それで、本章の主題は、第一の反論が主張している、因果性と法則性との出来事自身の秩序での結び付きという考えを問題化することにある。ただ、既にこの問題化の最初の提示でも分かるように、私は出来事の個別的理解における因果理解の成立を指摘するために、規則性の理解だけから出発しての因果理解の成立があることはないことを述べねばならなかった。実際、私は因果理解の成立とはどのようなことかを一貫して論じていくことでもって、因果性の概念を法則性や規則性の概念から解放していくことになるであろう。だから、第二の反論の内容の反駁はおのずと議論全体を通じてなされることになると考える。そこで、第一の反論の検討から始めよう。

(47) 第一の反論の検討——因果理解の間違いを認める根拠を吟味する

第一の反論のために提出された事例の位置を調べよう。先の事例、花瓶は既に割れていたというのは議論のために選ばれた、かなり特異な例、技巧的な例である。この例を一般化することはできるだろうか。もちろん、この例が特異だからといって説得力が失せると主張しようというのではない。しかし、花瓶が机から落ちた故に割れたという自分の理解の間違いを私は認める一方で、私が机にぶつかった故に花瓶が落ちたことや、くっつけられていた花瓶の破片が再びばらばらになったのは、今、花瓶が落っこちたからだという因果理解の方は撤回しない。しかるに、これら撤回しない方の因果理解と撤回する因果理解と、両者の成立の構造は同じではないのか。また、祖母が「その花瓶は既に割れていた、なぜなら自分が割ったのだから」と言う時、この発言ゆえに花瓶の破損の真の原因に関して私は思い違いをしていたのだということになったのだが、祖母の発言が私の因果理解に優越する権威を持つ特別な根拠はあるのか。まず、因果関係の知覚とでもいったものを考えてみる。

祖母の発言がなかったなら、私は、花瓶が机から落ちた故に割れたのだということを決して疑わなかっただろう。それは、祖母の発言の後でも相変わらず私は、自分が机にぶつかったから花瓶が落ちたということを疑わない、その在り方と同様の仕方でそうなのである。そして、この疑わないというのは、だからといって信じているというのとも違う。信ずるというのは、肯定するにせよ否定するにせよ、甲を選ぶにせよ乙を選ぶにせよ、どちらが正しいのか分からないけれどこちらを採ることを固く決意するということである。だから、疑うことはできないわけではないけれども疑わないというのが信ずることである。しかるに、今、話題にしている疑いの不在というのは、分からないという前段階なしの疑わないことであり、端的に問題的状況がないということなのである。

（これを、それでも本当は花瓶は机から落ちたから割れたのではないのだから、机から落ちたゆえに花瓶は割れたと疑わずに思っていることは、事実を知っていることでなく単にそうだと信じているだけなのだと、人は言うかも知れない。これに対して私は、その人の主張は、本当のことを――或る事柄を信じていることでしかないと評価されている態度から離れて別の手段によって――知っているという立場があって初めて可能なのであり、問題的状況がないという特性を持った理解仕方を、その本来の在り場から既に反省的な場面に移し入れて議論しているのだと言いたい。その主張は、花瓶が落下ゆえに割れたかどうかは分からない、それでも花瓶は落下ゆえに割れたのだと信ずる、というのと同様の場面に、即ち意志的な選択の場面に、自然に成立する理解を追い込んでいるのである。ところが、後者の理解というものは己が含む事柄とは別の事柄の在り得る可能性を知らないのであり、それが問題状況がないということなのである。）

そして、この状況は一般に難無く成立してしまう限りの知覚が持つ状況である。そこで、原因と目される事柄と結果として理解される出来事との両者が共に目撃され、そこにおのずからなる因果理解が生まれる時、それを「因果関係の知覚[2]」と言うのは不適切なことではあるまい。これは、或る種の出来事では出来事そのことの知覚と一体になっているのである。

さて、最初に論じたいのは、問題状況がないという知覚の特性が、発生した問題に解答を与え得る力を持つという大抵の場合に見られる事実と、他方、それでも知覚は時に問題化することもあり得るという事実と、両者の一見矛盾する在りように関してである。

(48) 因果関係の知覚と因果関係の知識

まず、二番目の方から考えよう。祖母の発言というのは、元来は問題を抱え込むはずなく成立する因果関係の知覚が問題化する特異な状況、これを作り出す例、第二の事実の例として提出されている。この例は（差し当たり祖母の発言自身の根拠がどこにあるかの議論は別にして）、知識の保持による知覚への干渉として特徴づけることができよう。これは、知覚自身が知識を成立させるものであるゆえに生じ得る。だが、よく見ると、知識による干渉には二通りあることが分かる。一方は知覚の対象である特定の事物について前もって持っている知識が、その事物の知覚が現にもたらす同じ出来事についての知識と整合的でない場合で、例えば「この特定の花瓶が既に割れていた」という知識が、その花瓶が今、割れたという主張を含む知覚を問題化させるわけである。他方、例えば「この花瓶は超強化ガラス製であり、しかるに一般に超強化ガラス製の花瓶はこの程度の衝撃では割れない」という知識が、今、割れたように見えた知覚は間違った知覚ではなかったかとの思いを懐かせる。ここでは、一般的事柄の知識が、それに包摂されるべきと思われる個別的事柄の知覚の問題ない受け入れを脅かそうとするのである。

とはいえ、最初の場合、個別的事柄についての知識は確立されていなければならず、この前提では知覚は否定されるしかなく、普段は泰然たるものである知覚は突然に頼りないものになってしまう。反面、知覚を一蹴する力を持つ知識自身の根拠を振り返るとどうかと言うに、実はこれもまた問題化され得ないわけではない（ただし、その時はもはや確定された知識について語っているわけではないことに注意しなければならない）。なぜなら、見落とすべきでないが、この知識自身、知覚を通じてもたらされたものであることが圧倒的に多いのである。例えば、祖母はどのようにして花瓶が割れ（てい）たことを知ったのか。割れるところを見たからではないのか（祖母が花瓶を割ったという文脈はいったん棚上げにしておく）。ところが、私も今、花瓶が机から落ちて割れるところを見たつもりでいたのである。そこで、ここでの優先権は、単に二つの知覚の時間的先後関係に由来しているに過ぎないように思われる。ただ、そうすると、個別的事柄についての確定された知識というものの身分は甚だ曖昧なものになりはしないだろうか。実際、食い違う二つの知識と称するものが、互いに水掛け論をし合う立場に立つことになることもあろう。「おばあちゃんが割れたと言うのは別の花瓶だったのではないの？　これは確かに今、割れたんだもの」と私が言いたい位に私が自分の知覚を信頼したい時もないわけではあるまい。このような場合、結局あれこれの脈絡を総合勘案して一応の結論に落ち着くというのが実際の有りようであろう（そうして、その時こそ、結論はまさに信じられたものという身分を持つしかあるまい。もはや、おのずから成立してしまう理解があるのではないからである）。

(49) 出来事を理解することと因果理解——出来事の知覚と因果関係の知覚

ところが、知識による知覚への干渉の第二の場合、知覚が脅かされながらも自己を安定的に成立させるや今度は、これは逆に自己を脅かした一般的知識の方が修正されるべきことを求める力を持つ。「超強化ガラス製の花瓶はこの高さの机からこのような床に落ちた時の衝撃では割れない」という知識が、現に花瓶が落ちて割れたのを目のあたりにすることによってひっくりかえされる、このようなことは日常茶飯のことである。そこで、むしろ一般的知識が知覚を脅かすには、その知識がよほど強固なものと認められている必要がある。ちょうど、専門家が己の知識を拠り所として素人の観察をあやふやなものと決めつける時のように。そうして、結局、この脅かしも脅かしでしかなく、知識による知覚への干渉の第一の場合と違って知覚を直ちに無力化するような力を持ちはしない。一体、一般性についての知識は個別的事柄の知識の集積として作りあげられるのでなければ、どうして得られるであろうか。そして、個別的事柄が何であるかについては、普通は知覚こそが発言権を独占しているのである。

次のような状況を考えよう。小包が送られてきて、表示を見ると花瓶と書いてある。ところが、箱の紐をほどこうとして手が滑り、箱を落としてしまう。割れるような音はしなかったが、「しまった、割れたかも知れない」と思う。しかるに、こう思うには確かに、花瓶は落とせば割れることがよくあることを、あるいは、落ちれば割れることが多いことを、一般性において知っていなければならない（「割る」と「割れる」との、また「落とす」ことと「落ちる」こととの両概念の区別とつながりについては後で論ずる）。また、こう思うことは、娘が、「痛くなかった、お父さん」と私に訊く時に働かせている考えの筋道と同じである。いずれの場合も、或る出来事から出発して、それが原因となって生じそうな事柄を予想しているのである。ただ、痛みという出来事に関して私と娘との立場が原理的に違う点が、複数の人々が同じ立場に立って発言し得ることを許容する花瓶の破損の場合と異なる。ここには第一章で述べた感覚と知覚との区別が関わっている。ただ、知覚の公共性については私は別の所で論じているので、本書では論じない。知覚の公共性もまた、知覚が携える広がりの規定、肉体が組み込まれる広がりの規定において考えるべき事柄である。

さて、心配しながら箱を開けると、花瓶が割れている。「ああ、割ってしまった」と思うのは自然である。けれども、割れてしまっている花瓶を確認し、そこから出発して、「箱を落とした結果、中の花瓶を割ってしまった」と思う場合、そう思う一方で本当に箱を落としたことが花瓶の破損の原因なのかと、問うこともできる。「もしかして、小包の輸送の途中で花瓶は既に割れていたのかも知れない」というふうに。そうして、このような思いは、花瓶の割れ方が、今、私が落としたために割れたにしては余りにひどいなどという場合に起きようし、一般に箱の落下の衝撃が小さいと見積もられればそれだけ一層強くなろう。ここでは、先の場合と逆に、或る事態から出発して、それを結果にもたらした原因は何かと問う思考の働きがある。そして、ここでも、花瓶の箱を落としたゆえに中の花瓶が割れたかも知れないと考える時と同じく、花瓶の破損がどのような時に起きるかについての知識と、それに照らしての状況判断や推理が働いている。だが、検討せねばなるまいが、この思考の働きは、妻がなす「何の音？」と問う思考の働きと同じなのだろうか。私がこの問題を提出するのは、第一には、或る出来事を一つの出来事と把握することと複数の出来事の一続きとして把握することはきっぱりした区別であるよりは、融通ある柔軟なものであることに注意を向けたいからである。例えば、広い野原を満たして鳴り響く音と、丘の上で音を出す鐘の振動と、二つは別々に数えられるべき出来事なのか否か。第二に、同じ論点に関わるのだが、因果理解と知覚、物とその性質とを分節的に把握する知覚との、やはり微妙な関係に注意を払いたいからである。例えば音の知覚は、音を発した出来事があるはずだという理解を伴うことが圧倒的に多い。音楽を楽しむ時のような経験を別にすれば、音を聞くことは音の出処を聞くことを含むのであるが、音の出処と音との関係はまさに因果的な関係ではないだろうか。温かさや匂いの源についての議論をも想い起こしたい。物が生じさせる結果が物の性質として回収されてゆく論理は確かにある。

ともあれ、私は知りたがっている、自分が箱を落としたから花瓶が割れたのか、それとも輸送の途中で既に何らかの原因で割れていたのかを。しかるに、花瓶の破損の原因についての一般的知識は或る範囲内の事柄に原因を狭めて予想を（時にかなりの確率を伴って）立てさせてくれるけれど、確定した答えを与えてくれるわけではない。ところで、息子が言う、「お父さん、箱が落ちて床とぶつかった衝撃で花瓶は割れたんだよ」。驚くべきことに、私に見えてない箱の裏側は透明で、そちら側にいる息子には中の花瓶が見えていて、それで息子は箱が落ちて床にぶつかった時に花瓶が割れるのを見たと、そんな場合のこととしよう。すると、この場合、普通は誰でも、息子が花瓶の破損の原因についての私の問いにきっぱりした裁定を下す立場にあると認めるに違いない。この、息子の権威ある発言をする権利は何に由来するのか。

息子の発言は、花瓶の破損をもたらす因果関係に関わる一般的規則性の知識によって支えられているわけでは、もちろんない。まさに、そのような知識があっても答えが出ないところで答えを与え得る唯一のものとして位置づけられているのである。息子はおのずと、出来事の個別性に即して出来事の或る系列を選び、しかも選んだ時には既に、その系列に因果関係を読み取っている。そうして、単に息子はそのように因果理解をしただけであって実際に客観的なものとして因果関係があるかどうかはそれによって決定されないという反論があるにしても、実際、時に因果関係の知覚は（一般に知覚がそうであるように）問題化されることがあるにしても、息子がなすような自ずからなる因果関係の知覚は、成立と同時に、己が知覚した事柄が真であるという主張を（それが一つの主張であるということをいわば意識もしないような仕方で）含んで自己に安らっているものなのである。そして、その主張が大抵の場合は認められ通用するのが当たり前だというところが、問いに無縁な知覚、問題状況がないのが本来であるという知覚の特性なのである。そうして、知覚の持つこの特性ゆえに、もし問題が発生しているならその問題に解答を与えるものとして知覚は働くことができる。

確認しよう。因果関係についての一般的知識は、個々の出来事の因果理解を脅かすことはあっても、それに取って代わることはできない。そうして一般的知識が必要なのは、普通は、或る出来事の結果を予想したり、その原因を探したりする場合である。それに対し、原因と目される出来事と結果として理解される出来事との両者が共に目撃される場合には、両者の因果関係に関わる一般的知識は必要なく、逆に、その場合におのずと成立する因果理解の蓄積が一般的知識を作り上げていくのである。

だが、この、原因から結果が生じる出来事の経過が通して目撃されなければならないという要請から、実は厄介な問題が持ち上がってくるように思われる。つまり、目撃された出来事が原因と結果との二つの出来事の引き続きとして理解されることの理由は、未だはっきりしていないのではないか、この疑念が、先の、妻がなす問い、「今のは何の音？」に絡めて私が言及したことをも考慮する時に出て来るのである。「花瓶が落ちた、そして次に割れた」でなく、「花瓶が落ちたゆえに割れた」とする理解を成立させる要因は何かを尋ねると、因果性の概念から規則性の概念を切り離すという私の主張に対する反論の可能性が出てこないか、と私は先に指摘した。が、一番普通の理解は、議論を始めるためにこの章の最初に提出した叙述、「花瓶が……落ちて割れた」という理解であろう。それで、この中に因果理解が働いていることの指摘から私は議論を始めたのだが、この叙述をむしろ一つの出来事の叙述として受け取ることも、それほどには不自然ではないとも言えはしないか。

「花瓶が割れてガチャンと音がした」という出来事の理解を考えよう。ここでは、花瓶が割れることと音を出すこととは別の出来事と理解されているのか、そうではないのかいずれであるかと問いつめることに大した意味があるだろうか。それは一つの出来事の二つの側面だと考えるのが適切だと言いたくもなる。けれども、花瓶が幾つかの破片に砕けることと、空気を振動させることとは別のことだと言いたい人もあるだろう。ところが、既に言及する機会があったように、音を聞くという知覚は音を出す出来事の（聞く仕方での）知覚と一体であるのが普通である。そして、音を出す出来事とは花瓶が空気を振動させることとして理解されるよりは、花瓶が割れることと理解されるのが普通であろう。ところで、音を聞くが花瓶が割れる（音を出す）のを見ることはないことはよくある。すると、妻が問うたのは、結果から出発してその原因を探したというのでなく、単に、音を聞く知覚に拠りつつ音源を見る知覚を探してのことだったのか。だが、「音源」、「音の源」という表現の中に、やはり因果的理解が既に含まれているようでもある。とはいえ、翻り、対照例として花瓶が落ちて割れるのを見ながらガチャンという音を聞く時に、人は花瓶が割れる出来事と音がする出来事の二つを区別して理解するだろうか。そうではなさそうである。だとすれば、では、これらを総合的に勘案して、一つの出来事が知覚の二つの仕方に対応して二様に知覚されているだけだと言うべきなのか。だが、すると、問題状況がないという知覚の一種としての因果関係の知覚というもの、これがそもそも何なのか、非常にあやふやになる。因果理解をしながら一続きに筋道だった複数の出来事を理解することと、因果理解なしにそれを一つの出来事として理解することと、両者の境はどこにあるのか。一体、出来事の知覚というのはどんな事態なのか。

(50) 知覚の様々

実験的に次のような状況を作ることはできる。黒い玉Aを動かして赤い玉Bに接触したところで運動を止めさせて、同じ瞬間に玉Bを玉Aが動いていたスピードとほぼ同じか少し遅めのスピードで動かし始める、つまり、玉Aも玉Bも各々別の動力F、Gによって動かされるのだが、両者の時間的空間的関係や速度の大きさの関係が特に選ばれたものになるように工夫された、そのような装置を作り、そうして、適切な距離を取った被験者が見ている前で、動力F、Gだけは被験者の目に触れないような仕方で装置を作動させてみるのである。すると、この時、被験者が、玉Aが玉Bを動かした、Aの運動がBの運動を結果として惹き起こした原因であると考えるように、あるいはむしろ「印象を持つ」ようにすることは容易である。[3] これは確かに、因果性の知覚であるということができる。

さて、この時、印象は偽で、真の因果関係は被験者が知覚したところとは別のところにある、と考えるのは一つの妥当な見方、これまで検討してきた反論の第一のものに連なる見方ではある。では、真の因果関係はどこにあるのか。動力Fと玉Aの運動との間、同じくGと玉Bの運動との間にあるのは自明であって、さればこそ、この自明さから出発して問題の印象は偽とされたと思われる。この自明さがないなら、つまり同じ個別的出来事に関して異なったことを述べる既得の知識による干渉がないなら、話題になっている因果関係の知覚は疑われずに通用していっただろう。ただ、すると当然に次に問わねばならぬ、動力Fの作動と玉Aの運動との間、GとBとの間の因果関係が真であると人が主張することの正しさを何が保証しているのかと。この因果関係はどうやって発見されたのか。

もし、動力F、Gが作動しているところを被験者が見ることができた時に被験者が「何だ、GがBを動かしていたのか」と言うなら、その時、この因果関係があるとの主張を可能にしているのは再び、Gの作動とBの運動という出来事を一続きのものとして因果理解を含ませながらそれ自身において見て取ること、規則性の顧慮などなしに個別性の中で因果関係を読み取ること、ないし知覚すること以外ではない。しかるに、これは今の議論の文脈では偽とされている、玉Aが玉Bを動かしたという印象を持つことと何ら変わらない構造の事柄であることは明白である。祖母が、花瓶が割れるのを見ていた、ところが私は同じ花瓶が今、割れるのを見た、そこで両者の主張は水掛け論になり得るというのと同様な事態である。だとすると、二つの印象の一方が他方に優越するというのはどうして可能なのか。よりよく知覚することが問題なのか。

だが「よりよく」とはどんなことか。一面の等質の橙色と見たものを「よく」見たら、細かな黄色い点と赤い点との混合であったことに気づくというようなことか。だが、気づいた後でも或る距離を越えて見るならどうしても橙色にしか見えない時に、これは「よく」見てない、間違った見方なのか。綺麗な薔薇と見たものを、やはり見るだけで造花と気づく時に、そうしていったん気づけば以降は造花としか見ない時に、何が知覚に生じているのか。理髪店の前の赤、青、白の縞模様の柱が上に昇っていくように見える時、「よく」見ても、柱は実は回転しているだけなのだと見ることはかなり困難で、それに気づく仕方での見方をマスターした後でも、自然に見るとやはり柱は上昇しているように見える。この時、「よい」見方とは何なのか。スクリーンでの人物の動きを、それは投影された光の交替の連続であると見るのが「よい」のだというのではお話にならない。同様に、風景画を画布の上の絵の具の配置としか見ない見方が「よい」見方であるはずはなかろう。とはいうものの、絵の描き方を勉強している人にとっては、絵の具の配置として見ることも重要な見方であろう。そこで、橙色、植物の薔薇、縞模様の上昇、スクリーンや画布に描かれた像、それらは皆、幻影、想像物で、それに対し、黄点と紅点との混合、造花、縞模様の回転、光の変化、絵の具の配置は真実で、従って、「よい」知覚とは「真なる事柄」を知覚するもののことだと意味を限定すれば片がつくのか。ここには実は、行為によって扱い得るものとそうでないものとを区別しようとする論理がひそかに働いている。しかし、それを別にするなら、複数の知覚の中でどれを、真なる事柄を告げる知覚だと決めればよいのか。一つの知覚が他の知覚を訂正することはしょっちゅうあるが、訂正する側の知覚がよい知覚だとか、真なる知覚だとか、そう処理していい保証は知覚自身の内にはないのではないか。それより、一体どうして一つのものを違ったふうに知覚できるのか。いや、知覚仕方が異なると、実は同じ一つのものを知覚しているという前提さえ崩れかねないのではないか。

知覚の在り方は実に多様である。それらは引っくるめて知覚における判断の位置といったものに関わるとして整理できるのかも知れない[4]。ともあれ、知覚の多様性を理解するには、どうしても知覚から知覚の外なるものへ出なければならないか、もしくは知覚そのものの概念が単性的なものでなく、種々の他なるものを取り込む限りで成立すると考えるかしなければならなくなりそうである。私が前二章で運動の広がりと知覚的質の広がりとの区別と重なりを論じたのは、ここのところに関わっている。ただ、今は、因果関係の概念の出所の吟味を、知覚から別の場面に移さねばならぬことを示すことだけが重要なのである。

そこで、ここで問題の装置に帰るなら、装置の出来不出来によって、動力F、Gが見えたところで玉AがBを動かすと見え続けるのに変わりないか、それともそう見えることが止むようなものか、いずれでもあり得ることを確認しよう。そして、状況がこうであるなら、動力Gが玉Bを動かしているとしか見えない時も、これまた見かけでしかなく、真の因果関係は別のところにあるという可能性も残ることを否定しようがない。一体、真の因果関係を発見するとはどのようなことか。そもそも、真の因果関係を想定することはどんな意味を持つのか。

（51）規則性の確認は知覚を補うものたり得るか

真の因果関係を確認するには、動力Gが作動しないなら玉Bは運動しないが、Gが作動するとその限りでBは運動することを確かめればよいというか。即ち、動力Gの停止のもとでは、動力Fによって玉Aが運動し或る時点で玉Bに接触したとしても、その時に玉Bは動き始めはせずに、また、動力Fが作動せず、従って玉Aも運動しないのにもかかわらず動力Gが作動して玉Bが動き出すなら、一方では明らかにAとBとの運動は無関係で、AがBを動かすと見えた因果関係は実は存在しなかったことが確かめられ、他方、Gが作動すればいつもBが動き始め、Bが運動する時は必ずGが作動しているのだから、Gの作動がBの運動の真の原因に間違いないというか。

もし、単に因果関係を知覚したり因果関係の印象を持ったりすることとの比較でこれらの確かめにおいて新しいことが、原因とされる事柄（が生ずること）の有る無しの対比を考察し、その対比に連動して結果の成否が見られるか否かを調べるという視点の導入であるのなら、次のように言わなければならない。即ち、この視点の導入はまさに、因果関係の理解を個別性に即してなすことから離れる方向への第一歩であり、しかるに、それは実は因果関係に代えて或る出来事と或る出来事との間に確かめられる継起の秩序ないし規則性の関係をもってくることでしかないと。しかし、これがすり替えでしかないという論点をはっきりさせるために、次の例を挟んで考えてみるのがよい。

ネイティブ・アメリカンの観察によれば、ジャコウネズミが秋に壁の厚い巣を作った年の冬は必ず厳しい寒さに見舞われ、逆にそのような巣が見られないなら、その年の冬の寒さは穏やかであるという[5]。だけれども、ジャコウネズミが冬の気象を左右する力を持った神様であるといったような土俗的信仰をもった人々があるとするなら彼等における は別として、普通、人はジャコウネズミの巣作りの仕方と冬の寒さの程度との間に或る規則性を認めたからといって、両者間に因果関係を読みはしない。つまり、出来事Aには必ず出来事Bが引き続き起こり、かつ（人の見聞の範囲内では――つまり、ジャコウネズミが生息していないアメリカ大陸を人が知らず、必ずジャコウネズミが厚い壁のものか薄い壁のものかはともかく巣作りをすることは観察されるなら――厚い壁の巣という）Aが生じない時はBも生じないからといって、そのことを確かめることが即ち両者間に因果関係を認めることになりはしないのである。そして、因果関係を認めすらしないのだから、因果関係を真だと確かめることがなされたことになるなど考えるはずもない。

そこで三たび、先の装置に戻ろう。もし、動力Fと動力Gとが連結されていて、Fが作動すればGも必ず作動し、Fが作動しない限りGも作動しないのなら、玉Bは玉Aが動いてきて己に接触し運動を止める瞬間にいつも運動を始め、玉Aの運動と己への接触がないなら決して運動を始めないことになる。そして、この時も人は、玉Aの運動が玉Bの運動の原因であるとは主張しない。二つの出来事間の継起に規則的関係があることと両者間に因果の関係があることを言うことは別ものであること、規則性があることが因果性があることを保証しないことがここにも示されている。ただ、この場合、ジャコウネズミの巣作りと冬の寒さとの間に関しての場合と違って、因果関係があると人が主張しないのは、彼が動力Fと動力Gの働きや両者間の結合関係を知っている時である。先に論じたように、個別的出来事に関して確定された知識が知覚に干渉するわけである。だからこそ、動力F、Gが隠されていて、この知識が得られないようにされている時、この巧妙に仕組まれた実験において、人は玉Aの運動と玉Bの運動との間に因果関係を見る、因果関係があるとの「印象を持つ」のである。しかも、この因果関係を見ること、AやBの運動の知覚の際に両者の出来事を因果的に理解してしまうことは、玉Aが動き、玉Bが動くことを繰り返し見なくとも、たった一回限り見たとしても生ずるのである。因果理解の成立のためには規則性の考慮は不要である。そうして、規則性の考慮に先立って因果理解が生じないならば、いくら規則性を浮き彫りにしたところでそれが因果性に置き換わるわけではないのである。ジャコウネズミの巣作りと冬の寒さの厳しさや穏やかさとの間の関係がそうである。

もちろん、規則性の発見が因果関係の探索の動機となることはしばしばある。例えば、或る薬の投与によって、見込まれた通りの病気の症状の改善が見られるものの、同時に患者の皮膚が黒ずむことが見られ、しかもこの予想外のことがいつも繰り返されるなら、医師は薬の投与と皮膚の黒色化とに因果関係がありはしないかと、当然に考え始めるであろう。けれども、やはり他方で、ジャコウネズミの巣作りの場合、ジャコウネズミの巣の在りようと来たるべき冬の寒さとの間の規則性の理由を知ろうと人が試みることは大いにあっても、人は決して、ジャコウネズミの巣作りが冬の寒さの原因だという考えには至らないであろう。冬の寒さをもたらすはずの、まだ大陸までやって来ていない寒気団を原因とする或る事柄がジャコウネズミに厚い巣を作ることを、寒さの到来以前の時点で促すのだろうと、恐らくこのように筋道を考えるだろう。ジャコウネズミの巣と冬の寒さとの間にいくら規則性が確かめられても、そうして、その確認が或る因果関係の探索へと人を動機づけようと、規則的継起の関係にある両項自身が因果の関係に立つかどうかということは別の問題なのである。両者が同じ共通の原因から流れ出る二つの異なった結果であると判定されるのはよくあることである。そこで、既に予想されたり確信されたりしている因果関係が真に存在することを確かめる手続きとして、ないしは少なくともその主張を補強し、より高い蓋然性を得る手続きとして、規則性の有る無しを調べようとするのも極めて普通の事実なのではあるが（規則性が認められないなら因果性も否定されるべきであるという、排除のための手続きとして規則性の調査がなされることについては、今は考察しない）、しかし規則性の確認だけ、そのことをもって因果の関係の確認に代えようとするわけにはいかないのである。そうして、既に因果関係が読み込まれているところで更に規則性が確認され、それでもってその因果関係は真に存在するのだと人が安んじて主張し得る権利をも追加、獲得したかの如き時にすら、それは、真の因果関係の存在という前提のもとで吟味されるなら、幻想である可能性はどこまでも残ると思われる。

(52) 実験の概念

玉Ｂの運動の原因は動力Ｇの作動であると人が主張することの方が、玉Ａの運動と玉Ｂへの接触がＢの運動の原因であるとする主張よりは優越する根拠は、因果性のおのずからなる知覚に見いだせないのはもちろん、原因とされる事柄の有る無しを対比させて結果の有る無しとの関連を確認すること、ひいては原因と結果とされる二つの出来事の継起の規則性を確認することにも必ずしも見いだせはしないこと、以上を論じてきた。すると、この優越性の根拠を、どこか別のところに見いだすことはできるだろうか。

件の装置は人が実験のために作ったのであることを想い起こすべきだと思われる。動力ＦやＧを動かすのは実験者である。その動かし方にはいろいろあろう。ハンドルを回すのかも知れないし、スウィッチ・ボタンを押せばよいのかも知れない。しかし、いずれにしても、実験者の或る振る舞いがＦやＧの作動を惹き起こすのだし、更には玉ＡやＢの運動を惹き起こすのであることに注目すべきではないだろうか。ここには実験者、即ち行為する人によって当然視された因果関係があるのではないのか。そして、この当然視が「真の因果関係」を語る時の「真であること」の内実をなしているのではないか。人が、己が行為すると認めていることは、その行為によって（つまりそれを原因として）何かを（結果として）もたらすと認めていることに他ならないのであり、行為概念を認める以上、それに内在する因果関係は確定的に真だと認めているのである。そうして、玉Ａの運動と玉Ｂの運動は分離され得、しかるに動力Ｇの作動はＢの運動に不可欠であること、これらのことを示し、真の因果関係を確認すると主張する時も、言い換えれば、原因とされる出来事の有る無しと結果の生起の有る無しとの連動つまりは両者間の規則性を調べることによって真の因果関係に迫ろうとする時もまた、実は実験者が新たに介入させる行為が行為たる資格で当然に含んでいる因果関係を真の因果関係であるものとして追認しているに過ぎないのではないか。

(53)行為と技術

けれども、動力Gを作動させることによって玉Bを動かすことができる実験装置を作るということは、GとBとの間に設定し得る因果関係を知っていなければできないのではないかと、こう人は反論するであろう。だが、まさに因果関係を設定するのであり、この設定が知ることに先立つのだ、知ることに内容を与えるのは行為であり、知ることは行為の後追いでしかないと私は言いたい。そして、ここで問われるべき事柄は二つあって、一つは行為と知覚との身体を介した絡み合いであり、もう一つは、行為に占める技術の位置の問題だと私は思う。前者が因果関係の知覚の成立のポイントをなし、後者は、因果関係の概念が何故に規則性の概念とつながっていくのか、これを教えてくれる。それで、これから私が議論したいのは後者であるが、予め次のことを言っておきたい。即ち、概念の発生は順序として、行為から技術、技術から物事間の因果関係へと流れるのであって、その逆ではない。そうして、技術概念の行為概念からの明確な独立は、行為の、出来る出来ないという観点からの反省と、行為の非人称化とに由来し、物事間の因果関係とは技術的観点からの物事の理解、秩序づけによって産み出されるのである。

（そこで、技術が物事間の因果関係を発見し利用するという言い方は、この産出の事態を忘れさせ、諸々の混乱、疑似問題を作り出してゆく危険を持っていると私は主張したい。実際、因果性の概念を内包し、かつ自由なものである行為[6]、というより本当は、自由なものでなければ因果性の概念を内包することができない行為から、技術を経ての物事間の因果関係の概念の発生の順序、そうして、未だ論じていないが、物事間のこの因果関係が法則的なものと考えられていく次第の順序、これらが見失われる時、例えば、物事間には一般に因果的秩序が決定論的に内在しているのだから、行為の自由などというものは幻想に過ぎないのだ、といった議論が深刻になされたりするのである。だから、よく醒めた眼を持つための手助けとしては、むしろ、技術が物事間の因果関係を発明すると述べる方が適切であろう[7]。）

2　行為の分析

(54) 行為を問題にする場面

行為者によって当然視されている因果関係というものを、更には、一般に行為概念に内在している因果概念というものを、調べてみよう。人は生きている限り、様々の振る舞いをして存在しているのだが、その一々について自分が振る舞いの主体であるとか行為者であるという意識を持って振る舞っているわけではない。では、どういう時に振る舞いを行為と考えているのだろうか。注意してもらいたいが、私は、どういう振る舞いが行為であるか、とは問うていない。行為と考えることをのみ、しかもどんな時に考えるかに注目して、問題にしている。私の見るところ、或る振る舞いに関して、これは行為なのか否か、行為だとしたら何の行為かと問い、その答えを振る舞い自体の特性を調べることによって手に入れようとしてもできない。振る舞いの行為としての規定は、振る舞いが行為と見做されることにおいて初めて、しかも「何々の」行為と特定された行為と見做されることにおいて初めて、成立するのである。もちろん、この見做すことは振る舞いの或る特性に根拠づけられてはいる。だが、その特性は、人がその振る舞いを行為と見做すことを動機づけるものとして働くのみで、この動機づけの仕方はかなり柔軟であり、そこで、行為と見做すこと自体が重要となる。これ故に私は、見做す時のその見做し方の有りようを分析しようというのである。

　この分析のためには、人がどういう時に行為を問題にするのか、どのような時に行為という事柄を意識するのか、これから考えるべきである。もちろん、行為について空虚でしかない問題の立て方もある。まさに、行為を或る特定の行為と見做すという文脈から離れて、行為とは、と問い、行為を行為でないものから区別するものを探そうとする或る種の哲学が試みる時のように。だが、このような問い方が適切でないのは、例えば欠伸を行為と考えるべきかどうかを、欠伸の動作だけに問いかけて答えを求めようとしても答えが出るはずもないことを考えればよく分かる。私が一人で自室にいて欠伸をした時に、この欠伸が行為であるかどうかを問うのは普通は問題にならない。それを決めようとするのは馬鹿気ている。けれども、私が客人の前で欠伸をすれば、私が余程くたびれていて生理的に自然なこととして欠伸が出た（「欠伸をした」という表現よりは合っている）としても、私は「客人に礼を失する」という内容の行為をしたと（だから「欠伸」と規定された行為をしたとしてでなく）自らを反省すべきなのである。そこで私としては、行為を問題にしたり意識したりすることが生活の中で真剣に、ないし実際的になされるその場面を取り上げねばならない。その場面では行為を行為として考えることの典型がつかめ、そうすると、行為概念の拡張の論理をも追うことができることになるからである。行為と行為でないものの区別を論ずるのでなく、行為と考えることの典型、その有意味な拡張の論理、拡張がトリヴィアルになることの次第、これらを調べることが重要なのである。このような調査方法は、一般に哲学において極めて重要である。特に、典型が定義に先立つことを忘れてはいけない。定義は典型に頼りながら、最終的には専断と約束を含む。

しかるに、（1）行為が問題にされる場面は三種、即ち、行為する可能性を持った本人が、また本人のみがなす場面と、他人の或る動作をそこに居合わせた人が行為として問題にする場面と、最後に、或る重要性が認められる既に生じた事柄から出発して、それをもたらしたものとしての資格を持つ行為を誰であれ問題にすることができるという場面と、三種あり、（2）いずれの場面においても「何の」行為であるかはともかくおいて行為一般について語ることは無意味で、必ず或る特定の行為を問題にするのであり、そして、（3）行為の特定的指示は行為がもたらすものの指示と一体になっている、この三点をまず押さえねばならない。そして、この後でのみ、（４）行為の評価が話題となり得るのである。

(55)「どうしよう？」という問い

さて、最も頻繁に行為が問題になるのは、人が日常、一番多く発する問い、「どうしよう？」という問いを発し、それに答えを与える場面と思われる。これが三種のうちの第一の場面で、行為をするかも知れない人自身が行為を問題にする場面であり、また、三種それぞれに典型があるものの、その中でも、行為全体の典型であるものである。というのも、普通、人は行為の典型を意志的な行為に求める（時に、意志的でない場合は全く行為と認めない位である）が、意志という捉え難いものを規定するに、「どうしよう？」との問いの後で為される行為において考えて初めて、曖昧な議論に陥ることを避け得るのであるから。また、問うて後に行為するということのうちに自由の概念も見なければならないことも付け加えよう。それで、前節の最後に述べたこと、即ち行為は自由なものであればこそ因果性の概念を内包するというのも、問いは一方では行為が何をもたらそうとしているかの規定を必ず呼び寄せ、他方で行為を出来事の始まりの位置に立たせて、原因と結果との二項から成る一つの因果的連関をはっきりと輪郭づけるからである。

さて、第一の場面の中で更に、問いの中身は場合によって、「何をしたら良いだろう？」「どのようにしたら良いだろう？」「するか、しないか？」というふうに、ほぼ三つに分けられ、それぞれ行為の「何」「いかに」「実行」ないし「非実行」を問う。しかるに、いずれにしても問いが生まれるのは、行為が何事かを産み出すからである。何の行為を為すかによって、また、その遣りようによって、あるいは、その行為をするかしないかで、何ら違いも生じないなら、人は問いも考えもしない。ところで、当たり前のことだが、「何を」と問うのは特定の行為を探しているのであり、「どのように」と問うのは特定の行為に関してそれを「どのように」と問うのだし、また、何でもどのようにでもいいからとにかく行為をしようかどうしようか、という問いなぞは決して成立しない。特定の行為として限定されていない行為が問題になるのは、具体的な生活の場面ではあるはずもない。そうして次に、何を、どのように、と行為を特定することは、その行為がもたらすだろう（複数にわたるかもしれない）事柄を指定することに他ならない。どんな答えを選ぶかによって違いが生ずることが分かっていても、どんな違いが生ずるかが皆目、分からないのなら、人はやはり「どうしよう？」と問わないであろう。そこで、或る行為を選ぶと言いながら人は、行為がもたらすものを選んでいて、それによってのみ行為の内容は決まるのである。つまり、行為が生じさせるだろうものを指定することが即ち行為の「何」を限定することなのである。さて、この第一の場面は、選択における行為の限定、ないし意図における行為の限定の場面と呼んでいいであろう（以下、或る行為が「何の」行為であるかを定めること、ないしは定まることを言い表すために、行為の「限定」もしくは「規定」という術語を主として採用する）。

（なお、結果の指定によって行為が何であるかを規定するというのでは、行為の概念を狭く考え過ぎることになるという異論があるかも知れない。例えばテニスという行為を規定することは、それがもたらす結果の何物も指定することなしでなされているではないか。もし、結果としての気分転換だとか友人との親密さとかを言えば、それをもたらすものとして定義された行為はテニスの行為を述べたことにはならないというわけである。けれども、考えねばならぬ、テニスを学ぶとはラケットの使い方やボールをどう動かすかを学ぶことである。テニスの具体的な内容をテニスをする人の動作がもたらすものに言及することなしでは語れない。ただ、テニスの如く規則によって人の振る舞いがもたらすべき事柄の様々が決定されている行為に関しては、それらのすべての活動を自明的に含んだ名称があるわけである。また、結果の指定を重視することは、ただ——行為せずに無為のうちにあって——存在することが既に活動という特性を持つ人の在りようの中で、行為と呼ばれるべきものを鋭く取り出すには不可欠である。風景を眺めて享受する活動は、行為に数えられるべきであろうか。私は否と答えたい。その一方で行為の概念を意図や志向性の概念のもとで考えることをしないのは、第一には意図や志向性の概念も意志の概念と同様、決して明瞭な概念とは言い難く、それで、その内実を考えると結局は結果の概念に言及することになるのだからであるが、また、行為の概念を広く取るためにでもある。つまり、すぐに見るように、結果の規定によって行為が何であるかが規定されるとすれば、過失による行為の概念なども適切に扱える。）

(56) 動作から出発して語られる行為

次に、日常で行為が問題になる第二の場面は、「何をやっているのだろう？」と、人（他人）の振る舞いを見て考えたり、「何々をしてるんだな」と確認したりする時である（無論、これは目が見える人の話である。視覚障がい者だと、人の動きが発する音を聞くなどのことがある）。その振る舞いとは、たとえば私がスコップを地面に深く突き刺して土を掬って別の場所に置くことを繰り返すという振る舞いである。しかるに、私の振る舞いをたまたま見た妻は、この振る舞いを、このように記述した通りに、スコップを地面に突き刺す行為、土を掬う行為、土を移動させる行為として捉えることは普通はしないだろう。穴を掘ってるのね、という行為理解が生まれるだろう。ただ、大抵はそこでも留まりはしない。やはり「何してるんだろう？」と気になるのではないか。どうしてか。

私が穴をなぜ掘るのか、こちらが重要だという妻の理解がある。自分が見ている夫の振る舞いは何をもたらすのか、それが重要で、その何かとは穴そのものではあるまい、穴によって可能となる事柄の方だと、そのような目で振る舞いを見る。状況によっては、妻は私に言う、「ありがとう、生ごみを埋めるところを作ってくれてるのね」と。私が、これまで生ごみを埋めていた場所（やはり穴だが、かなり上の方まで生ごみが積まれている場所）に土を運んで、その穴を塞いでいるのを見るからだ。

そのような状況がない場所だったらどうか。妻は私に訊ねるかも知れない、「何してるの？」と。「スコップを動かしている」というのではもちろん答えにならない。「穴を掘っているんだよ」でも駄目である。どちらも見れば分かる。妻は私の振る舞いを見て、私がスコップを動かしていること、それから私の振る舞いに連れて地面に穴ができてきているのを見ている。それは承知の上で問うているので、その問いが狙っていることからずれた答えだ（だから、このような答えなら妻を馬鹿にしていることになる）。そこで私は「山茶花の木をここに植え直そうとしてるんだ」などと答える。なお、私がこの植え直しによってそれまで山茶花が生えていた場所を子どものための砂場にしようと考えているなら、私はその砂場造りの行為の最初の一段階をもやっていると自分で承知していることになる。

このとき、妻が私に訊くというのは、人が何の行為をしているかに関して、その当人が第一の発言権を有していると私たちは考えているということを物語っている。だから、たとえば、どう見ても人が蛙の四肢の運動のような体操をしているようにしか見えなくても、本人が踊っていると言うのなら、その人は下手なりに踊っているということを認めてやらなければならない。

ところで、振る舞っている本人ではなく、その振る舞いを目撃している人が固有に持つ発言権もある。たとえば妻が私に言う、「何してるの、大変、庭の灯りのための電線を切ろうとしているよ」と。私が穴を掘っている場所は庭の灯りへの電気配線が地中に埋められている場所間近で、穴をもっと深く掘ろうとして、穴の径も大きくしてゆくと間違いなく配線を切断する、これを妻は予想したわけである。この切断という振る舞いの結果を指定することが、振る舞いが行為としては何であるかを決める。そこで私は、気づかないまま配線切断の行為をしようとしているのであり、ただ、未然に中止できたということになる。

それから最後に特殊な例を一つ。女性記者が海底トンネルの工事現場に取材のために入ろうとする。工事関係者が、それは事故を惹き起こす行為だと解釈する。女性記者が自分が為すのはそんな行為ではないと考えても、また、彼女が工事現場に入ることを敢行した時に事故が生じないであろうとしても、彼女が工事現場に入ることを断念するなら、それを阻止しようとした人は、事故を惹き起こす行為を自分は阻止したのだと、自分の解釈に基づく行為規定を固持し続けるであろう。

(57) 或る結果をもたらしたものとして特定される行為

行為が話題になる第三の場合は、或る生じ終えた事柄から出発して、その事柄を生じさせたものとして誰かの或る行為があったのではないかということを調べようとする時である。責任の問題が発生する時がこの場合の大部分を占め、他に、手柄を立てた人、殊勲者は誰かを探す時などがこの場合に入る。このような仕方で行為が問題になる時も、行為が話題にされる出発点となった事柄を、或る行為の結果であると見做すそのことが、問題となっている行為が何であるかを指示する。そもそも既に過ぎ去った出来事としての一つの行為が内容を持って限定されてくるのは、それが、或る価値的に重要な事柄を結果として持つという因果関係の中に、原因たる身分でさかのぼられる仕方で組み込まれるからなのである。だからまた、何の行為かはともかく非行為ではないものとしての行為が話題にされるはずもなく、その事柄との関係で特定された行為しか問題にならないのは言うまでもない。何であれとにかく何らかの行為を為したゆえにその責任が問われるという状況は成立し得ない。例えば、どのような動きをしたかを問題にすることなく、どうして動いたのだ、と咎める場合、それは何かはともかく或る行為を為したことを主題にしているように見えて、実際は「動くな」という前もっての指示の如きものを前提した文脈においてでなければ咎めが成立するはずはなく、そこで、「指示に背く」という特定された行為が話題になっているのである。同様に、「余計なことをして」という、しばしば聞かれる非難の言葉も、何であれ行為したことを非難するというのでなく、やはり特定の基準に照らして「何々の」行為として規定された行為として受け取られないなら、効力を失う。また、この三番目の行為規定の論理が、行為者本人の意図や選択による規定からは独立であるのは、過失とか怪我の功名という概念があることが物語っている（といっても、故意になされた行為の方に、過失や怪我の功名による行為に対してよりはずっと大きな責任や功績が帰せられるというのは、やはり第一の方向からの行為規定が根底的なものであることを示している）。

(58) 手段としての行為

さて、これまでの議論で、行為概念から因果概念が分離できないことは納得されたと思う。次に是非とも確認したいのは、だからといって行為の概念は因果の概念に従属しているのではないこと、つまり、行為の概念は先立って既にある因果の概念を前提した上で或る結果をもたらすものとしての己の概念を成立させる、そういう意味で因果概念を不可欠としているわけではないこと、逆に、因果の概念は行為概念の中から生い出てくる後なるものでしかないこと、これである。この確認のためには、行為が問題にされる第三の場面は、ここでは行為は間接的に狙われ、従っていわば反省的なものになっているので、これをいったん除いて考えるのが適切であろう。すると、同様に、行為を、既に先立って提出されている或る目的を実現するための手段の位置におく行為概念にも、用心しなければならないことが分かる。そして、このことはむしろ、考察の糸口が次のことにあることを示唆している。即ち、そもそも行為が或る脈絡で手段の位置を占め得ることが確かに可能であるが、それの行為として（見做されること）の成立自体は他のもののための手段になると否とは無関係であること、しかも、この成立の中に既に因果の概念が含まれていること、これらを浮き彫りにすることである。議論の要は、行為の外なる因果関係の概念と内なる因果関係の萌芽的概念を区別し、後者が概念の発生順序において先なるものであることを理解することにある。例に即して考えよう。

息子が自分の弟の誕生日に弟を喜ばせたいと考えている。何をすれば喜ぶだろうか。息子は乗り物が好きな弟のために、おもちゃのケーブルカーを作ることにした。さて、息子がする工作、これはケーブルカー作りの行為であると同時に、弟を喜ばせる行為としても規定され得る。同じ振る舞いが複数の行為（時にそれらのうちどれかの部分としての）規定を受けるのはしょっちゅうあることである。

（「部分」という留保がなされるべきことは次のような場合を考えると納得がゆこう。釘を打つ振る舞いないし動作は騒音を撒き散らす行為としては完結した行為であるが、ケーブルカー作製行為の部分である。動作の単位は行為の単位ではない。）

息子の工作は妻の目には、部屋を散らかす行為、彼女の頭を痛くさせる行為である。そして、これらの規定の内いずれか一つだけが真の規定として選ばれなければならないわけではない。けれども、これらの多重的な行為規定のいずれもが、息子の同じ振る舞いがもたらす複数のことどものどれかを指定することとセットになってなされていること、というより、もたらす（はずの）ものの指定の一つ一つによって行為の規定の一つ一つが可能になっていることを今一度、確認しておこう。

だが、弟が息子が工作する傍らで既に喜んでいる場合もあれば、そうではなく、ケーブルカーを手にした時に初めて喜ぶものである場合もあろう。それで、後者の場合、それを見込んで兄が為す工作は、それ自身が弟を喜ばせる行為として規定されるよりは、喜ばせるための手段である行為と性格づけられる方が適切である。比較するに、前者の場合や、息子が作業している時に既に作業が妻に「ああ、頭が痛いわ」と言わせる時、息子が為すことはそれ自体で、工作であり、同時に弟を喜ばせる行為であり、妻の頭を痛くさせる行為である。さて、この議論は、行為がもたらすものが、行為が何であるかの規定との関係で二通りの位置を占め得ることを物語っている。一方は行為の規定に入り込んでいるものであり、他方は既に成立した行為規定の外側に位置し、そのことにより行為を手段や媒介者の位置に指定するものである。そうして、後者の位置に立つものは不要であり得ることが重要である。ただ、不要であり得るのになお、後者の位置に立つ行為がもたらすものが視野に収められるならその場合、行為がもたらすものは少なくとも他にもう一つが、そもそも行為が何であるかの規定を成立させているものとして、必ず既に語られているのである。そこで、逆にもし、この、行為がもたらすものの内と外とへの二重化がないなら、つまり、行為が何であるかの規定の内に入り込んでいるものと、それを前提した上で、なお当の行為を手段や媒介者と指定するもの、即ち因果列を行為の外に更に先に伸びさせるものとがないなら、行為が手段や媒介者という身分を持つことはない。また、翻って注意したいが、一つの振る舞いが行為としては何であるかの規定自身が単に多重的である場合は、行為がもたらすものの多重化は内と外とに分裂しつつ一列の因果列をなすのでなく、並列的な仕方で各々の行為規定に入り込む。つまり、行為が何であるかを規定する振る舞いとその結果との因果関係が複数列、一つの振る舞いから複数の方向へ設定されるだけである。

(59) 手順の概念

ところが、息子がケーブルカーを作る最中に、滑車を車体に付けるために車体に錐で穴を空け、穴に通した滑車の心棒を固定するために接着剤を穴に垂らし込む時、彼の作業は手段として位置づけられるべき事柄だろうか。滑車を取り付けるための手段としての穴を空ける作業であり、心棒を固定するための手段としての接着剤使用ではある。だが、滑車の取り付け自体、心棒の固定自体がケーブルカー作製行為の部分工程である。それに、穴を空けるために錐の先端が当てがわれるべき位置の印を付ける、車体を固定する、錐を回転させる、また、印を付けるために重心の位置を測る、測るためにおもりの付いた糸を用意する、このように目的と手段との組を幾組も言うことができるし、それらの入れ子になった連鎖を言うこともできる。だが、これらの目的と手段との関係はまさに、目的として位置づけられ得るどの事柄も直ちにいわば追い越されるべき本当に一時的なステップ、目的であったものから次の段階のための手段の位置にあるものへと性格を変えるものでしかない。だから、より適切には、あらゆる作業はケーブルカー作製を目的とした作業と考えるべきことになろう。ケーブルカー作製ということでもって取りまとめられないなら、それらはばらばらになる。翻るに、ケーブルカー作製については、それを、弟を喜ばせる行為の中の一ステップとして語ることは不適切で、逆にその完成を言うことが適切で、その上で、それは息子が弟を喜ばせるための手段の役割を引き受けもするのである。

さて、一つの行為の部分をなす作業が、工程の連鎖とでも言うべきものの中で順次に目的の位置と手段の位置とを占めていくと見做し得るということを、行為概念に内在する因果の概念の検討という主題に引き寄せて、あるべき解釈を示したい。手段の概念に代わって手順の概念が登場すべきであり、そうして、行為が一つの全体として「何の」行為であるかの規定と、行為が諸々の手順によって「いかに」なされるかの内容と、両者の絡み合いを見るべきである。この絡み合いは、行為が何であるかの規定の形式性とそれに実質的内容を盛るものとを考えることによって見届けられるであろう。

(60)行為の「いかに」の二つの水準

手順というものは、どんな時に自覚されるだろうか。次のような状況を想定しよう。息子が弟を喜ばせようと「ケーブルカーを作りたい」と言う。そこで、「いいね」と私が言う。息子曰く、「どうすればいい?」「考えてごらん」「材料が要るんだけど」「用意すれば」「釘なんかはあるから、足りないのは板と、滑車だね、それから接着剤もあった方がいいかなあ?」息子は自分が何をするのかは決めた。けれども、それをどのようにするのかは、まだ自分でも定かでない。接着剤を使うのかどうかも分からないでいるのが、その証拠である。そこで、彼が為すはずの行為、それはケーブルカー作りとして名前を得ているが、これは、行為がもたらすことになっているものを、別言すれば行為の結果を予め指定することによって可能となってはいるのだが、この行為が何であるかの規定は、いわば幾分かは形式的規定に留まっていると言うことができる。息子はケーブルカー作りの行為に直ちに着手できない故にその具体的内容をつかんでいるとは言い難いのである。そこで、問いたいのだが、息子は「どのようにしたらよいのか」という問いに答えを見いだすなら、その時にいわば隅々まで実質的な行為概念を獲得したと言えるのだろうか。この問いを通じて、私は、この「どのように」の意味にむしろ二つの水準があることを示したい。

私が息子に教えるというのにはいろいろな有りようがあるから、次のような規格化された場合を考える。私は材料を買いに息子をホーム・センターに連れて行く。陳列台を見て廻っている内に何の材料が必要かも追い追い思いつくなり分かってくるだろうというわけである。ところが息子は、ケーブルカーの製作材料一式が袋入りになっているのを見つけ出す。「これにしようかなあ、ちょっとつまんないけど」と迷っている。面倒から解放されるというので、私も少し不本意ながらそれを薦める。袋には作り方の説明書も入っている。板をどう切り分けるか、板と板とをどの部位でどの長さの釘で止めるべきか等々。家に帰って説明書を読みながら、息子は「そうか、そうか」と頷(うなず)いている。それから、「ここは『ボルトとナットでしっかり止める』か、ボルトって何だ？　あ、これかあ」と、ボルトの小袋をもう破っている。「『最後にラッカー（材料は別にお買い求め下さい）』、ええと、これ何と読むんだ？『をします』ラッカーって何かなあ」（実は『塗装をします』と書いてある）。

さて、息子が説明書を「そうか」と言いながらすべてを理解したとして、その時、彼はケーブルカーを作る行為の「いかに」を知ったことになるのか。つまり、どのようにの手順を一覧的に述べ立てることができた時、接着剤を使用するかどうかも定かでない、もしくは決めてない時と違って、今やケーブルカー作りという行為の実質的内容を手にしているのか。

手順の一つ一つがまた新たな行為を指示していることに注意しよう。そこで、或る行為の「いかに」を手中にしていることとは、その行為の手順を言うことに等しいなら、おかしなことになる。例えばこの前提では、手順の一つである「ボルトとナットで二つの板を止める」という、それ自身が一つの行為として新たに規定されたもの、これの「いかに」を把握することはどのようなことになるのか。この新たに一つの事柄として指示された行為の更なる手順を明示化しなければならない、つまりは行為を分解的に把握する必要があることになろう。けれども、こう考えることは明らかに、きりのない、いつかは無益となる作業を要求することである。そもそも人は或る行為をなすに際して、その行為をどのようになすかを殊更にあげつらいながら為すわけではない。そうであったなら人は決して行為の実行に至らないであろう。実際、手順の明示は、「いかに」が問われる時に要求される。しかし、その答えに含まれるものが手順として、要素的でより細分化されたものであれ、やはり行為という資格で考えられ得る以上、その新たに明確な形で呼び出された行為に関して再び、「さてこの行為をどのようにすればよいのか」という問いが二次的に繰り返される可能性はいつも残ることになる。だが、どんな場合にも、もし人が実際的な答えを出すためには、つまり課題としての行為の実行に移行できる、そのような態勢にあることになるためには、この分析的問いの進行はおのずと終わりを告げねばならない。手順として呼び出された行為が直ちに実際に着手され得る時、その行為の更なる手順はもはや問われない。その行為を「どのように」為すかは彼の手の内にあるから、彼はその行為を為すことができる、着手し得る。言い換えれば、そのできることの内容は、分析される必要、互いに区別された一群の手続きの把握として顕在化される必要はないのである。そして、この非分析的で丸ごとの仕方での「できる」ということが人に具わらないなら、決して人は行為し得ない。これを述べるに私は、或る「何」が定まった行為を人が実行し得る時、人は当然にその「いかに」を熟知しているのであるが、その知り方は非分析的、非展開的なもので、知っているはずという権利上のものであるのであり、いわば「雰囲気的熟知性」とでも表現されるとよいようなものであると言いたい。そして、この熟知性が伴って初めて、己がもたらすであろう結果の指示によって己の「何」が形式的に規定される行為概念、これに実質が加わってくるわけである。そこで、この意味での「いかに」を知っていることは、手順を並べ立てることとは違う。

　こうして私は、或る行為を（能力として）為すことができるという意味でその行為の「いかに」を知っていることを、その行為の手順を自覚しているという意味で「いかに」を知っていることから区別すべく迫られる。そうして、前者の知こそ、先立って形式的規定が与えられた行為に実質的内容を盛り込むものであると主張したい。これに対し後者は、形式的規定のみがあって実質的内容が未だ欠けている場合に、行為すべく自己規定している者がその欠落を埋めようとして「だが、具体的にどのように」と自問自答する時に与えられるものと考えるべきが本来で、ところが、それは再び形式的なものに留まることは大いにあるのである。息子が説明書を読み、かつ頭で理解してなお、「どうすればいいんだろう」と途方に暮れる時がそうである。この時、（最初の問いの方の）答えとして与えられる諸々の手順とは、最初に形式的にのみ規定されて与えられている行為が分節化され、もって一続きの行為群に替えられたものに他ならず、しかるに、それらの新たに登場する行為は、それら各々がもたらすべきものの指示によって形式的に規定されているだけなのである。そこで、手順を述べることが実質的内容の欠落を埋める答えになり得るためには、手順の一つ一つが実質的内容を持った答えとして、つまり、その「いかに」が手順を述べ立てることに他ならないのとは違った仕方で、人が「為すことができる」能力を持っているという意味で、知られていなければならない。

(61) 行為の概念と因果の概念

さて、行為の概念と因果の概念との関係を正確に把握するに当たって重要なのは、或る行為を為すことができるということの方が、その行為の手順を述べ得るということよりは根源的なものであるということ、だから、手順の概念は、手順として指定された行為が既に能力として知られていることを前提してのみ有効となるという、これまでの議論で明らかになったことの意味を理解することである。しかるに、能力として知られている行為、人が直ちに為し得るはずの行為、その行為が何であるかは、行為がもたらすものの指示によって指定されている。繰り返すが、もたらすべきものを立てた時にはそれをもたらすものとしての行為が形式的に立てられたのであり、その行為を分析すると身体動作としての行為実行とそれが生じさせるものとを区別することができるわけなのである。息子のケーブルカー作製の行為は、ケーブルカーが出来上がることを結果に持つことが先に課題として立てられて、次いで、実際にそのような結果をもたらす行為として探されて発見されたのではない。ケーブルカーが作られて出来上がるということの指定が即ちケーブルカー作製の行為の規定なのである。それに対し、弟が喜ぶことが目標として立てられ、その手段たる資格でケーブルカー作製が考えられる時には、弟の喜びを結果としてもたらすであろう事柄、原因という資格を持つであろう事柄が幾つも探され、その一つとしてケーブルカー作製が発見されるのである。

そして、ケーブルカー作製の行為が息子にとって手慣れたものであるなら、ケーブルカーが出来上がるという結果の指定は形式的なものではなく、だから息子は「何をするかは分かった、だが、どのように？」と問う必要はない。手順を述べることがあるとすれば、それは反省的な事柄でしかない。しかも、この反省はすぐに限界に突き当たる。人は自分がなし得る行為に関し、それの「いかに」をもはや諸々の手順の集まりとして説明できず、ただ実際にやってみせる仕方ででしか示せない。そして、やってみせる時、その振る舞いが何をもたらすものなのか、権利上、何をもたらすはずなのかは、振る舞う当人、行為者には分かっているのである。それも、この分かっていることは反省以前に分かっているのであり、そして、この分かっていることの中から、因果の概念が生い育ってくるのである。もし、因果の秩序が先にあり、それに合わせた因果の連鎖としてのみ行為を構成しなければならないなら、人は決して行為できないであろう。なぜなら、その要求とは、行為を諸手順から合成することを要求することに他ならず、しかるに諸手順の一つ一つが行為として更に細かな諸手順から合成されねばならず、ところが、それら手順が、因果の関係を内に含む丸ごとの行為として成立しているのでないようにすることは、決してできない相談なのだからである。私の手の運動が錐を回転させ、回転する錐の刃先の力が板の繊維を断ち、かくて板に穴が空くはずで、そのような因果の連鎖に嵌め込むように私の手を運動させることが、錐で板に穴を空ける行為をなすことなのか。反省的な物理学者の目にはそう見えるかも知れない。だが、そのような発想を一貫させるなら、私の手の運動と錐の回転との因果関係を更に細かな因果関係から合成し、その関係に合わせた動作の継投として行為はなされているのだということにならないか。

（かつて哲学者たちの何人かは、人は自分の身体のメカニスムを知らないのだから自由に身体を動かすことはできないと主張した。彼等は行為の概念と因果関係の概念との順序を間違えたのである。）

だが、私は板に穴を空けようとする行為に一挙に身を委ねるのでなければ、決して行為するものたり得ないのではないか。私の見るところ、問題の核心は、人が行為するものとして己が身体を動かすとは、本来は（即ち反省的になって選ばれたものでない行為としての動かしは）、先立って想定された因果の秩序に身体の動きを当て嵌めていくことではないこと、むしろ、行為として学ばれた身体の運動が因果の秩序と呼ばれるものを描き出していくこと、ここにある。

(62) 行為概念に内在する因果概念の規則性概念からの独立

ところで、或る行為が何であるかがその行為がもたらすものの指定と不可分であるなら、行為とそのもたらすものとの間の因果関係は固定されたものでしかなく、すると、この章全体の一主題である事柄、因果関係の概念は法則性や規則性の概念からは独立しているという主張は、あっさりと翻させられていることにならないか。花瓶を割る行為（という原因）によっては花瓶の破損が（結果として）惹き起こされ、ケーブルカーを作るという行為によってはケーブルカーが出来上がる。これは、規則的な事柄であるどころか、それよりももっとタイトな関係、同語反復の関係で、すると、行為という原因とその結果との関係から生い育ち一般化された因果の関係の、原因と結果との二項の関係が、一方が決まれば他方が決まるような規則的なものとして成立するのは当然ではないのか。この疑義を前に、私は、或る振る舞いを何々の行為と見做すことの論理と、その振る舞いが出来事として自己決定してくることの現実との隔たり、及び両者間の関係に注意深くあるよう求められる。

行為が何であるかを限定するためにそれがもたらすものを指定することは、行為の「何」の形式的規定をなすに過ぎない。この形式性は、行為であるとは行為と見做されることであるということに基づいている。では、この見做された行為が単に頭で考えられた形式的なものに留まらず、具体的内容を盛られた実質的なものになり得るゆえんのものは何かと言えば、それは、行為だと受け取る人がその行為を為す「いかに」を熟知している、その行為を為すことができるということにある。しかし、この行為の「いかに」が分かっているということは権利上のものでしかない、できるはず、というのが実態なのである。実際、これらの形式性と権利的性格を考慮しないなら、行為の出来、不出来や、失敗の概念は意味をなさなくなる。

行為の評価の中で、良い行為、悪い行為という評価の件はおく。或る何々の行為として規定された上で、その何々の行為としてはどうなのか、実現に関しての評価を問題にする。「どうしよう？」という問いにあってはもちろん、或る行為を限定することは未だその行為を実行することではない。実行から離れて行為が限定され得るのである。そして、この限定の中に、因果の関係が萌芽的に入り込んでいる。それで、この因果の関係は行為の分析によって顕わになるのであるが、分析は何も反省によってのみなされるというわけではない。行為の実行自体が、時間経過に従ってのみ展開されるものであるゆえに、必然的に分析そのこととなるのである。そうして、分析を導くのは当の行為が既に「何々の」行為として規定されていること自身であり、その規定を可能にしている、行為によって生じさせられるはずのことを探す目が、行為の実行形態としての振る舞いとそれが現実にもたらすものとの因果関係を浮かび上がらせるのである。例えば、息子の一連の作業を追って、切られた板、穴を空けられた板、滑車の心棒が差し込まれ終えた板等の諸結果には注目していくが、騒音を出して隣人の昼寝を妨害したとか、あるいはトリヴィアルな事柄だが、金槌を振り降ろす度に僅かながら風を起こしたとかの因果関係は掘り起こしはしないのは何故か。その理由は、息子の作業をケーブルカー作りの行為と前もって規定していることにある。もちろん、先に述べた、既に生じた現実の結果から出発してそれをもたらした行為を探すという第三の方向からの行為規定がなされる場合は別にしてのことである。実際、この私のコメント自身が可能なのは、第三の方向からの行為の規定の論理に拠っているからである。

ところで、同じだと目される振る舞いがいつも同じ結果をもたらすとは限らない。しかも、違った結果がもたらされたにもかかわらず、どの振る舞いも行為としては同じ「何々の」行為と考えられる。そこで、それらの間の差は、その行為としての出来の良し悪しとして理解されることになる。滑車がよく回らないけれども、吊り下げられた木箱が張られた糸を何とか滑っていくなら、息子は不細工ながらケーブルカーを作ったことになろう。板と板とを釘で打ち付けようとして実際は釘を曲がらせてしまうとか、板に割れ目を作ってしまうとかばかりして、終に息子がケーブルカー作りを諦める場合にも、このように私が叙述している如く、息子は失敗に終わったケーブルカー作りを為した、あるいは中途で放棄されたケーブルカー作り行為を為したと理解され得るのである。もたらされるはずの結果が現実化しなくとも、それが現実の振る舞いの理解、評価を導くのである。

さて、現実にもたらされた結果がどのようなものであったかの評価と一体になった行為の出来の良し悪しを測る評価の基準は、振る舞いが行為としては何であるかを決めている、振る舞いがもたらすはずだった事柄、もたらすべきであった事柄である。ところが、そのことは、行為概念と不可分の因果の概念というものは、行為概念に先行ししかる後に行為概念の成立の際に利用されるというようなものでなく、行為概念が己が成立自体を通していわば分泌する類の概念であることを如実に物語っている（ここで、単に「行為」と言わず「行為概念」と言うのは、行為と見做すこと、行為と理解することが事態の核心にあるからである）。他方、或る「何々の」行為と規定された振る舞いが違った結果をもたらすこと、これが受け入れられる仕方で行為が理解されるということは、因果関係の概念の行為概念からの分析を通じての独立は規則性の概念をまとうことなく果たされていることを物語っている。これこれのことが生ずればいつもこれこれのことが生ずるという含みが純粋な因果の概念からは退けられなければならないのは、これこれのことをすれば必ずこれこれのことが生じさせられるということが行為の概念から退けられなければならないことから由来する。行為が何であるかを規定している行為結果の指定は論理的なもので、この論理が現実に生ずる諸々の出来事を因果的に理解することを導き、しかし、理解される現実の出来事間の因果関係はその都度に個別的で、或る振る舞いに決まった結果が固定的に引き続くというようなものではない、ただし、それは行為の概念を案内にして導かれるのである。

3　行為の概念と反復の概念

(63) 同じという考え

「どうしよう?」と問うて「ケーブルカーを作ろう」と答え、なおかつ悩むのはどうしてか。ケーブルカーを何とか作ろうとしても出来上がるとは決まっていないからだ。「どのようにすればよいか」という問いが次々に出てくるし、かつ、行為は前もって見通せない諸々の結果の広がりを持つのが普通であり、そのことにより、自分が目論んだのとは別の思わぬ行為規定をも引き受けざるを得なくなることを人が知っていて、その不測の部分をできる限り測ろうとするからでもある。

さて、ケーブルカーを作ろうとしても誰でもが作れるわけではない。作れる人も、いつでも良いものが作れるわけではない。けれども、もし人が同じようにやれば誰でもいつでも同じものが作れるのではないか。すると、同じ行為から現実には違った結果が生ずるというのも見掛けだけで、実際には人が違ったことをしているから違った結果が生じているのであり、そうして、人が為すそれぞれのこととその結果とは決まった関係にあるのではないかならば、前節での議論は御破算にしなければならないのではないか。

しかし、これに対して私は指摘しなければならない、為していることが「同じ」であるとか、その結果が「同じ」であるとか述べることができるのは何故かと言えば、そもそもが違った動作であっても同じ行為と考え、違った事柄でも同じ行為の対象となり得ることでもって同じ事柄と考える、これゆえなのだと。現実に生ずる事柄は行為であれ物事であれ、すべて唯一独特のものであり、他と同じ事柄など一つもありはしないのである。にもかかわらず、あれとこれとが同じであると言い得るのは、或る観点を採っているからであり、その観点の基礎にあるのは、人は一つの肉体を持ち行為する存在であるということなのである、と私は考える。

人は言うであろう、釘が折れ曲がったのは、釘の頭の中心を真っすぐに金槌で打つ代わりに、釘の頭の端を打ったからである。次の釘が曲がらずに板を突き通した（という違った結果がもたらされた）のは、最初とは違った仕方で釘を打ったからである。それはそうである。だが、これと、釘の頭の中心を真っすぐに金槌で叩くならいつも釘は曲がらずに板を突き通すという考えとは別である。あとの考えは、叩く（ないし金槌が釘にぶつかる）という出来事が同じ事柄として繰り返され得るという考えと、釘が板を突き通すという出来事が同じ事柄として繰り返されるということを前提としていて、その上で両者の規則的関係を主張している。だが、実はどの出来事も一回限りの出来事で別々の事柄である。そこで、私は、数的に異なる叩くことが同じ出来事であるとする見方の基礎にあるのは何か、と問う。そして、私は答えたい、叩く動作を、同じ結果をもたらすことが期待される反復し得る行為と見做していることが基礎だと。すると、また、釘の頭の端を打つのも釘の頭の中心を打つのも、釘で板を止めることを目指した同じ叩く行為だと考えるのは自然であり、ただ、現実にもたらされる結果は同じ行為がなされるその度に異なるというわけである。否、別の行為がなされたのだ、だから違った結果が得られたのだ、と主張するか。その主張は成り立つ。ただし、その時、行為の規定は現に生じた結果から出発して果たされるもの、即ち先に論じた第三の方向からの行為規定によるものである。だから、一つには、息子自身が二つの場合とも同じ行為をしたつもりであるという事実（第一の方向からする行為規定）と対立しつつも両立する規定ではあるが、決して行為者本人たる息子が与える規定を覆す力を持つ規定であるわけではない。また二つには、この主張においては、個別的に或る結果を或る出来事（この場合は行為）に結びつけることがなされているだけで、この主張が、同じ出来事からは同じ結果が引き続き生じさせられるという考えの支えになってはいはしないのである。むしろ、違った結果が生じたのだからそれらが同じ行為によってもたらされたはずはないという主張は、因果関係の規則性の考えに（これを支えるのでなくして）支えられている。それで、規則性の考えそのものはどうして成立したのか。これが成立するためには、同じ事柄の反復という概念を認めねばならず、しかるに、この概念の基礎は行為の概念の成立と一体になっていると、これを私は一貫して指摘しているのである。

これを次の場合と比べてみよう。即ち、釘が折れ曲がった場合と板を突き通した場合とで息子は違った行為をしたのだ、という（行為者自身でなくても誰でもがなす権利を持つ）第三の方向からする行為規定と同じ内容が、行為する息子自身においても（第三の方向からの行為規定をも認めるというのとは違った意味で、即ち行為者本人に独占的に与えられた権利としての行為規定においても）認められることももちろんある、その場合を考えてみる。それはどんな時か。息子が二つの動作を自在に使い分け得ると（少なくとも思い込んでいると）した上で、その区別を前提した上でそれらの内の一つの動作を選んで為しているつもりでいる時である。だが、この時は、息子が釘を折れ曲がらせる場合、それは釘が板を真っすぐに突き通した場合と同様、彼は失敗したのでないと、つまり、釘を板に真っすぐに突き通す行為とは違った、釘を折れ曲がらせる行為において成功したのだと考えなければならない。それに対して、一方が成功で他方が失敗だと評価し得る時には、息子は同じ行為をして違った結果を得たのだ、という考えを承認しなければならない。そして、その行為の何たるかは動作そのものによってでなく行為がもたらすはずのものによって規定されているのであり、この論理を忘れて、動作が異なったから違う行為だと短絡してはいけないのである。同じことを為すのにいろんな遣り方がある、これが行為について普通に私達が持っている考えであろう。さて、今や技術の概念を吟味すべきであるように思われる。

(64)技術

技術において、行為概念に内在している反復の概念が表立ってくる。なぜなら、行為の本質は為し得ることにあり、「得る」という可能性は反復の概念を離れては意味を失うが、技術とは反復の可能性を権利上のものから現実のものへと転換せんとする手だてだからである。あるいは、現実にはあらゆる事柄が一回限りの唯一独特の事柄であるにもかかわらず、それらの或るものを同じ事柄の再現と見做す理解の仕方、これを正当化すべく役立つのが技術という事柄なのである。そして更に言えば、この正当化に真偽の概念すら寄り掛かっていると私は考えている。

一つの「何々」と規定された行為を遂行するには多様な仕方がある。ケーブルカーを作るのに、ボルトやナットを使ってもよし、釘だけで済ませても構わない。穴を空けるのに必ずしも錐を使わなくてもよい。ねじ溝のついたドライバーで用が済むかも知れないし、ハンダ鏝のような熱した金属棒が有効なこともある。ところで、息子がホームセンターで買い求めたケーブルカーの材料セットを考えよう。このセットの利点は何か。材料が揃っているということの他に、規格化されているという性格にあり、それが形になったのが説明書である。説明書に示された手順はケーブルカー作りという一つの行為をいわば一群の諸行為に置き換えたものであり、この置き換えによって行為の「いかに」の多様性がそのつど減ぜられる。この減少が規格化そのことに他ならない。とはいえ、手順として示される行為の一つ一つの規定は形式的なものでしかないことも既に論じたが、すると、各手順行為の一つ一つに実質的内容を与えるのは、説明書を読む各人がそれらをなし得ることとそのことであり、これらからまでその多様的であり得る性格を取り除くことはできないことも真実である。しかし、再度、説明書における諸手順の指示が細目にわたる時、各手順はそれだけ一層、単純なものになり、次第に多様であり得る余地は少なくなる。行為の指示が単なる動作の指示と何ら変わらなくなることは決してないが、この方向へ向かうのが規格化に他ならない。

さて、規格化された行為、単純化された行為であっても、それを人が為し得るかどうかは別問題であり、これが手順の指示が形式的なものでしかないことの意味であった。そこで、規格化された行為をなす能力、これが技能、即ち習得した技術であると私は考える。

ところで、この能力を人はどのようにして手に入れるのか。いつの間にか覚えるのでなく努力して或る行為を学ぶ場合、それらの習熟は技術の習得と見做されるわけであるが、この時、普通は、学ばれるべき行為が分析され幾つもの動作に分解されて、その一つ一つがまずは練習されるものである（このように技術が行為の反省と分析の線上に位置を占めるものであることは、技術の概念が、規格化された手順の概念と結び付いていることからも分かる）。しかるに、この練習の過程は、二つのあい反する面を持っている。一つは行為者による身体動作の掌握、支配という面であり、もう一つは、（反復自身はむしろ成長から老化へという全体としては不可逆の生命過程の持つ短期的なリズムに由来する特性なのではあるが）反復を通しての身体の秩序からの物体の秩序の析出という側面である。そして、前者の側面だけを取り出せば、これは技術よりは芸の概念によってこそよく把握されると思われ、後者においては、因果性概念の（これまで行為概念と結び付いて働いていたことから進んでの）新たな展開が始まる。

(65) 芸

芸の概念についてはごく簡単に述べるに留めよう。先に私は行為の「いかに」の二つの水準を区別した。説明書の形でいわば客観化される行為の諸手順という、それら自身が形式的に規定された行為群の指示によって示されるものと、それらの形式的規定に実質を盛り込む、各人の個人差のある行為能力が携えている実行様態とである。それで、芸の概念が関わるのは後者である。即ち芸の概念は、行為とはどんなにその規格化によって多数の人々に伝達可能なものたる体裁を整えようと結局やはり各人がそれぞれになす事柄であることを想い起こさせるのである。芸はその所有者にいわば密着し、剝がされることができない。芸は行為の「いかに」を構成するものとして、人が或る行為の際に自分の肉体をどう働かせるのかそのことに他ならないのであるが、この働かせ方は彼なりの特有の振る舞い方として彼の個性を作るものの一つになっている。しかも、この振る舞い方は個性的で独特のものとして他から区別されるような特性を持ちながら、なおも柔軟なものである。つまり、芸を持つとは、型に嵌まった振る舞いしかしないということではなく、逆に、状況に応じて自分らしい遣り方でやってのける能力を持つということなのである。そうして、技術の習得の為に分析的に扱われた諸行為は、行為する人によって再びユニークな仕方で統合され、その人の芸となる。技術は伝達され転移可能だと考えられているが、芸の方は盗まれるべきであり、しかも、盗むという仕方で芸を学んだ人は、その時に己独自の様式を確立しているのが普通なのである。

(66) 行為の反復と出来事の反復

行為には成功の他に失敗がつきものである。このことは、同一の行為の実行は、実は数的にのみならず内容的にも異なったものであるという当たり前のことを或る仕方で強調している。ところが、技術というものは、失敗の頻度を著しく減少させるものである。技術は行為の反復を通じての同一性を形式的水準から実質的水準へ移行させようと努力する。けれども、技術のレヴェルを言うことは、反復とは或る範囲内での異なりを許容した上で同じと認められたものの反復でしかないことを物語っている。

ところで、技術という言葉は或る種の行為にしか用いられない。これはつまり、普通の行為というものは、その都度に特定のもので時に個性的なものであるのが通常の姿であることを語っているのではないか。行為の概念から行為者の概念が引き離せないことを浮き立たせる芸の概念は、行為のこの側面を強調したのであった。しかるに、目をいわゆる物理的出来事に転じよう。ここでこそ出来事の反復は確実な事柄として生じているのではないか。私が同じ周期で腕の上げ降ろしを繰り返すのは比較的に簡単だが、振り子の規則的な振動に比ぶれば誤差が多かろう。熟練した大工も、疲れると金槌をいつも同じ場所に打ち下ろすことは出来なくなるであろう。ところが、軒の端から落ちる雨垂れは、風がない時、いつも正確に同じ地点に落ちるのではないか。一体、反復の概念は行為の概念に由来するという私の主張は、こんなありふれた事柄によって反証されているのではないか。

昨日も雨が降り、今日も雨が降る。それは同じことの繰り返しではないのか。昨日の雨が木々を濡らし、今日の雨も木々を濡らす。これをもって同じ出来事が同じ結果を引き起こしているというのでなければ何だというのか。これらの反復や因果性の概念の中に、私が主張する如く本当に行為の概念の関与があるのか。私は二つのことを指摘することによって答えたい。第一に、反復の概念は反復するものの単位を要求する。しかるに、出来事を一つの出来事として取りまとめて考えることを許すもの、出来事のいわば単位化の原理、出来事を区切りのあるものとして理解する道を開くもの、これは行為の概念だと私は考える。第二に、第一の事柄と関連するが、物理的出来事はいったん始まれば複数の回ごとに似たような経過を辿るが、肝心の始まり自身の反復は稀なのであり、この始まりの反復は行為の反復から結果することが多いのである。そうして、この点は、先に議論を留保していた、「割る」と「割れる」との区別とつながりという問題に連なっている。

(67) 変化と動き

ここで、話が広がり過ぎない程度内で、人間の周囲世界における変化にはどんなものがあるか見回してみよう。人の周囲世界における変化の第一は、環境全体の変化である。ところが、これは人間の時間尺度で考えた場合、驚くほどに少ない。昼夜の交替、天候の移りゆき、季節の循環などがそうである。だが、春はいつ始まり、いつ終わるのか。確かに雨の降り始めと止むことは容易に指摘できる。が、これはすぐ後で述べる変化のグループに近いからである。それで、晴天から曇天への移りゆきの時点、嵐が始まる時点を確定することはできるのか、あるいは確定することにどんな意義があるのか。夜明けを太陽が東の空に顔を出した時刻に始まると定義するなら、これは環境全体の変化を環境内の一事物に関して認められる変化ないし動きに置き換えることでもって区切ろうとしているのである。

それから、昼夜の交替などの環境全体の変化に伴って生ずる変化、即ち、温度、明るさ、水（雨水の降下、水の蒸発等）と湿度等の変化を考えるに、これらは生命体としての人間にとって重要な事柄であるが、これらの変化の方は、昼夜の交替そのもの等のごとく環境全体に均質的にゆき渡ったものであることを止め、人の移動の範囲内で認めることのできる場所的差異を許すものである。どの場所も昼間は夜よりは明るいが、木陰は日向よりは暗いという類のことが認められるわけである。それでも、明るさや暗さの動きとなると、これは、松明（たいまつ）を持ち運ぶ際に明るい場所が移動していくような場合を除くと、ほとんど経験されない。暗さの移動となると影の移動ぐらいか。他に例を想い浮かべるのも難しい。そこで、ものの動きを、私達の周りで見られる変化の第二のグループとして挙げねばならない。そして、雨水の降下や風が吹くことなどは、第一のグループから第二のグループに跨がるような出来事といってよかろう。

ところが、動くという第二のグループの変化も、無機界で天然にあるものを探すと極めて少ない。石が川の水に流され、砂が風に舞い、湖水が波立ち、積もった雪がすべり落ちていくなど。そもそも動くものは個物かそれに準ずるものだが、個物と呼べるものの圧倒的多数からして、第一に動植物と、第二に、木の実、枯れ葉、糞便、抜け毛、死骸、鳥の巣など、生あるものの営みによって産み出されたものである。そして、人の周りにある夥しい動き得るものは、人が大地を削り、加工し、などして作り出したものである。しかも、それら加工品も、材料を動植物に頼ることのいかに多いことか。やっと現代の技術時代になって初めて、人類は無機の諸元素を豊富な原料にし始めたところである。

動くものの動きの始まりを指摘することは易しいように見える。けれども、雲はいつ動き始め、木の葉はいつから揺れているのか。そして、そもそも山の岩が動くことがあるのか。地震の時のように稀な時に。しょっちゅう動くものは動物である。動物は本性からして動くものである。そして、その動くとは自ら動くということである。岩が滅多に動かないのは何故か。動かされることによってしか動かないのに、動かすものが少ないからである。砂は無機の事物であるにしては比較的よく動く。これは、砂は風によって、水によってというふうに、動かすものが多く動かされやすいからである。

さて、動物の動と静とは区別しやすい。静の在りようの時でも生きているものは絶えず活動しているとしてもである。

(ただ、人の行為と非行為との区別は動と静との区別と重なるわけではない。例えば、じっとしていることによって人は重要な表現行為を為すこともある。)

そして動物の活動は、目立たない植物の活動と同様、(成長と老化にまつわるものは別として)生命を維持していくことから要求される反復的なものである。動物は絶えず活動し、その活動は反復的なものなのである。

変化の第三のグループは事物の性質や状態の変化である。木の葉が色づく。湖水が夕陽に赤く染まる。ボールがへこむ。黒く湿って粘着力のあった土が乾燥し白茶けてぼろぼろになる。光っていた釘が鈍くなる。健康な人が病気になる。ところが、これらの変化は第四の変化のグループに接し、二つのグループ間の境界は明確でない。第四のグループの変化とは、個物がもはや同じ個物ではなくなる変化、破壊や消滅という変化、また、これまであったものに生ずる変化というよりは新しいものの発生という変化である。岩が崩れて土になること(第四のグループに属する変化)と、湿った土が乾いてぼろぼろになること(第三の種類の変化)とはどう違うのか。光らなくなった釘は錆という新しいものの発生そのことではないのか。木の葉が色づくことも、葉の中での色素の発生で説明しようとする人々がいよう。

さて、第三のグループの変化の始まりの時点の特定はやさしいだろうか。変化を第四のグループの変化に基づけて説明する時にその道が開けそうである。一定密度の色素の産出が木の葉が色づくことだ、腫瘍が発生した時点が病気の始まりだ、というふうに。こうして結局、第二と第四のグループについてが、その変化の始まりが比較的に分かりやすいと思われ、第一のグループは第二の、第三のグループは第四のグループの変化に関係づけられるなら、その始まりが何とか区切れそうであることが分かる。ところで、第四のグループの、事物の変形、破壊、産出という変化は、これこそ人が行為してなさんとすることの多くを占め、しかも、これを通じて、第二のグループの圧倒的大部分をなす個物を人は作り出すのである。そして、作り出したそれらを使う、つまりは動かす、動かすことにおいて第二のグループの変化を始まらせる、それも始まりの時点がはっきりする仕方で始まらせる、これまた動物、特に人間なのである。そうして、反復する。だから、これらの変化を人はよく理解できる。そこで、総じてどのグループの変化も、これら、自分の行為と関係づけられる変化になぞらえて理解することを、人はおのずと試みるのではないのか。

(68)「割る」と「割れる」

卵が割れることや卵を割ることを考えてみよう。後者が単独で完結した行為として目論まれることは滅多になかろうが、種々の料理で重要な一手順をなすであろうことは否めなく、これを、呼吸することとか寝転がったりすることとは異なって、わざわざ学ばなければならない一つの行為として取り上げ吟味することは、おかしなことではあるまい。

さて、卵が割れるというのはどんな時か。嵐で木の上の巣が吹き落とされて卵も落ちて割れる場合、雛が孵る場合、ホトトギスの雛が托卵相手のオオヨシキリ等の卵を巣の外に放り出す時、そして人が卵を割る場合など。してみると、割れるというのは割られることによって、つまり割る行為とそれに準じた事柄によってであることが多いように思われる。けれども、卵が割れることを理解するために割る行為等を想い浮かべる必要があるわけではない。そして、その理由として、割れることは割ることによってでなくとも生ずるから、ということを挙げ得るとしても、根本的な理由はそこにあるのではない。割れることは因果的に理解される必要なしに、単独で理解され得るということにこそ根本的な理由がある。ところが、卵を割るという行為の概念の方は、卵が割れるという結果への言及なしでは成立し得ない。割る行為は、割れるという結果とセットになってでなければ理解されないのである。

けれども、翻り、では「割れる」ことを因果的に理解すべく誘うものは一体何なのだろうか。この問いが、本章の最初で述べた、因果性の概念を規則性の概念との結び付きからいったん解き放つべきだという私の主張に対する第二の反論の可能性、これと関わっていることは見やすい。その反論によれば、割れることを因果的に理解するようになるのは何故かと言うに、割れることが繰り返し或る種の出来事に引き続いて起こることを見聞したから、というのである。二つの出来事の規則的継起が、先行する出来事が原因で後行する出来事が結果として生ずる、という理解を生み出すというのである。このような考えに対して私は、割れることの因果的な理解とは、割れることを割る行為に即して考えようとすることとそのことだという指摘を対置したい。割れることを因果的に理解する必要などありはしない。「卵が割れた」と、ただそれだけを確認すれば済む。それなのに何故に因果的な理解が重ね合わされるのか。割れる前にいつも或る種の出来事が生じていたことを知るからではない。また、或る種の出来事が生じると卵が割れることを期待するようになるからでもない。行為する者としての私が想像し得る行為のレパートリーの中に、卵を割る行為がある時（その行為は卵が割れることを含意することなしには規定され得ない）、その時に初めて、（卵が割れたのは私がそれを割ったからではなくとも）卵が割れたことの因果的な理解を探す態勢に私はあるのである。

湖水がどうして赤くなるのか。私は現実に湖水を赤くすることはできない。けれども、画用紙を絵の具で赤く塗ることはできるし、赤く燃える松明で暗がりを照らし、湖面が赤く見えるようにすることはできる。そして、そうであってこそ、夕陽が湖水を赤く染めているのだという因果理解ができる。私にはできないことを夕陽はしているわけである。私ならざる夕陽が「……をする」という発想、これが因果的な理解の芯をなしている。

ところで、湖水が赤く見えることの原因を赤い夕陽と取る代わりに、赤色光が湖を照らしていることと取り、その赤色光の湖面への到達は到達で、太陽そのものよりは太陽光を散乱したり屈折させたりする大気の作用の結果だと主張する人もいるであろう。この主張の方が先の理解よりは精確な理解、進んだ理解というべきなのだろうか。太陽の光を昼間とは違って赤い光にするためにはどうすればよいかを考えることが、この新しい理解の発生を支えている。人は赤いセロファン紙を通すことでもって、また、赤いものに光を反射させることでもって赤色光を得、その光のもとで事物を赤く見せることができる。重要なのは、赤色光を得、事物を赤く照らそうとする行為の概念を人が（実質を伴わず形式的なものに過ぎないのであれ）想像し得るから、湖水が赤く見えることの光源よりは赤色光を前面に出す因果的な理解が、単なる出来事の確認の上に重ね合わされてくるということなのである。もし私が赤色光を得る行為の方は全く念頭になく、ただ赤い光源を使って事物を赤く照らす行為をしか理解の基に潜ませないなら、私は、夕陽が湖水を赤くするという因果理解だけをして済ませるであろう。私が指摘したいのは次のことである。即ち、因果の連鎖が語られる為には、鎖を構成する一々の環を結果としてもたらすような行為の概念が少なくとも形式的に想像されなければならないということである。だから、行為概念の増殖に応じてのみ、因果理解はより細かな因果の連鎖の構成として自己を成立させる。

(69) 行為規定と因果連鎖(1)　因果連鎖の概念に先行する行為概念

因果関係の理解には必ず行為概念が関与することを因果連鎖の概念との関係においても示すために、物騒だが人を死に至らしめる行為を考える。論点をはっきりさせるためには、既に論じた、行為規定の三つの場合の区別を念頭に置かなければならない。特に第一と第三の方向からの行為規定の区別を心に止めよう。

（進行中に結果を予測することに基づく第二の方向からの行為規定は、この規定では身近な他者の行為の理解が問題になる故に、幼児の記号・意味的世界への参入、幼児における意志的行為の生成、それから対人行為の構造、これらを分析する際に重要となる。）

さて、殺意をもってなす場合、それは先述の議論で言えば第一の方向からしても、即ち行為者本人が己の振る舞いに与える行為規定としても、殺人行為である。これに対して、意に反して交通事故を起こし人を轢き殺す場合、結果的に人を死に至らしめる行為をしてしまったわけで、第三の方向からの行為規定、即ち結果から出発して与えられる行為規定が問題である。「過失致死」という言葉はそこの事情を汲み取っている。この行為規定は、前に論じたように、経験に基づき一般化された因果関係の洞察が先にあって、しかる後にいわば反省的にその因果関係の網の中に取り込まれる形で人の関与を探し、それが元々は致死行為という定められ方を持っていなかったのに、問題となっている事柄、つまり人の死を惹き起こした行為なのだと、改めて外から規定する時に生ずるのが多い。そこで、行為はしばしば、さかのぼられる因果連鎖に関係づけられ、その始まりの部位に立たせられる。しかるに、第一の方向から規定される行為概念では、行為は原因の項をなすものでしかないのにもかかわらず、因果の概念は行為の概念に内在するものである故に、因果関係にある二項（即ち行為とその結果）の間に、因果連鎖をなす多項が明示的に入り込む余地は（諸手順という、それら自身が新しい行為として規定されるものによるものを除いては）ない。以上の問題意識を持って、殺意を持って為された殺人行為の方から考えよう。

誰かを殺そうと考えて、その「具体的にどのように」を問うて実際にはどうすればよいのか途方に暮れる（だから、殺人行為はその結果によって指定されただけの形式的な行為規定に留まっているだけである）そのようなことなしに、直ぐに実行に移れる態勢にあるような人が為す殺人行為から考える。例えば銃を使い慣れた殺し屋が銃で相手を狙撃する行為を話題にしよう。さて、この時、撃たれた人の死の原因は何かと言えば、殺し屋の殺人行為であることは間違いない。だが、検死をした医師は、場合に応じて、内臓破裂による死、出血多量による死というふうに原因の特定を試みるであろう。その上でもちろん、内臓破裂または出血多量の原因はと言えば銃弾が内臓を貫通したことや頸動脈を切ったことであることを医師が認めないわけではない。すると今度は、防弾チョッキを着ていたにもかかわらず銃弾が内臓を破裂させた原因について物理学者が、至近距離からの銃弾の発射ゆえの、チョッキの防御力を超えた値の銃弾の高速と衝撃力を挙げるであろう。また、銃弾が拳銃の筒を飛び出した原因に関しては銃器の製造や販売に携わる人が、銃の引き金が引かれることから始まっての銃が機能するメカニスムを述べ立てることができよう。こうして、殺し屋の殺人行為とその結果の人の死という（後者の指示が前者が何の行為であるかを規定するという概念構造に含まれている）因果関係に代えるに、指の運動が引き金を動かし、その結果、銃のメカニスムが働き、銃弾が飛び出、銃弾が内臓を破裂させ、その結果、人が死ぬ、という、一系列の因果連鎖が語られることになる。だが、二つのことが注意されねばならない。第一に、最終的に因果連鎖が語られる前には、鎖に連接する二つの環の間に因果関係を医師や物理学者が認めることがあったわけで、しかるに彼等の理解には、それぞれの環を結果としてもたらすような行為の概念の関与があったはずなのである。つまり、内臓を破裂させる行為とか、何らかの物体をして防弾チョッキを貫通させる行為とかの想像が基にあるのである。第二に、従って、殺人行為自身とは銃の引き金を引く行為プラスこれらの因果連鎖から成立するという考えを受け入れてはならない。もし、この考えを認めるなら、銃の手入れをしている人が、銃弾が籠められてはいないと思い込んで引き金を引き、その結果、暴発した銃弾で近くに居た人を死なせてしまった場合、つまり過失致死の行為と、いわゆる殺人行為とを区別することができなくなる。銃の手入れの行為と殺人の行為とは別の行為である。前者では引き金を引く動作は銃の手入れの諸々の過程のうちの一段階である。後者では引き金を引く動作が即ち殺人行為である。だから殺し屋が医師や物理学者の語り口に便乗して次のように主張することを受け入れるわけにはいかない。即ち、自分の行為の直接の結果とは銃の引き金が動いたことでしかない、と殺し屋が言う時、「直接の」という限定をしているのだから妥当な主張だと考えてよいとはならないのである。人は指を動かすことができないなら、銃の引き金を引くことはできない。けれども、指を動かして引き金を引く動作によって何の行為をなすのかは様々である。誰かを殺そうとして引き金を引く。銃に馴染むために銃口を空に向けて引き金を引き発砲する。銃がきちんと作動する状態にあるか確かめるために（弾が籠められていたりいなかったりする）銃の引き金を引く。銃弾がどこまで届くかの興味を持って引き金を引く。引き金の抵抗の強さや滑らかさを調べるために引き金を引く。銃を撃った時にどの位の大きさの音が出るかを知るために引き金を引く。これらの例で「ために」という表現を通じて指示されている、引き金を引いた動作がもたらすもの（もたらすはずのものであって実際にもたらされなくても構わないもの）として着目される結果の違いに応じて、その動作は行為としては違った行為と規定される（同じ動作によってではなく同じ行為によって違った結果がもたらされるのだという見解は退けられなければならない)。そうでなければ、第一の方向からの行為規定と第三の方向からの行為規定とが一致する殺人の行為と、第一の方向からは銃の手入れの行為として規定されつつ第三の方向から規定されてのみ過失致死の行為として自己を輪郭づける行為と、両者の区別が意義を失ってしまう。また、銃で人を殺す行為を為すということは、先に述べられたいわゆる因果連鎖なるものを念頭に置かないからは独立してなされるのであることも見落としてはならない。殺し屋にとって、銃口を人に向けて引き金を引くとはその人間を殺すことだとわきまえられているのなら、彼の引き金を引くという動作が遂行する行為が含む因果の関係は一挙に、その動作と人の死との間に結ばれているのであり、先に挙げられた因果連鎖を経由していると考えるべき拠りどころは見当たらないのである。

銃口を獲物に向けて引き金を引けば獲物を仕留めることができると教えられた銃の仕組みを知らない人が、銃から銃弾が飛び出ていくことなど全く思わず、銃とは離れたままで獲物を打ち倒す不思議な道具だと考える場合を吟味しよう。彼はその考えを持って銃を使い獲物を仕留める行為をすることができるし、その行為に成功することもできる。さて、この人の行為概念に含まれる論理構造はどんなものか。引き金を引いて銃弾がちゃんと出るか確かめようと、銃弾を飛び出させる行為をしている人は、このような行為概念を持つことにおいて、引く動作と銃弾の飛び出しに因果の関係を認めている。これと同様に、話題にしている人は、銃口を獲物に向けて引き金を引くことは獲物を打ち倒すことだという行為概念を持つことにおいて、引き金を引くことと獲物が倒れることとの間に因果関係を認めているのである。そうして、両項の間に、銃弾の飛び出しと獲物への衝撃（更には獲物の内臓の破裂等）といういわゆる因果連鎖の中間項が空白であることは、単に、事実的に存在している因果連鎖がその人によっては知られていないだけなのだ、と言って済ませる問題ではないこと、これが重要な論点なのである。

そもそも、指が動く、引き金が動く、銃のメカニズムが働く、銃弾が飛び出る、内臓が破裂する、人が死ぬ、という、すべて目的語なしの自動詞で述べられた出来事が、一列の因果の系列をなすという理解はどうして成立するのか。人はまた、同じ、指が動く、という出来事を一項に含みながら、他の項としては、銃が熱くなる、音がする、硝煙が発生する等をそれぞれ含む幾つもの因果列を挙げることもできるではないか。なぜに或る時には或る因果列が着目されるのか。どの因果列の成立の可能性も同じ論理に従っているはずである。その論理はまた、複数の出来事を含む因果列が一列の連鎖になったり複数の因果列になったりさせられるのは何故か、その理由をも与えていよう。

(70) 行為規定と因果連鎖(2)　技術の獲得と因果連鎖の設定

殺し屋が、人を殺そうとする時は相手の心臓を狙い、逃げる相手を走れなくする為には足を狙うのは何故か。防弾チョッキを着ている警察官を撃つには至近距離に近づくか高速で銃弾が発射される銃を使うかするとはどういうことか。彼が、先に述べられた因果連鎖の少なくとも一部分を知っていることだと言ってもいい。けれども、その基礎にあるのは、彼が殺人行為や人を負傷させる行為の「どのように」を熟知し、ヴァリエーションを述べ立てもし得るということである。彼は人を殺し得る。だが、彼はまた人の心臓を傷つけ得るだけでなく、銃弾を心臓でないところへ撃ち込むこともできる。ということは彼はただ銃弾を、心臓を傷つける行為を為すこととしてでもなく足を負傷させる行為を為すこととしてでもなく、ただ銃口から飛び出させることもできるということである。それで、この最後の事柄がその前の二つの行為の技術的側面の分析から得られるものでありながら（実際、殺し屋もまずは銃の引き金を引いて銃弾を飛び出させることを練習しなければならない）、それら自身も一つのものとして単位化され得る行為としての規定を持っているということ、これが、引き金を引くこと、銃弾が飛び出ること、人が死ぬこと（もしくは人が負傷すること）の間に、一系列の因果連鎖が語れることの基礎をなしているのである。くどいのを承知でもう一度、確認すると、この連鎖の中に三つの概念が働いている。（1）殺人の行為。これと、引き金を引くことと人が死ぬこととの因果関係が対応している。（2）銃弾を飛び出させる行為。これと、引き金を引くことと銃弾が飛び出ることとの因果関係が対応している。（3）銃弾を飛び出させる行為が殺人の行為の技術的分析によって得られるものであること、あるいは、銃弾を飛び出させる行為を学び、その後でこれを殺人行為に統合していくこと。これが二番目の因果関係を一番目の因果関係の中に挿入させる要因として働き、得られるのは三項からなる因果連鎖である。そうして、すると、この因果連鎖を彼が知っ*て*いるとみえたことの内実は、彼ができることによって打ち建てる秩序の追認でしかない、こう私は言いたい。因果連鎖が先にあり、これに従う行為を人がなす、というのではない。身体の運動としての遂行形態を持つ行為(ないし、その想像)が、第一に、一切が連続している事象の中に切れ込みを入れ、一つ二つと数え得る事物や出来事を語ることを可能にし、第二に、その「何々の」行為としての規定によって、身体動作とその結果(行為によってもたらされるはずであったものを探す目で見いだされる結果)との間に因果関係を設定する。そして、行為の反復を安定的なものにする技術が、因果関係の恒常性を説得的なものにするのであり、また、技術というものは複雑な行為の分析の線上にあるものである故に、諸技術とその統合形態としての行為との関係から、因果の連鎖も設定されてくるのである。そうして、この論理から、何故に或る出来事だけが或る因果連鎖の中に取り込まれ、他の出来事は無視されるのか、また、時に、他の出来事を含む別の因果連鎖が語られるのか、この理由も理解される。

人が、銃口を空に向けようが地面に向けようが、銃の引き金を引いて近くの木の枝から或る小動物を墜落させることができる場合を考えよう。この場合、彼は、この墜落させるという行為ができる、その権利において、即ち、この行為の概念を持つということとそのことにおいて、引き金を引くことと小動物の墜落との間に因果関係を設定しているのである。次に、彼がこの時、小動物を墜落させる行為の技術的項目として、引き金を引いて銃弾を、どの方向にであれ銃口から勢いよく飛び出していかせることを(それ自身、小動物の墜落から独立しても一個の行為として語り得るものたる資格で)挙げるなら、引き金を引くこと、銃弾が飛び出していくこと、小動物が墜落することは、一系列の因果連鎖をなすものとして設定されるのである。そうでなく、もし彼が、引き金を引いて或る種の音を出させることを技術的項目と考えているのなら、彼は、引き金を引くこと、音がすること、小動物が墜落することに一系列の因果連鎖を設定する権利を得ていて、この時は銃弾の飛び出しの方は重要な因果連鎖の外に放置されるわけである。また、彼が、硝煙を昇らせてその匂いを小動物に嗅がせることこそが重要な行為要素と思うなら、即ち小動物を墜落させる行為において析出される、是非とも反復されるべき技術的側面と思うなら、最初の行為規定に含まれていた彼の行為（ないし行為遂行の引き金を引くという動作）と小動物の墜落との因果関係が、引き金を引くこと、硝煙が出ること、小動物が墜落すること、という一連の因果連鎖に置き換えられる。そして、駄目を押して一言するなら、彼が小動物を墜落させる行為を全然分析もせず、その行為をより要素的な技術からの統合として練り上げてもいかないのなら、彼の行為と小動物の墜落との二項からなる因果関係が設定されるだけで、両項の中に挿入された複数項を持つ因果連鎖を語る術はない。そうして仮に、銃の引き金を引くこと、ないし、むしろ引き金が動くことから小動物の墜落までは、これこれの因果連鎖があるのだと教えてくれる人がいるなら、それはその人が、その因果連鎖に対応する諸々の分析に基づく行為とその統合を実践していることを基礎に主張しているはずなのである。

(71) 真の因果関係という概念

問題は、本当はどういう因果連鎖が銃の発砲と小動物の墜落とを結んでいるかであって、銃を発砲させて小動物を墜落させる人物がどのような因果連鎖を想定しているかではない、と言うべきだろうか。この人物が、例えば音を発生させる技術ばかりを大切なことと心得て行為したとしても、実際はその技術は小動物を墜落させるのには寄与していないのだ、ということはありそうな話ではないか。私は答えたい、第一に、真の因果関係という概念は行為概念の後追いをするものでしかなく、そこで、その成立は或る行為概念が適切と認められることに依存しているのであり、第二に、しかるに或る行為概念が適切と認められるかどうかは、行為の「できる」「できない」によって説得されたりしなかったりする性質の事柄なのであると。そこで、問題の場所は、「できる」「できない」ということはどのようにして決まるのか、という点にずらされる。

殺人行為とは銃の引き金を引くことプラス、引き金が動くことから出発して銃弾の飛び出し、内臓の破裂等を経由して人の死に至る因果連鎖から成るという考えを、私は退けるべきだと述べた。けれども、確かに、殺人行為の限定とは(他の何事によってでもなく)人が死ぬことによってなされるのでなければならず、つまり、行為が何であるかの規定は、いわゆる(際限なく想像し得る)因果連鎖を飛び越してなされなければならないとしても、少なくとも行為の実現はその因果連鎖を利用して果たされるものではないのか。だからこそ殺し屋は銃弾が籠められているかどうかを気に懸け、相手の心臓に銃が向けられているかどうかに細心の注意を払うのではないか。

だが、因果連鎖を利用するというのは、自らが技術の確立によって設定した因果連鎖をもう一度設定し直すこと、技術的行為を反復するということに他ならない。銃のように高度の技術の産物を使う時は、まさに、この道具の製作の中に込められた技術が既に説得的なものとして描き出していた因果連鎖を、銃の使用者が（真実のところでは概念の水準で）辿り直すわけで、そこで人は真の因果連鎖に従っているだけだという気になるのである。けれども、筋道が行為（ないし行為の想像）によって切り開かれることで付けられ、かつ、それの反復という前提ないし仮構がないところでは、真も偽もないのである。

(72) 一般性や法則性の起源としての行為

ただ、議論すべき最後で肝心の問題は、どのような筋道でも切り開かれるわけでは、もちろんないこと、行為の現実化には条件があることである。この条件において、実在の流れ一切を支配する法則的な因果性が舞い戻ってくるだろうか。

卵を割ることは簡単である。石を割るのは難しい。卵が割れることや石が割れることを或る原因の作用の結果として因果的に理解するとは行為の概念を基にする、と私が言ったからといって、このことは、これらの出来事の生ずる生じないを行為が思いのままに決めることができるということを意味するのではないのは、当たり前である。けれども、卵は割れやすく、石は割れにくいという違いがあることの理由として、これらの割れる割れないが出来事となることを決めている普遍的な因果法則があって、この因果法則に従ってのみ卵や石は割れることができることを挙げる考えには、用心しなければならない。この考えによれば、それらを割るという行為は、その法則に従うことにあるのだろうが、では、その従うという出来事そのことはどのようにして生ずるというのか。

　割れやすいから割りやすく、割れにくいから割りにくいのであるのには間違いない。けれども、割れた時と割った時と、同じ因果法則が働いたとか、因果法則に従ったとかいう考えは必ずしも明瞭ではない。卵が割れるためには或る一定値以上の大きさの撃力が卵に加えられなければならない、というのなら、それは卵を割る行為が卵に加えた力を基にして、しかも、この卵もあの卵も似たようなものであるからという理由づけをしながら、或る卵を割った経験から出発して卵一般に関して発言しているのである。そうして、或る卵から卵一般への拡張は、特定の行為から技術が取り出される過程と歩調を共にしている。技術は、行為とはまさに「なし得ること」のことであり、従って行為概念は（厳密な再現は決してないにもかかわらず）反復可能性を含意しているというそのこと、これを顕在化させるのであるが、その技術の中に、割る行為に成功するには或る大きさ以上の力を加えねばならないことが含まれているわけである（この「加えねばならぬ」が「加えればよい」でもあることに注意したい）。だが、力を加えるとは行為であるにしても、力とは何かと問うべきではないか、こう人は追及するだろう。

　一挙に抽象的な概念に飛躍しないように、慎重であろう。力一般がこの卵やあの石を割るのではない。或る大きさの力が或る方向から加わる。しかるに、このような具体的な力の概念は、自分が力を籠めて物を叩くとかの行為に即して考えるのでなければ概念化し得ない。そこで、因果関係の一般化、因果関係への法則性の重ね合わせの考えは、次のようにして進むのである。即ち、卵が割れたことの原因は割る行為であったという考えから、卵が割れたことの原因は割る行為によって卵に加えられた力であるという考えが、割る時の力の入れ具合をコントロールする術としての技術の取り出しに相即して生まれ、次いでこの考えを経て、（（74）項で述べる論理に従って）卵が割れたことの原因は卵に加わった力だという考えへ、力の概念が行為概念から切り離されても理解されながら、育っていく、こういう順序であると思われる。この順序を押さえることが重要なのである。そして、この順序を踏まえてこそ、行為もまた出来事として普遍的な因果法則のもとにあるのだから、その生起は、それを結果にもたらすはずの或る原因の存在によって規定されているのだ、というような考えの汚染から脱却できる。

（もちろん、行為を理解するために行為の始まりに関する例えば心理学的法則性の如きものを探求しようとすることなどが、馬鹿気たこととして退けられるべきだというのではない。そのような探求の試みは、第一に、人の行為は空白の中で生まれるのではなく動機づけを持って生まれるのであり、第二に、行為そのものの中には人に働きかける対人行為があり、そこでは働きかけの対象である人が或る行為をなすことをこそ、働きかける人の行為はもたらそうとすることが含まれ、そして、この行為に関しても技術が語れること、これらのことから、当然になされるものなのである。つまり、動機づけの関係に規則性を見いだそうとするのは、行為が出来事となることを結果に持つような行為、即ち対人行為の技術が探される以上、不可避ではある。ただ、それを決定論的に解釈しようとするなら、それは、行為の一種である技術が、起源を忘れ、己の存立の条件、限界、役割を不確かなままに放置して、自分の親を飲み込もうとする滑稽な図をなすだけでしかない。行為は動機づけられているとしても、やはり自らを起点とする出来事であり、言うなれば、行為は自由な行為であることを本質とする。行為と自由な行為とは同義語である。）

(73) 実在全体の流れと筋道

力の概念が、自分が力を籠めて物を叩くとかの行為に即したものから解放されて、普遍的なものとしてあちこちであれこれの時に働いている、という水準で語られるようになる時に、人は同時に、例えば、卵が割れる時に割るものとして作用する力のみならず、卵が割れないでいる時も卵にかかっている諸力とその均衡について語るようにも誘われざるを得ないことに注意しよう。卵の外から加わっている大気圧という力に、卵内部の液体の持つ卵の殻に及ぼす力が均衡しているのだというふうにである。すると、ここから考えてみたい、実在においては、人は諸々の個物について語るのではあるが、実は一切は相互に関連し、連続し、融け合っている、というふうになっているのではないかを。

（ただし、ここでは実在という概念を、目の前に見る石や樹木は実在し、夢や希望の内容は実在しない、といったような普通の使い方で用いる。けれども、実在の概念に最終的な意味を与えるものはどのような事態か、これは別に考えるべき事柄である。(8)

ただ一つの実在の全体の流れがあるのであり、そこのところに人がそれを切り分け、切り分けられたものどうしを改めて関係づけ合って、全体を或る像のもとに描きにいく、このような事情にあるのではないのか。それで、描かれる実在全体の流れは決して反復しないのに、切り分けられたものが互いに関係し合っていく、その仕方には反復があるかのような像を描く、それが物事の変化に関する規則性や法則性のもとでの理解の内実ではないのか。ところが、私は指摘したいのであるが、この切り分け方、関係づけの仕方、それを導くのは他ならぬ像を描く私達の行為がもたらす変化の秩序であり、関係の在り方の恒常性を自明と見る時、それは技術への信頼そのことを表明しているのである。

技術が説得的なものとして確定されていない時には因果関係の筋道も承認されるものとしては描かれないこと、つまり、原因や結果という性格を与えられる項そのものの輪郭さえ定かでなく、出来事全体の中に埋もれていること、これを納得するために、崖崩れの例を考えてみる（これに対し、銃殺のように技術が確定され、従って説得的な因果連鎖が定まっているものの例は、既成概念の作用で私の論旨を伝えにくくするおそれがあるので、今は離れよう）。

山の中腹で土石業者が採石をする。管轄の役所は千立方メートルまでの許可を与える。これは、それを越えた量の採石は崖崩れを惹き起こす危険がないとは言えない、という理由に基づくものかどうか、それは特に関係ない。さて、業者が採石を終えて半年後、大雨が降り続いて三日目に、採石場だった所の東隣で崖崩れが起きた。近隣の住民に被害が出、住民は業者と役所を相手どって損害賠償の訴訟を起こす。採石が崖崩れの原因であると主張してのことである。これに対し業者側は、採石が崖崩れの原因であることは否定して、大雨が原因だと言って対抗する。住民も大雨が一つの原因であることは認めるが、大雨で崖が崩れるようになった原因は採石だと主張する。それで、訴訟において争われるだろう事柄や考慮すべき件は様々にあるであろうが、ここでは、この争点だけを取り上げる。

さて、崖崩れには真の原因があるはずだ、という前提がなければ訴訟も対抗も判決もあり得ない。しかし、この前提は人々の生活を成り立たせるために必須の建前、真偽の区別を設けることによって秩序を立て、維持していくという大枠に関わる事柄である、と私は指摘したい。そうして、すると何が真だと認められるかも最終的にはいわば説得の論理の中で（ただし誰かが誰かを説得するという直接的な結果としてというわけではなく、それを越えた社会的な論理の中で）動くのだとすら言わなければならない。しかるに、説得的な秩序とは、反復され得るという資格で概念化される行為群（人々によって行為と見做されること）が筋道を引いて維持していくものなのである。

それを知り得るかどうかは別にして、採石が崖崩れの原因であったかなかったかどちらかには決まっている、というのは本当だろうか。ところで雨は崖崩れの三日前からだけでなく幾度も降った。崖崩れの場所の植生は、ここ数年来、付近の交通量の増加で変化してきていて、土壌をしっかり抱え込むような根を張る植物が少なくなりつつあった。ここ二年、二、三ヵ月位の割合で有感地震が起き、二週間前にも大きめの地震があった。これらのことのどれかや全部、更には他の事柄を、今度の大雨と並んで崖崩れの原因の中に数える人もいるであろう。だが、それらも原因の一部かも知れないが、同じような事柄ならこのあたりの崖のどの場所にでも言えるのに、なぜ、採石場の隣だけで崖崩れが起きたのか、やはり採石が一つの有力な原因だ、このようにも人は論を展開し得よう。とはいえ、では何故に採石場の東隣でだけ崖崩れが起きたのか、西隣や採石がなされた跡地その場所では起きなかったのか、こう反論する人も出よう。

一体、半年前の採石や二週間前の地震も崖崩れの原因だと言う時、それは何を意味するか。地盤が緩んだことだ、と答えるか。だとして、そう言えば近頃、落石がポツポツと起きていた、すると落石の一つ一つが崖崩れを準備した原因と言ってもよさそうなのに、どうしてこれを人は崖崩れの前触れと呼ぶのを好むのか。もし落石が或る日に途切れなく続き始め（といっても、どの程度の間隔以下で起きる時に途切れなくと言えるのか）、そのうちに崖の先端のかなりの量が落下し、十分程経って後部の崖が崩れたとするなら、この日の落石はもはや崖崩れの前触れというよりは始まりそのものと考えられるべきなのか。原因とされる可能性のある採石に話を移せば、もし採石が崖崩れの原因なら、最初のトラック一台分の採石を単独に取り出してこれに関して崖崩れの原因であるかどうかを問うのは適切なのか否か。役所は千立方メートルの採石を許し、それ以上は許可しなかった。前者なら崖崩れは起きない、後者なら起きるかも知れないと判断してのことかもしれない。そこで、仮にもし業者が五百立方メートルしか採石しなかったら崖崩れは起きなかったことが確実であったとして、崖崩れを惹き起こした採石の始まりはいつか。最初の五百立方メートルがなければ千立方メートルはない。それとも崖の或る地点への一撃が原因か。だが、その一撃は先立つ幾多の衝撃、土石の取り除きなしにはあり得ないのではないか。

実は、私は様々の問いの形で、実在する事柄全体の時間的にも空間的にも切れ目のない性格を描こうとしたのである。銃や銃弾、釘や板、そして何よりも（次項で論ずる）私の体の他のものからの切れ目がはっきりしていることは普段、人は当然と思っているし、銃弾が飛び出した瞬間、内臓を貫いた瞬間も明確だと考えている。そうして、身体の運動として実現形態を持つ行為は、大抵はこれら切れ目が語れるようなものを相手に、或る時に始まり或る時に終わり、或る時に結果と呼ばれるものをもたらすものとして考えられて為されるのである。だが、これらの事柄すら、真実のところは、土、岩、植物の根（生きている根、それに連続していると語るのが自然な、もはや枯れて土に還ろうとしている根）、水分、気泡、それらが分かちがたく一体となっていて、山につながり、川に続く崖の在りよう、また、水分の蒸発、雨水の浸透、土の固化等の始まりや終わりを決定することがトリヴィアルになる崖における変化の有りよう、これと似た状況にあるのではないか。すると逆に、銃弾が銃口を飛び出し、内臓を破裂させたという描像も、雨水が土に浸透し土の結合を弱め崖崩れを引き起こしたという描像が本来は分かちがたい崖全体の変化の進行の或る切り口による描像でしかない、これと同様な性格を持つのではないか。ただ、前者は反復される（銃の使用という）行為の概念に支えられて、その当然性を獲得している、そうではないのか。

　崖崩れの真の原因が何であったか、他の場所との比較、過去のデータの検討、また何よりも実験をすれば調べがつくと主張するか。だが、あの崖、この崖、あの時の崖崩れ、今度の崖崩れ、いずれも唯一のもの、唯一回の出来事である。それなのに、調査も実験もサンプルを得ようとし、反復の概念が意味を持つことを前提としている。ところが、まさに反復に説得的な意味を与えているのは、実に実験するという行為の方なのである（調査はいわば机上の実験である）。そうして、実験は技術を要する行為、実際は或る範囲内の変動があっても反復的性格が承認された行為なのである。そこで、私は指摘したい、或る因果関係を調べるとは行為によって因果関係を作り出しながら調べるのであり、結局は或る技術を承認することであると。こうも言える、因果関係（ないし因果連鎖）の真偽の問題は実は、或る行為概念を、それがもたらすはずのものが何であるかに関して説得的なものとして承認するかどうかにかかっていると（そして、行為が関与しない因果関係は、行為の想像を基に、行為概念に準じて設定された秩序であることを想い起こそう）。

　土石業者が千二百立方メートルの採石をしていたなら、崖崩れの責任を取った、つまり採石が崖崩れの原因であったと認めたであろうことは、行政による採石許可との関係でほぼ確実である。また、千立方メートル丁度の採石と崖崩れとの因果関係に関する訴訟で今回は業者が勝訴したとして、別の似たような山で千立方メートルの採石をして、またも数ヵ月後の大雨で崖崩れが起きるなら（たとえ行政の対応の遅れで千立方メートルの採石の許可を得ていたとしても）、今度は崖崩れの原因を争う訴訟に負けるかも知れない。これは、繰り返された崖崩れのお陰で人々が真実により近づいたことだと考えるべきことなのか。つまり、先の訴訟の時にも本当は採石と崖崩れとの間に因果関係があったのに判決はそれを認識し得なかった、だが、今回は経験を積むことによってできるようになった、ということだろうか。真実というものの役割や性格をきちんと踏まえた上でなら、そう言えないこともない。だが、より適切には、人々が出来事を理解するための切れ込みの入れ方を、諸々の行為概念の蓄積、想像を通じて新しく学んだとすべきであろう。一切が絡み合った中で、どういう切り離しと関係づけが意味あり価値あるものなのか、それが学ばれるべき問題なのである。

　翻って考えるに、一つの原因から、それがもたらす様々の結果へと複数の線を引くことを学ぶよりは、一つの結果を惹き起こす複数の原因を、その重さを測りながら述べるための線を引く方がより困難である。それは何故か。片や一つの動作から複数の結果を見て幾つかの行為を規定することは容易である。行為の概念そのことが、己を起点とした筋道をつけることを含む。私は、因果の概念との関係で行為の分析を始めるに当たって、行為するとしないとで違いが生じないなら行為のことを問題にしても仕様がないことの指摘をした。たとい実在全体は一切が融け合った切れ目ないものだと言おうと、また、行為の担い手たる肉体も孤立してはあり得ないとしても、行為が切り込みを入れ、己がもたらすものへ向けて、己が始まることによって生じさせる結果の違いへ向けて、因果の線を引く。そこで、原因とは常に行為自身であり、他の事柄は諸々の条件でしかない。他方、一つの結果をもたらす複数の原因を挙げようとして、主たる原因、副次的原因、更に他の諸原因、それらを区別して挙げるためには、数多くの行為の概念とそれらの間の力関係を学び、もしくは想像しなければならぬのである。しかも、それらを数え上げていけばいつかは実在の全体へ辿り着き、その時、反復という仮構はない代わりに、もはや意味ある筋道は消されてしまうのである。

(74)行為と肉体

行為の「できる」「できない」が肉体に依存していることは言うまでもない。それで、肉体が物体の条件に従うことも自明にみえる。だが、私は言いたい、むしろ、私達にとっての物体の方こそ肉体を模倣して理解されるのだと。無力な肉の塊として生まれた赤ん坊がどのようにして意志的行為をなすことができるようになるのか、即ち、禁止と是認と励ましという他者が織り成す評価の世界の中で、安心という情緒的価値を尺度にして、理解し合っている（ないし、むしろ理解されている）ということを最初の理解の内容としたコミュニケイションの成立を疑わず、振る舞うことを通じて徐々に分節された意味の世界に入りつつ或る方向へと自発的行動を繰り返していって、生命の維持活動であった諸々の振る舞いを意志的なものに性格づけていく過程がどのようなものなのか、これの詳細を論ずるという、重要で興味深い主題を扱うのは、ここでは断念せねばならない（『私というものの成立』所収論文参照）。それで、行為の概念が意味を持つ状況での肉体を前提して、因果性の概念の行為概念からの解放の局面を論じよう。すると、この状況では、行為は肉体の秩序に条件づけられたものでありながら、行為する私が肉体に特定の動きを与えもするのである。しかるに、その肉体は、実在の決して何物の孤立も許さない連帯の中で輪郭づけられた自然な相対的分離、生命活動に基づく分離を実現しているものである。そうして、この分離が次々と他のことどもの分離を導入するのである。

次の諸々の事柄を述べるのは、様々に行為することを知っている私であることを忘れないようにしよう。私は自分が行為することにおいて設定した秩序の中に現れる言葉を使って述べるのである。

(この注意は次の点で重要である。しばしば経験の成立仕方を語る哲学と同様、私もそうするが、その場合、語られる側の最終地点は語る私がいる地点であり、その地点にいるゆえに用いることができる言葉で、特に行為を言い表す語を多く使って叙述する。けれども語られる側の出発地点を叙述するには、この人間的な行為などがなかった場合のことを想像しながら叙述しなければならない。)

さて、眠っている人は横になっている。重力がそうさせる、と言ってもいい。だが、重力の秩序を磁力や大気圧の秩序から区別して設定するのは、人が目覚めて立ち上がることにおいてである。そして、立ち上がる時に人は重力と闘うことによって重力を分離し、大地をぬかるみから分離するが、空気を実在全体の中に埋もれさせておく。しかし、強風に向かって歩く時、新たな力線が描かれ空気が姿を現わす。また、うずくまる人に陽光が注がれ、やがて夕暮れとともに冷気が忍び寄ろうと、彼は何ものも分離しない。彼自身が大気の中に埋もれている。温かな空気と温まった彼自身との区別を彼は立てない。そして、流れる時間の現在の中にのみ実在の全体があるだけである。ところが、彼が日陰から日向へ歩み出ると、空間は分離され、しかも分離されたものは持続する時間を存続するものとして描かれる。掬おうとする手の指の間から逃れゆく水は、束の間の独立をのみ与えられる。土に沁みてしまっていて掬い取ることのできぬ水を（いつだって幾分は湿っているのが普通の）土から区別して人が初めて語り出すのは、それを相手にする行為を習得するか想像する時である。

肉体自身が、存在するすべてのものとつながっている。呼吸において外気と肉体内部は連続し、外気圧と肉体内部から外に圧す力とは釣り合っている。熱の交換は絶え間ない。けれども、動く限りで肉体は自らを相対的に分離する。しかも、行為者としての私が肉体に動きを与える限りで、肉体は周りの存在するものどもを、己を範型に分離する。そして、行為の概念が含む因果関係の網目を、分離したものどもに、投げかける。肉体の範型性が物体の秩序における因果性の概念のポイントをなす。肉体は、行為において他を分離し変化をもたらすものでありながらも行為者によって動きを与えられる側であるという二重の性格を通じて、行為概念からの因果概念の解放を、単に想像上での転移としてでなくて実質的になしとげる。いわば擬人的理解だけでなく、擬人的遂行の橋渡しとなる。

大工が釘を打つ。彼の技術とは、金槌を持った腕をできるだけ精確に反復して持ち上げ振り下ろすことを含む。金槌がなければ石でもよかった。けれども、疲労すると腕が重くなる。しかるに金槌も重い。石も重い。すると理屈から言えば、金槌や石でなく腕でも釘を打つことができないわけではない。ただ、釘で腕を傷めるだろうから打たないに過ぎない。

ところで、持ち上げること、即ち或るものの上昇という位置変化を結果にもたらすという行為概念、ないし行為概念に準じて理解される事柄が、行為によってでなく実現されるのはどういうふうにしてか。

煙が上がっている。これの理由を、煙を持ち上げるものを指摘することによって与えるのは、物事の技術的理解が余程進んでからである。煙は軽いから、いや、むしろ上がる性質を持っているから、という理由が先に来よう。因果的な理解の前に、性質による理解が来る。けれども、木の葉が舞い上がる、これは何故か、その理由を風が舞い上げることに求めるのは自然で、この理解は因果的な理解で、行為の概念を基にしている。木の葉は下に落ち、地面に横たわっているのが自然である。でも、私が木の葉を拾い上げることがある。それで、木の葉が舞い上がっている時、その理由を、木の葉を持ち上げる自分の行為になぞらえて理解するのである。しかるに、煙を持ち上げることを人はしない。だから、煙の上昇の因果的理解は遅れる。さて、問題は、私が持ち上げなくても他のものが、例えば風が木の葉を持ち上げるということ、これが、このような仕方で理解されるというだけでなく、実際にそうだ、と確定的に（ないし、むしろ説得的に）言える場面、これはどういう場面か、というものである。

私が風を起こし木の葉を舞い上がらせる、というのが答えの最初の部分をなす。そうして、この行為は反復され得るという建前を持たされている。次に、風は私が起こすことがなくても吹く。すると、その風を利用して私が木の葉を舞い上がらせる行為をなし得るなら、やはり風が木の葉を舞い上がらせていると、理解仕方の水準における事柄としてだけでなく確定的に言えることを、私は自分の技術の権利において主張できる。

（利用するというのは既にある秩序を前提するという考えに関しては既に議論した。）

しかるに、この事態の中心にあるのは、風と肉体との同型性である。風をつくる私は、その風で何かをする限りでは風を肉体化したとも言える。けれども、それは逆に、肉体が動かされる側のものでもあることに基づいている。石を持ち上げるためには、私は腕を上に動かす振る舞いをする。卵を割る時に手を動かして卵に力を加える。しかるに、石を落ちさせるためには、つまり石を落とす行為をするには、石をつかんだ手を離しさえすればよい。後は私の動作にお構いなく石は落ちてゆく。そうして、私の手も、私が眠ればだらりと下に落ちる。立とうとしなければ肉体はくずおれる。振り上げた腕は、振り下ろすことをしなくても下に下がる。すると理屈では、大工は金槌を持った腕を振り下ろすことによって釘を打つのだが、持ち上げたままにしておくことに疲れた腕が振り下ろされることなしに落ちることでもっても、釘を打つことができないわけではない。私が辿ろうとしているのは、道具の使用から機械の使用への移り行きに潜む論理である。他者に伝達可能な技術の取り出しにおける行為の非人称化の行き着く先の一形態を、発生の論理において考えることである。

技術が行為の分析の線上にあることは既に論じた。分析とともに行為と行為遂行の動作との実質的距離が減じることも指摘した。しかるに、まさに動作の代理が可能であることが、動きを与えられるものとしての肉体の性格に含まれている。確かに代理を準備するのは再び行為する人であることを忘れてはならない。だが、まさに行為することにおいて肉体は実在の中で己を分離しつつ、或る秩序を設定し、その秩序は、肉体の運動が分離するものどもの秩序と同じものなのである。そして、ここに、動作の代理の可能性がある。そうして、代理の承認とともに、因果関係はその理解の起源に関して行為を基とするにしても、肉体から離れることによって行為から完全に離れて自存するかのごとき体裁を取る。そのもはや肉体が背後に退いたあとで現われる秩序がなぜ実在全体の中で特権的に描かれているのか、その理由を忘却して。生命体として、更には動物として活動する限りで、肉体は潜在的に或る秩序を、実在に切り込みを入れ筋道をつけるという仕方で描く。その秩序の骨組みは因果的なもので、物の知覚すらも元々は、この因果的骨組みの要素として現われる。ただ、一方で人間では、第二章第3節で述べたように、知覚は、物を指示することからさえ離れて、従って動物としての活動が生じさせる因果連関に組み込まれない仕方で、それ自身が自足的なものとしても経験され得るし、他方で、秩序がただ生きられるだけでなく、それと顕わに取り出されるのも人間においてだけである。つまり（二番目のことについて言えば）、人は自己了解的仕方で行為し、その時、その行為とは建前としては反復可能な事柄として捉えていて、すると、その反復の道筋として秩序が、行為が関わる実在の総体の中に明示的に浮かび上がらされるのである。けれども、浮かび上がってくる秩序の由来は、繰り返し何事かをもたらす原因として働く人の活動である。だから、因果関係というものは本来、遂行される行為がそのつど己自身を始まりとし自由であることに応じて、個別的なものである。ただ、行為が反復可能だという要請なしには行為は自由なものとして己を構成せず、その限りで因果関係も反復されることを建前とする。そして、その建前を技術が現実のものにしようとし、技術を通じて肉体と肉体が分離する物体的なものとの間で同型的な秩序が固定的に設定され、かくてあれこれの因果関係が普遍的なものであるかのごとき様相を呈し、時に、このもとで行為の始まりすら理解されなければならないと要求する転倒すら生まれるわけである。

技術のないところに法則性は語れない。行為概念なしでは技術の概念は意味を失う。行為は肉体を必要とし肉体に条件づけられているが、行為者が肉体に特定の動きを与えるのである、つまり行為は常に個別的にそれ自身においてのみ理解されるものである。そうして、この場所に因果的な理解の故郷があること、これを見失うのは、認識と行為との価値関係の在りようを見失うことだと私は考える。

第四章　法則の概念と出来事の始まり

1　法則概念の優位という思想状況

(75) カント主義と機会偶因論

私達は気軽に因果法則という考えを口にする。しかし、私は前章で、因果性の概念と法則性ないしは規則性の概念とが分離されるべきことを論じ、その上で、両者が絡ませられる理由を行為の概念に求めたのであった。即ち、行為の概念は一方で、何かを生じさせるものという資格で因果的理解を内に含み、他方、とりわけ技術の概念において自覚化されるような反復の構造を持っていて、この反復を通して因果性は規則性を、それを基礎づける仕方で呼び寄せ、更には一般に出来事が生ずる際に従う法則という、真理の概念としっかり結び付いた概念まで発生させるのである。

だが、このように私は（一回限りで生ずる事柄にも適用できる）因果性の概念を（反復の承認なしでは意味を失う）規則性や法則の概念よりは基礎的なものだと主張したのであるが、ヨーロッパの近代以来、認識論ないし学問論では総じて、因果性の概念は旗色が悪く、法則の概念が優位に置かれてきた。そこで、本章では、このあたりの事情にも若干の目配りをし、前章での私の主張を補強したい（取り上げる材料の歴史的順序は、マールブランシュの機会偶因論、ヒューム、カント、実証主義であることを読者には念頭に置いていただきたい。なお、議論は私の論点へと導く仕方で構成し、哲学史の或る側面を解説するという種類のものではない）。

アルキエの次の指摘の考察から入ろう。即ち「『純粋理性批判』に先立つ因果性に関する理論のすべての中で、カント主義に一番近いのは間違いもなく機会偶因論である」(9)。アルキエは、私達が二つの自然現象間に見いだす因果の関係についてカントとマールブランシュとが与えた解釈に、次の諸点の類似を認めるのである。第一に、因果の関係はそれが結びつける両項に内在する分析的なものではなく、二つの項の外から加わった総合的な性格のものであると解釈すること。第二に、因果関係の分析的性格を放棄したにもかかわらず、因果関係を要としている自然科学の価値についての疑い、懐疑主義を産み出すことには至らず、反対に、認識の普遍性と客観性との原理を発見していること、第三に、これは第二点を制約するものとして第一点から帰結することであるが、この普遍性と客観性とは事実上の必然性を持ちながら、他面、論理的な意味で必然的なものでも合理的なものでもなく、偶然的な性格を保持するものとしていること。そうして、ただ、両者の違いは、マールブランシュは因果関係の（因果関係によって結びつけられる両項の外なる）源泉を神と考えたのに、カントは人間精神と見たことにあること。それから、また、カントはこの時、人間精神、ここでは認識主観の概念を、マールブランシュの神の概念に似た役割を果たすものとするべく、完全に作り直さなければならなかった、ともアルキエは述べる。更に彼は、カントはヒュームが因果関係の源泉を人間主観に求めたことを受け、それを媒介にマールブランシュの後継者となったのであるとすら言う。つまり、カントはヒュームから、因果性を人間性に基づけるべきことを学んだのだけれども、ヒュームの人間性はそれ自身が自然の内なるもので、その心理学的なものとして考えられた人間精神の傾向性や習慣に因果性が由来するとなると、懐疑主義が導かれざるを得ない、だから、カントは人間主観を超越論的なものに、自然の上位なるものにしなければならなかった、この点においてカントはヒュームとよりはマールブランシュにずっと近いのだと、ざっとこう述べるのである。「批判主義の超越論的主観は、機会偶因論の超越的神と非常に似ている(10)」、これがアルキエの診断である。

けれども、以上の指摘では、アルキエはマールブランシュを余りにカントに引きつけて解釈している。確かに、例えば物体Pの物体Qへの衝突と、それに引き続いて起こる物体Qの運動とは事実的には必然的な関係をなしていると見、しかも、その必然性はこれら二つの自然的事象の中に含まれているのではないと考え、必然性の源泉を両項より上位のものたる(マールブランシュでは神という)精神に求める点だけをマールブランシュから取り出すなら、因果関係についてのマールブランシュの考えはカント的発想の下描きとも言える。だが、マールブランシュは因果関係の概念を問題の二つの項を結ぶものとするのではない。彼は二種の原因概念を語るが、それらそれぞれの原因から結果へ向けて引かれる関係の線は、問題の二項が作る水平的領域に対して垂直的なものとして描かれるのである。

一つの線は、真の原因、実効的原因としての神から被造物へ向かう。だから、アルキエの解釈では因果関係全体の源泉として位置づけられた神自身が実はマールブランシュ本人においては原因の地位を占め、因果関係にあるとされている二つの項はいずれもが、従って原因と呼ばれる項もまた、神の意志という原因との関係では結果でしかない（けれども、カントではもちろん、マールブランシュの神に対応させられる超越論的主観は現象を産出する原因では決してない）。つまり、マールブランシュによれば、原因であるとは創造するものであることが、原因概念の第一で本来の意義である。そして次に、この本来性との対照で二次的なものとしてのみ、機会偶因の概念は登場させられる。そして、次のことに注意しなければならない。機会偶因とは確かに、物理的自然においては物体Pの物体Qへの衝突というものがその地位を取り、衝突後に動き始める物体Qの運動という結果（といっても実のところ神という真の原因との関係においてこそ適切に結果と呼ばれ得るもの）との関係で語られるものではあるが、とはいえ、衝突という機会偶因から発する線を敢えて描くことが許されるなら、その線は物体Qの運動へ向かうよりはむしろ、神へ向かうものなのである。というのも、もちろん衝突という機会偶因の結果が神の意志の発動だというわけではないが、マールブランシュは、こう言うのである、「機会偶因が造物主を規定して、かくかくの出会いの際にしかじかの仕方で作用するべくさせる」[11]と。

(76) 機会偶因論と実証主義

しかし、被造物でしかない機会偶因から造物主としての神へ向かうこの変てことも見える関係は、一体どう理解すればよいのか。ここに登場するのが法則の概念である。機会偶因による神の意志の規定とは、法則のもとでの神の行為、神の気紛れでない、秩序に従った力の行使を表現しているのである（そして、これを別様に、神の力はそれ自身においてでなくともその実行においては神の知恵によって制限されているとする考えの、独特の定式化とみることもできよう）。すると、機会偶因論の生命は原因概念にあるよりはむしろ法則の概念にあることになる。ゲルーは、マールブランシュの体系にあっては「機会偶因が法則のためにあるのか、それとも法則が機会偶因のためにあるのか[12]」と問いを提出したが、答えは明らかで、法則が先でそれを実現するためのものとして機会偶因があると考えられている。というのも、個々の自然的事象が機会偶因という役割を持つのは、神によって法則的秩序に従った世界が創造されているはずという前提から導かれることなのであるから。被造物に機会偶因という性格を与えることにおいて神は、特殊的意志によらず一般的意志のみによって、法則に貫かれておりながら、つまり単純な道によりながら、多様で豊かな細部を持った世界を創造できる、これがマールブランシュの考えなのである。

そこで、自然的事象から神へ向かう線を消去してしまうなら、その自然的事象を機会偶因と呼ぶ謂れもなくなってしまう。偶因という概念は法則との関係における神を、より適切には、神の知恵との関係における（創造という）神の力の意志的行為を輪郭づけるための概念なのだから、神という自然的事象の産出者について語ることを止める時、神という真の実効因のみならず機会偶因の概念も不要になる。こうして、残るのは事象と事象との間には法則に従った関係があるということだけで、この関係は原因の概念の痕跡すら必要としていない。因果関係の概念は消えて、規則的関係だけが残り、そうして人間の尺度で見た時、その規則的関係は事象の継起仕方の恒常性として現れる。しかも、マールブランシュ自身において、法則の概念は神の知恵の反映で、神の特質から被造世界に法則性があることは演繹されるが、その法則がどんなものであるかの具体的な内容を知ることは経験にのみ委ねられると考えられていて、そこでアルキエよりも前に、ブランシュヴィックは言い得ていたわけである、「マールブランシュの機会偶因論、それは既に、確固たると言ってもよい形を持った実証主義である[13]」と。この批評において実証主義の名のもとに考えられているのは、原因概念についての思弁的考察のシステマティックな排除と、諸現象間のファンクショナルな関係として解釈された法則の経験を通じての確定との、二つの特徴を持った思考態度である。

(77) 法則の概念と原因の概念

さて、ここで立ち留まろう。機会偶因論、超越論的観念論、実証主義、これらに共通なのは法則の概念である。そうして、法則の概念の重視は、これらが法則の中に真理の形を見たから、と言ってよいと私は解釈する。ホワイトヘッドは、これらの哲学的思潮に先立つ西洋近代科学の誕生の要因の一つとして、自然の出来事には秩序が、言い換えれば法則があることを確信している態度を挙げたが[14]、機会偶因論以下の哲学も、この根本的態度を共有しているとみてよいと思われる。ただ、そうすると、これら三つの哲学的立場の違い、他ならぬ法則概念に絡む原因概念の違いは、どう解釈されるべきか。

機会偶因論では、神という、現象の背後に位置していて現象を産み出す真の原因と、現象の秩序に属していて、なおも原因の意義を保持している機会偶因との二つの原因概念が語られる。カントでは叡知的原因の話はおくとすれば、マールブランシュの機会偶因に当たるものが残されている。そうして、実証主義は原因概念を一切、不要と考えている。そこで、法則の内容を純粋化して残るものはといえば継起する諸現象間の規則性、それら現象間に事実的に見られるファンクショナルな関係でしかないとするなら、原因概念を不要とする実証主義が一番すっきりしていることになる。それに、マールブランシュとカントとにしたところで、少なくとも現象の秩序に属する限りの原因概念は、法則概念への付けたしに過ぎないと考えることもできる。なぜなら、アルキエが彼等の共通点として指摘した論点も実は、或る現象と他の現象とが因果の関係にあるとされる時、それは二つの現象自身が自らの力で設定した関係ではない、肝心なのは、二つの現象間に事実的に規則的な関係があるということだ、ここに力点を置いて読むこともできるわけだから。

(78) 実証主義と原因概念

しかし、私は実証主義について誰と特定せずに、ただブランシュヴィックの発言に依拠して議論してきたが、実証主義が本当に法則を自足的なものと考えているのか、そう言ってしまうのは実は躊躇われる。実証主義は哲学の主題になる前に科学者の精神である。そして、ホワイトヘッドは哲学でなく科学について語っているのだが、その科学者の中にある自然の法則性への確信を養ったもの、これは哲学においては実に機会偶因論的な自然像に正確に一致する。ホワイトヘッドは、自然の法則性への確信の起源として、ギリシャ悲劇における運命の観念、ローマ法、スコラ論理学とスコラ神学との支配によって植えつけられた明確で厳密な思考の習慣などを列挙した後、こう述べている。エホヴァの人格的力とギリシャの哲学者の合理性とを共に備えたものとして思い懐かれた神の合理性を強調しようとする、近代ヨーロッパ精神に刻まれた思想の本能的な色合い、これが自然を貫く法則の存在に対する確信を養ったと[15]。ところが、この、神との関係で見られる自然の秩序の概念とはまさにマールブランシュの考えである。

それに、「実証主義」という言葉の出現以前に既に実質的に実証主義的態度が支配していたとしてグーイエが「前実証主義的思想風土[16]」と呼んだ十八世紀末の科学者、実際に探求に携わる科学者としてのラプラスの発言を検討してみても、法則の概念と原因の概念との微妙な関係を見て取ることができ、法則の概念が原因の概念から完全に切り離されて自足的なものになっているわけではない事例を見いだすことができる。ラプラスは書いている、「(科学の)方法は一連の帰納によって諸現象から諸原因に高まり、次いで、原因から諸現象の全詳細に降りて来ることに存する」[17]と。しかるに、彼はこの方法に最も忠実であった人としてニュートンを挙げるが、ニュートンの第一の業績としては普遍的重力の原理、即ち引力の原理を念頭に置いており、これをもちろん法則という資格で理解している。だから、この文章ではラプラスは法則に、諸現象を結果として産み出すものという位置を与えていることになる。つまり、私達がしばしば重力の法則に従って物体が落ちると言いながら、また、重力が原因で物体が落ちるという理解をもする、このような発想をラプラスも持っていたわけである。それから、この発想の延長上にありながら若干修正された形の、ラプラスのもう一つの表明に着目すると、ラプラスの考えと機会偶因論との近さが分かる。ラプラスは次のように自問しもしている。即ち、「普遍的重力の原理は自然の始原的法則なのか、それとも何か知られざる原因の一般的結果に過ぎないのか」[18]、こう彼は問い、そうして、結局のところの我々の無知を告白するのである。明らかにラプラスは、法則をば、原因からその結果としての諸現象へと下降する道の途上に位置するものと考えていて、これは機会偶因論が描く構造に似ている。そうして、このことは意外でも何でもない、なぜなら、近代科学における自然の法則の探求は、（それを神と呼ぶかどうかはともかく）諸現象を調べて諸現象の背後で諸現象を支配しているもの、これへと至る一つの道であるという側面を持っていたのは確かなことであるゆえに。それで以上の事情に、原因の概念が探求されるべきものという資格で自然科学を動機づけ、法則がその成果として得られるという構図を見てとることができる[19]。

　こうして、ラプラス的発想は原因概念をすっかりお払い箱にしているのではなく、諸現象の高処ないし背後にある原因概念を保持していると見ることもできることが分かる。それで、捨てられているのは、現象の秩序に属していてなおも原因たる意義を有しているもの、つまり機会偶因という概念である（しかるに、これに相当するものがカントに残されていることは先に見たばかりである）。では、なぜ機会偶因の概念は捨てられたのか。それは、マールブランシュでは神から出発して法則の概念を媒介に諸現象まで降りて来るのに、科学者達は逆に現象から法則へ（そして時に法則の彼方へ）向かうからである。結果から原因へという標語はこの間の消息を伝えている。そうして、この標語と一見は矛盾しながらも同居しているもう一つの戒律、即ち、原因それ自体について語ることはしないという禁欲は、法則が現象から出発して見いだされるものである限り、人はそこで積極的に語れる原因概念に出会うことは決してないということを物語っている。別様に言えば、機会偶因論では法則が先で現象が後だったので、現象は法則を介して法則の源泉でもある真の原因から何がしかの原因の意義を受け取り、機会偶因の身分を得たのだが、科学者の実際にあっては現象が先で法則が後なのだから、現象の背後の原因概念から現象自身への原因の意義の移し入れは生じないわけである。それで、いわゆる実証主義と呼ばれるものは、実際上、法則は、法則に貫かれているとされる現象の側からの接近だけによって意義が確定できること、つまり、実証主義の法則の概念は、法則の具体的な内容を人間精神が認識する手続きの中で汲み尽くされていると言って構わないこと、この点を強調しているのだ、このように私は理解する。そこでまた、「機会偶因論は既に実証主義だ」というブランシュヴィックの批評は、機会偶因論において法則の概念が現象の概念に先行していること、これの重要な意義を無視して、法則の具体的な内容の認識の手続きの在りようだけを考えれば、その実質は機会偶因論と実証主義とで同じに帰するのだ、という点にまで切り詰めて理解されなければならないことも分かる。

（なお、現象と法則性とを巡る論点としては今まで論じたことの他に、現象の背後なるものを想定することなしに現象の整合性だけを頼りに現象に十分な実在性を見いだし得るかどうかという問題もあるが、この論点については注8の最初の部分を参照。）

(79) 理解の一様式としての因果性の概念

さて、こうしてみると、それではカントで、現象の秩序に属していてしかも原因の意義を持たされているものがあるというのはどういうことか、気になってくる。確かにアルキエがマールブランシュの神に対応させた超越論的主観は神と同様に諸現象の秩序に属さず、いわば現象の高処から現象を秩序づけているものではある。とはいえ、超越論的主観は神と違って現象の産出原因ではない故に、秩序実現の駒として現象を位置づけはしない、つまり、現象に垂直な原因概念の関与によって現象に属するものが原因の意義を得る、こういうことはない。すると、マールブランシュにおいてすら機会偶因の概念は法則の補助でしかなく、結局は何かを産出するものではなく産出されるものでしかないのに、カントにおいて、法則の内部に位置する原因概念は存在理由を保ち得るのか。カントでは、現象が法則に従っているということよりは、現象を法則的に理解するということが重要で、その法則的理解の一つに因果的な理解があるということなのか。現象自身の中にそれらの或るものと他のものを原因と結果として結ぶものはない、因果関係は現象の外からもたらされるのだという、カントとマールブランシュとの共通点を言うアルキエの言葉を受け、更に、この外なるものとは、創造するものではなくして認識するものだ、という点を付け加えるなら、そう考えても不当ではないとも思われる。

ともあれ、こうして私は、原因とその結果とがある、因果関係がある、否、そんなものはない、あるいは、あってもそれを語る必要はない、否、それに触れることなしにはゆかない、という話から、因果的に理解することがある、という話題へのずれを導いてみたわけである。そうして、確かに私達は日常的に、或る現象の原因として他の現象を考えることをする。ただ、確認しておかなければならないが、まさにそのような理解における原因概念の批判という面をこそ、機会偶因論や実証主義は持っていたのであった。それで、私はただ、私達の日常的な因果理解に戻ればよい、と言おうとしているのではない。真理という身分を持たされている法則の概念との対決において、因果的な理解の位置を確かめようというのである。そうして、私の企てはまずは法則の概念の意義を制限することへ向かう。

それで、一言、述べておけば、或る現象との関係では原因とされる自らも現象であるものが同時に他の現象の結果でもあると位置づけられるような内容を持つ限りでの因果法則の概念、因果的理解と法則概念との或る種の結合には私は批判の目を向ける。このように因果連鎖の概念へと転化する因果法則の概念では、真理を確保するために法則の概念が主とされ、結局は法則概念の支配のもと、始まりという意義を保持することなしには真正でなくなる原因概念の空洞化が招来されていると考えるからである。因果連鎖の概念では、いったんは原因とされたものも直ちに他の事柄の結果であると読み替えられ、かくて真の始まりは時間を先行するものへ先行するものへと、ずれさせられてゆく。実際、法則の概念を前面に出すことが原因の概念の無用化と一体になっている実証主義の教訓を忘れてはならない。また、マールブランシュは始まりの意義を保った原因概念の可能性を現象の秩序では見捨て、神にのみ認めた。しかし私は、現象の秩序に属していてなおかつ始まりとしての原因であるものを認めるべきことを指摘し、そのことは法則の概念の意義を制限することを必然的に要求すると言いたいのである。

(80) 規則性の概念と因果的な理解

現象の秩序に属する原因とその結果という概念は、現象を理解する一つの仕方、理解しようとする人間の側の事情に由来する事柄である、という考え、私はこれを受け入れるべきだと思う。けれども、この考えを、法則の側に真理がある、という考えとセットにし、そしてしょせんは因果の概念を貶める見方は、これを批判する。それで、このようなセットになった見方を確かめる為に、あと少し機会偶因論を材料にしよう。

というのも、マールブランシュの機会偶因の概念には実は二つの面があるからである。一つは既に述べた、法則に従った被造世界実現のために負わされた意義である。この意義は、現象の秩序に属する機会偶因というものは、神との関係と他の現象との関係と二方向で関係を取り結んでいるという、事柄自体において決定されている意義である。ところが、機会偶因の中の或るものは、事実上、私達が日常的に理解する原因概念に相当するものでもある。どういうことかと言うと、例えば物体の衝突と衝突後の物体の運動を支配する法則があって、それとの関係で衝突は機会偶因とされるのだが、私達は日常、衝突を衝突後の物体の運動の原因と考えるのだから、ここに対応がある。同様の対応は、太陽が出ていることと水が温もることとの関係における太陽は、マールブランシュでは機会偶因であり、私達の日常の理解では端的に原因だと考えられることにも見られる。

（ただ、マールブランシュでは、私が自分の腕が動くことを欲することと腕が動くこととの関係において私の欲望が引き受ける役割も機会偶因とされるが、私達が日常、自分の欲望が原因で自分の腕が動く結果が生ずると理解するとは私には思えない。だから、私は機会偶因の或るものは、という限定をつけた。）

だが、それでいてマールブランシュは私達の日常的な原因概念を批判し、そのような日常的原因概念がどうして生ずるのかをも示そうと試みた。けれども、すると、この日常的原因概念と機会偶因との対応ゆえに、機会偶因の概念は、実際は真の原因ではないのになおも人が原因の意義を与えてしまうところに成立する概念であるかのごとき体裁も取ってしまう。つまり、機会偶因は、神と法則と現象との三者の関係を視野に収めた時には事柄自体の構造から意義を得ている概念であるのに、現象の秩序だけで考えた時には、事柄自体にはないのにそこに人が付け加える、いわば主観的でしかない理解において生まれたものという意義において成立する。このように見える分析をマールブランシュはなしているわけである。そうして、彼は被造物の秩序における因果的な理解の成立の理由を、原因と結果の関係にあるとして理解される二つの項の関係が事柄としては恒常的であることの経験に求める。[20] これはもちろん、法則を現象に先立たせる彼の体系に整合的であるが、私が思うに、誤った見解である。

ところで、恒常性、言い換えれば規則性の経験に因果的な理解の由来を求める見解、これは後にヒュームも採ることになる。[21] そこで、ヒュームではその規則性が緩やかで、従って法則の概念も彼の懐疑主義においては弱められた力をしか持たないとしても、少なくとも法則の概念の因果的な理解への優位は承認されていることに注意しなければならないと私は思う。それで、次のような発想が広範に採用されているわけである。つまり、或る現象に他の現象が引き続くことが（マールブランシュにおけるがごとく完璧にか、ヒュームの場合のように、ほぼ、なのかはともかく）規則的に生ずることが事態の構造としてあることが先に承認され、その上で、それを単に二つの現象が規則的に継起するとのみ（実証主義的態度で）在るがままに受け取るだけにせず、加えて、先行する現象がそれに引き続く現象を惹き起こす原因であると理解する仕方がその事実を追っかけて発生する、こうみる発想である。しかし、このような発想は、事態の真実を逆立ちさせていると私は思う。

この逆立ちは、ヒュームにおけるように法則の概念が懐疑主義によって弱められた力をしか持たない場合までも含めて、法則ないし規則性の側に事実的真理があるとされることに起因していると思われる。因果理解は一つの理解でしかないのだから、真なる事態の後に位置づけられねばならないというのである。そうして、このことがまさに正確に対応して、日常の因果的な理解を批判し、これを取り除いて、原因概念の関与なしの規則性の取り出しへ進むことは、単なる理解、理解する側の事情に由来する事柄から、真理、事態の在るがままの把握への進展である、こういう解釈が位置している。例えば、物体Pが物体Qに衝突し、Qが動き始めるなら、人は普通、衝突が原因で物体Qは動いたと考える。が、それに対して、衝突に関わる法則というものを考えるなら、衝突前後でのP、Qの運動間に見られる規則性を内容とするものということになるであろう。しかるに、この内容に、衝突が原因で衝突後のP、Qの運動が結果として生ずるということを付け加えることは、法則内容を実質的に豊かにしたことにならない、だから、法則内容を純粋化する為には、因果的な理解を、つまりは原因概念を追放した方がよい、こういう主張がなされるわけである。そうして、この主張を私は採らないのだが、敢えていったん、この主張を補強することを試みるなら、同じ、運動に関わる理解と法則として、物体の落下に関するものを取り上げ、これを衝突に関する理解と法則と比べると、この主張は益々説得的なものに見えてくる。つまり、落下法則の内容の一つとしての、落下途上の物体Aの時刻t_1における落下運動と時刻t_2における落下運動との間に事実的に見いだされるほぼ規則的な関係を考え、これを、先の衝突の法則と比べてみる。すると両者で、その法則としての構造に何ら変わりはないことが気づかれる。どちらの場合も、諸現象間に見いだされるファンクショナルな関係を法則の内容にしているのである。しかるに、この落下法則に関して、落下途上の物体Aの時刻t_1における落下運動が時刻t_2における落下運動の原因であるとは普通、考えない。それで、衝突の場合も落下の場合と同じように因果的な理解を盛り込まないのが事態の真実に適っているのではないかと、確かにこのように論理を展開できるのである。とはいえ、私は、法則の概念の成立を支えているものを調べて、法則の内部におけるものではないけれども、かといって現象の秩序に属していないわけではない原因概念が既に働いていること、しかも、むしろ法則の概念を成立させるものとしても働いていること、これを明るみに出し、法則の概念の登場によって原因概念の虚妄性が暴かれ要らないことが分かったどころではないことを確かめようと思う。まさに前章で見たように、法則の概念は行為の概念に支えられていて、しかるに一つの出来事でもある行為の概念は因果の概念を携えている、これが私のみるところである。

2　反復される出来事の理解

(81) 一回限りの因果理解と、繰り返しについての法則性

私はまず、実在の流れは一回限り展開していくものであり、そうして、私達の日常の因果理解は事柄の繰り返しがあるかどうかとは無関係に或る特定の出来事に関してなされ得ると

いうこと、しかるに科学が問題にする法則の概念は同種の事柄が反復するという前提を持っていること、これら二者の対比に注意を促すことから始めよう。例えば物体Pが物体Qに衝突しQが動き始めるなら、人は衝突が原因で物体Qは動いたと考えるが、この時、衝突の後でQの運動が始まることが繰り返されるかどうか、そのことの顧慮は必要ない。それに対して、衝突に関わる法則というものを考えるなら、衝突前後の物体PとQの運動の間にいつでも見られる規則性を内容とするものということになるであろう。明らかに、いわゆる法則の取り出しとは、似たような衝突の複数回の繰り返しの経験を前提している。けれどももちろん、その法則に従って繰り返されるといわれる衝突は実はそのつど一回限りの特殊な衝突でしかない。そこで法則の有効性は、繰り返しという概念の有意義性に懸かっていることになる。こうして、私の議論は当然に次のように進められる。つまり、繰り返しという概念は確かに実在自身の中に根拠というか、その由来はあるのだが、しかし、その根拠とは繰り返しの概念を動機づけるという意味での根拠であり、繰り返しとは結局、実はその度に独特唯一でしか在り得ない実在の展開という事態に人が投げ掛ける理解であること、これに気づくことが最初にくる。ここで大切なのは、因果的な理解は理解でしかないとして軽んじられることがあるとしても、それに対して単なる理解ではなく真理の側に位置するとされている法則の側もしょせんは一つの理解に基づくのだということ、この点である。そうして、そうすると次に、それら二つの理解の間の優先順位を改めて議論しなければならなくなる。法則の概念が君臨すべきことは決して自明なこととして認めてはならないのである。

(82) 分類的理解と法則的理解

落下法則が前提している繰り返しの概念を考えてみよう。一般に、出来事の繰り返しを言うとは、幾つかの違った時間における出来事を同じ種の出来事として分類していることと考えることができる。そこで、落下が繰り返されると言う時、おおざっぱに言って事物が何かに運ばれたりすることなしに地面の方に向かって運動する出来事を他の出来事から区別して選び出しているわけである。

ところで、落下法則は、あたかも落ちるものが何であれ落ちる時には従わねばならない普遍的な法則であるような体裁をしている。言い換えれば、落ちるという出来事の理解と、その出来事が生ずる当のもの、落ちるものが何であるかの理解とは無関係というわけである。それで、何かが落ちると、落下し始めてからt秒後の速度はいつもvだと主張する。

けれども日常の暮らしで私達が目撃する落下の現象を考えるに、落ちるものが違えば、下方方向への速度の大きさの在りように関する規則性が見られるどころか、落ち方からして違う。木の葉は石のように真っすぐには落ちずジグザグに落ちる。花びらはひらひら舞うように落ちる。また、石はどんどんスピードを増しながら落ち、木の実は或るスピードから先は一定速度で落ちる。しかるに、こう述べながら私は、同じ落ちるという種類の出来事の在りように見られる違いを、その出来事が生ずる当のものの種別に対応させている。落ちる出来事の理解の中に、落ちるものが何であるかの理解を盛り込んでいる。それで、種別ということを言わねばならないのは、同一の木の葉、石などが繰り返し落ちることは、人がそれを拾い上げては落とすようなことをするのでなければ普通はなく、そこで、石はいつも真っすぐに落ちると言っても、それは石に分類されるものはいつも、という意味でしかないからである。また、対応と言うのは、木の葉とか石とかへの事物の分類は、それらがどのように落ちるかの考慮なしになされ終えているのが普通だからである。実際、私達は岩が落ちるところなど滅多に目撃するものではないが、岩を知っている。そうして、岩が落ちてみれば凄い勢いで落ちるのを見て、岩というものはこんなふうに落ちるものかと思う。つまりは、その時になって、その落ち方を、既に岩と分類されているものの性質に数え入れるのである(22)。

さて、実際には事物の落ち方には様々あって、それで、落ちることの様々の在りようを落ちるものの種別に対応させて理解することが日常的にある、しかるにそこに、落ちるものは何であれ落ちる以上は従わねばならない落下法則があるのだ、とする出来事の理解が入ってくる。では、これら二つの理解仕方の折り合いはどう付ければよいのか。この問いを糸口に、法則の概念を支えているものを考えてみる。

落下の法則を擁護する線に沿えば、次のような見方を採用することができる。つまり、木の葉や花びらが直線的に落ちずにジグザグに、あるいは舞うように落ちるのは、また木の実の速度が或る大きさまで達した後は一定になるのは、空気の抵抗があるからだ、真空中では木の葉も花びらも石も、あらゆるものは同じように落ちるのだ、とする見方である。しかし、この見方については、二つのことが考えられねばならない。一つは「落ちる」ことの定義に関わる問題で、もう一つは、真空を語るとはどういうことか、というものである。

(83) 分類的理解における定義と法則的理解における定義

真空ではあらゆるものが同じ落下法則に従って落ちる、という時、これは対するに、空気のある状態では落下の法則に従わない落下が見られる、ということを主張しているのではない。その時も落下法則に従った運動は絶えず生じていて、また、その運動があってこそ空気の抵抗による運動の新しい様態が生まれると考えられている。ただし、その時「落下」とは鉛直下方への運動をのみ限定して指すという了解が働いている。また、最初に水平方向へ飛び出していった物体がその後、放物線を描く運動を考えると、互いに全く独立の運動として把握された水平方向への運動と鉛直下方への運動との合成としてこれを理解することが試みられ、その時も、鉛直下方への運動を落下と呼び、その運動に関しては落下法則の支配が見られると考える、このことが有効なこともよく知られている。それでまず、この定義は何を物語るのだろうか。

あれこれの出来事を、どれもが落ちることであるとまとめて分類する時に、その共通点として着目されているのは下の方に向かって運動することであるのだから、鉛直下方への真っすぐな運動がその典型であることは明らかである。だが、普通、分類というものは典型を擁しながら、典型から様々に隔たったヴァラエティーに富むものを許容する（定義に基づく線引きは二次的、技術的な事柄である）。許容とは、典型とヴァラエティーとの隔たりは隔たりとして、そのままそれを分類に関わることとしては問題にしないということである。そこで、石のように落ちるのが（まさに修飾語を加えずに端的に「落ちる」という言葉で指示できることに見てとれるように）典型的な落ちることであるとしても、花びらが舞うように落ちることも、やはり落ちることである。ところが、これに対して、落下法則が語られる際の前提となっている、鉛直下方への運動のみを落下と見做すということにおいては、落下のヴァラエティーは承認されていないのに注意しなければならない。排除されている。花びらの運動は落下ではなく、落下運動プラス別の運動の合成なのである。つまりは、もはや出来事の普通の意味での分類は問題でなくなっている。

私は、法則の概念は出来事の繰り返しが語られないところでは意味を失うという論点から始めて、出来事の繰り返しを言うとは、出来事を同じ種類の出来事に分類することと考えることができると述べてきた。けれども、落下法則が関わる「落ちる」という出来事の分類の話は直ちに様々の落ち方があること、及び、それらは落ちるものの種別に対応したものとして理解されること、これらの確認へと、ずれさせられていった。そして今、再び落下法則が前提している落下という出来事の意味に帰ってきて、その意味は普通の分類の精神とは違うものによって支配されているらしいことを確認するところまできたわけである。

念を押すが、落下法則で言う落下とは鉛直下方への運動だけを意味するからといって、それは分類の枠を狭く取ったということではない。私達は、木の葉のような落ち方を更に細分化して、銀杏の葉のような落ち方と柏の葉のような落ち方のグループ分けをすることができるが、そのようなことが問題であるわけではない。分類はいつも現実の出来事を後追いして、典型に寄り掛かりながら類似を集め、必要ならば外延を定めるために定義を試みる。例えば鉛直下方へでなく斜めであっても、真っすぐでなく曲線的であっても、全体として下方へ運動する出来事であれば、それは落下という出来事のグループに入るという具合に。けれども、落下法則に見られる落下の定義は、或る集合の外延を指定するものではない。つまり、或る出来事を手付かずのままで或るグループに仲間入りさせるか否かを決める指標ではない。現実の出来事に先行して、出来事を分類するよりは分析するための道具になっている（この分析の意味は、単なる抽象よりもずっと鋭いものであることに注意しなければならない。抽象を言うなら、分類も抽象である）。例えば、花びらの運動は鉛直下方への運動ではないので、確かに落下法則で語られるところの落下ではない。が、ただ、このように排除することだけがなされるのではない。花びらの運動は全体としては落下運動ではないにもかかわらず、落下運動を含んでいる、こう認められ、このように認めることが落下法則による出来事の理解に重要な地位を与えているのである。しかし、どうして、このような含み込みを言うことが可能なのだろうか。

(84)「落ちる」と「落とす」

石は真っすぐに鉛直下方に落ちる、しかし、花びらは石と違うから真っすぐに落ちないのは当然だ、このような分類の精神に従った理解からは、花びらの舞うような動きには鉛直下方への運動が含まれているという考え方は出てこないと思われる。この考え方には少なくとも、花びらは普通は舞うような動きをするけれども、真っすぐに鉛直下方に落ちることもある、このように見る見方が必要であろう。だが、一体どういう時に花びらが真っすぐに落ちることがあるというのか。

真空中で落ちる時に、という答えを出すのは早過ぎる。私は、人が花びらを丸めるなどして真っすぐに落とそうと試みて成功する時に、という答えを提出してみたい。落ちるという出来事は落とすという行為の結果としても生ずる。一般に行為とは自ら出来事となりながら或る出来事を生じさせるのである。そして、前章で見たように、ここに因果概念の故郷がある。行為の概念は、含みとして、それが生じさせるものの原因たる資格を持って成立している。そして、行為が何であるかは、行為がもたらすものの指示によって規定されるのであった。「落ちる」ということの指示なしに「落とす」行為の規定はできない。

物を落とすことが、どういう時にどういう論理に従って行為と見做されるか、この議論は省く。ただ、行為と見做される場合が確実にある。それで、もともと物を持つことそのことの意味も問題だが、それはおくとして、持っている物を放すだけで落とす場合を考えると、行為は出来事の始まりだけを支配していて、後は物はそれぞれの性質に応じた仕方で落ちてゆく。石は真っすぐに、花びらは舞うように。ヘリウムガスの入った風船なら落ちはせずに上がってゆくであろう。

（ヘリウムを持つには、また、拡散せずに一まとまりのものとして運動するようなヘリウムを語るためには、それを閉じ込める容器、風船のようなものが必要である。この点は、或る一つの事物を指示することは、人がそれに働きかけ得ることと相即しているものなのだ、という論点の一事例として役立てられよう。）

ところが、真下に力を加えて物を投げ落とすことを考えてみる。投げ落とすのが石だと、これはあたかも石がひとりでに落ちてゆく、そのことに加勢するかの如きだけである。ヘリウムの風船なら、その性質に逆らうかのようであり、最初に少しだけ下に落ち、後は私の目論みを外れて上へゆく。また、勢いよく投げ落とすのが花びらなら、花びらはほんの瞬時だけ直進的に落ちることもある。これらの事例を、落とす、しかもできれば真っすぐに落とすという行為としてみた場合の、成功不成功の角度から考察できることに注意しておこう。それで、花びらの場合、逆に、ひとりでに落ちる時よりももっとひらひら舞うように落ちるべく落とすことも考えると、どうか。私は花びらを吹いて飛ばしてみる。そう、花びらは私の小さな息の一吹きで動くようなもので、風に舞う。すると、普通に無風であると思われるのに花びらが舞い落ちて真っすぐに落ちない時、それは実は微かな風が、私には感じられないくらいの風があるからではないか、と私は思ったりする。そこで花びらの周りが完全に無風状態になるべく工夫してみる。

さて、ここで考えたい。戸外では完全な無風状態などはないものである。室内であったら無風の空間は珍しくないとして、考えるに室内とは人間が用意したものである。そもそもが、花びらが自然に落ちるのは、花が咲いた樹木の梢からである。無風の室内で花びらが落ちることを観察するには、私はわざわざその出来事を用意しなければならない。翻り何であれ、落下の在りようが単純な石の落下の場合であれ、その法則性を探そうとする時、人は己が行為によって落下の出来事を何回も惹き起こすことをしないならば、とても目的に行き着けない。なぜなら、同じような落下を何度も観察できるのは法則を云々するための少なくとも必要条件であるから。衝突の法則の場合だってそうである。或る物が他の物にぶつかって後者が動き出す、このようなこと自体が必ずしも頻繁にあるものではない。同じような仕方でぶつかるとなると尚更である。

（それで予め注意したいが、人が或る同じような出来事を何度も用意してそこに見いだす法則なるものは、法則が語られる事柄自体の始まりを準備するものの一つである行為を、己の内側に取り込むことはできない。）

だが、とにかく石の落下の場合だったら、私は比較的に簡単に落下を繰り返させることができる。といっても、いざ実験をやると分かるが、法則を目指しての観察の相手たり得るような出来事を準備することは大変なことである。

しかし、肝心なのはその先である。同じような落下の繰り返しを惹き起こしても、その特性をあげつらうだけなら、それは分類の精神に留まったままである。石の落下だって、それぞれが一回ごとの独特の出来事なのだから、しょせん、互いに似ているだけである。また、花びらを落とす場合にはどの落下にも個性がある、桜の梢からのどの花びらも独特の軌跡を描いて落ちると言ったところで、やはりそれらの運動にも類似がある。そして、石の落下の仕方とはかなり異なる。そこでこうして、落とすという行為に言及しても、類似した落ち方のグループと落ちる物の方のグループとを対応させる理解をしてゆくことになる。私は出来事の法則的理解のための道を見失ったのだろうか。

(85) 物の性質と出来事と行為

念を押したいが、私が話題にしている出来事の法則的理解とは、自覚的な形では、西洋近代という誕生の場所と日付を持った理解仕方のことである。それで、法則のもとでの出来事の理解とは、出来事は決まった筋道を通って生ずるとする理解とだけ受け取ってもらっては困る。それだけの話なら、銀杏の葉は新芽から若葉へと大きくなり、秋には黄色くなるとみる考えと変わりない。崖から離れた岩は決して上昇せず、下に落ちる、これは決まったことだと理解するからといって、法則の概念のもとで理解しているわけではない。銀杏だから、岩だから、それらに生ずる出来事は決まった仕方で生ずると理解するのは、まさに分類の精神に従って出来事を理解しているのである。確かに、出来事を出来事が生ずる事物から理解することは、人間が自分達が生きてゆく世界を理解する基本の遣り方である。私達は環境世界を、出来事から成る世界としてでなく、事物から成り、その事物に様々の出来事が降りかかる世界として理解する。なぜなら、私達は世界を様々の可能性に満ちていて、それら可能性の実現に自らが介入できるものとして見いだすのであり、しかるに事物とは様々の可能性を従えたもので、出来事の方は、ただただ現実的な事柄なのである。私達は事物に働きかけて出来事を統御する。――ところが、まさにその統御の在り方が或る時に出来事の法則的理解と結び付く。

石の落下も一回ごとに違うとはいえ、石を真っすぐに落とそうという私の試みからすればほぼ十分に満足できる位には石は直進的に下に落ちる。私は真っすぐに落とす行為に成功したと言える。花びらなら、舞うように落ちるのがその性質であるのに、それでも私は花びらを真っすぐに落ちさせたい。上に述べた諸事例から私は、花びらは決して真っすぐに落ちないのだとは考えず、むしろ、それを真っすぐに落ちさせないものの存在を考える。逆に言うなら、花びらが舞うように落ちるという現実を、真っすぐ鉛直下方に落ちようとすることと別の働きとの両者の合成結果だと理解する余地がないか考える。

ここで物を落とす行為と物が落ちる出来事との興味深い関係に注目したい。一般に行為の成功不成功は、行為が働きかける相手たる物の性質と行為とにいわば調和的関係があるか否かに左右される。ただ、物の性質という概念は必ずしも明瞭な概念ではない。一般的に言って、第二章で見たように、物に或る時に降りかかる諸々の出来事において物がどのような変化を見せるか、その前もっての理解内容が物の性質として位置づけられる。それで、出来事とは物が他の事柄との間で取る関係において定まってくる、すると、その、他の事柄というのが重要で、物の性質を言う時にはこれが明確に定まっていることは自明のこととして前提されている。物質Mがエーテルに溶ける性質を持つと言う時、そのエーテルなるものが何かが定まっていないのでは話にならない。だが、時にこの前提を問題にすることもできる。特に物が相手の行為は、物のみならず、物が関係を持つ様々の事柄の方にも注意を向け、件の前提なるものを検討するのである。

そこで、物が落ちる場合、その出来事は物が特に何かと関係を持つことだとはとても思えないにしても、例えば近代力学、天文学は、物と地球との関係を取り出してきたわけである。だが、そのような歴史的事実は別にして、私が物を落とすことを軸に考えてみよう。落とすことは、もちろん物の落ちる性質を当てにしなければ成功がおぼつかない。だが、物はまた、それぞれの種類ごとに或る仕方で落ちる、だから、その性質までも当てにするなら、花びらは舞うように、石はストンと落とすのは簡単なことである。しかし、なおも、花びらを真っすぐ下に落とし、石を舞うように落とすことを試みればどうなるか。できるはずがない、と考えるのは、出来事を物とその性質から考えるからである。しかし、性質なるものが実は物と他の事柄との関係において内容を得ているものだったらどうか。

(86) 出来事の統御

以上の準備を踏まえ、真空ではあらゆるものが落下の法則に従うと人が語る時、人はどんなことを前提しているのか、考えてみる。

まず、落下の法則では、鉛直下方への運動だけが「落下」だと定義されていることを想い起こしておきたい。次に、石や花びらが自然な状況で落ちるのは、ほとんど気に懸けられないし気づかれさえしないかも知れないが、空気が或る密度である中でであること、そして、真空という状態はつくり出されなければ私達の身近にはないことにも注意しよう。すると、真空では花びらも真っすぐに落ちると人が言う時、その実、人は花びらを真っすぐに落とすことを試みていて、その落とす行為が成功する（ないしは成功するはずの）場合の結果を述べている、そのようなことがあるのではないか。つまり、花びらを真っすぐに落とすための手立てとして真空をつくり出す行為もしくはその思考実験（即ち想像上の行為）を為し、しかる後に花びらを落とす、ないし、その想像をする、このような二段の行為が法則の提出に関与していると思われる。それで、或る出来事を生じさせる行為が成功すべきために、その出来事の実現のための条件を分析してゆく、そして、必ずや実現する出来事というものについての法則が定式化される、こう私は診断する。しかも、これから出発して逆に、或る観察された出来事が分析され、それを、必ず実現するはずの出来事の組み合わせでもって思考上で再構成することができるなら、行為に依拠して取り出された法則が、非人称の出来事に関して適用される道が付けられるわけである。

(87) 行為の反復と出来事の反復

以上の私の議論で重要なのは、出来事が「必ず実現する」という考えに含まれる事柄の正確な実際上の中身である。まず、一回限りの事柄の実現が問題ではなく、繰り返される出来事が問題である。しかし次に、その反復の確かさが主張されているのであるが、この反復が特異な反復であることを見落とすなら、議論の枢要は抜けてしまう。幾つかの出来事が互いに似ているという理由で、或る同じ出来事が反復されたと見做される、そのような反復と、最初から同じであるという権利を携えて繰り返される反復とがあり、後者のような反復とは、行為という概念が含んでいる反復の概念に特異なことなのである。そして、ここでの「必ず実現する」というのは、後者の意味での同じことに付いてくる性格である。というのも、行為の概念とは自ら繰り返し始めることの承認において成立するのであり、この始めることが、始める事柄であるそれが何度なされるのであろうとそれであること、そして、それである以上は必ずこれこれの出来事を生じさせるはずのものであることを、保証しているのであるから。

銀杏の葉が秋には黄色くなり、落ちればジグザグに落ちる、このような出来事も繰り返されるし、かなり確かな反復である。けれども、これらの繰り返しは別の銀杏が、どれも同じ種類のものであるという理由でなす事柄である。それから、今度は確かに同じ一つの心臓が鼓動を繰り返し、地球は太陽の周りを巡ることを繰り返す。[23] けれども、心臓も地球も、その繰り返すことをいつ始めたのか。一体、繰り返される出来事の始まりと終わり、それが繰り返される度に一つの出来事と言われるべき、その一つであることの定まりはどこにあるのか。ところが、或る行為を為し得る、できる、ということは、違った時間で複数回、その行為、同じと見做された行為を為し得る、即ち始め得るという建前を持っている。そして、始める時に既に、それがどのようであるべきかは定められているのである。出来事が生じてしまって後から、この出来事はあの出来事に似ている、あれと同じことが反復されたのだと考えてもよい、というのとは違う。

　もちろん、これらのことは建前でしかない。現実化される行為はその都度に特殊なものであるし、始められた現実の行為は途中で止められたり変質したりするかも知れない。けれども、或る行為を為し得るとは、同一と考えられたその行為を何度でも為し得るという含意を持っている、これが肝心で、そのいわば理念的な定まりが現実の事柄の尺度となることが重要なのである。それで、前章で述べたように、この建前を顕在化させ、かつできる限りの現実化を保証しようとするのが技術である。だから、技術には必ず標準というものが設定される。そして、それとの関係で或る許容された範囲での誤差という概念を導入することでもって人は、複数のそのつどの行為が、一方では一つ一つ違っていても、他方では、或る内容の定まった同じ行為の繰り返しであるとの調停をなすのである。標準の内実は理念的なものである。また、技術は或る行為者から他の行為者へ転移でき、更には非人称化され、かくて、その技術的行為が生じさせる出来事について、一つの道筋、標準によって示された道筋が、いわゆる客観的なものとして引かれる。そして、標準からの誤差を超えたずれは、別にその理由が考えられなければならない。

(88) 出来事の分析

　すると、花びらが落ちる出来事を鉛直下方への運動プラス別の運動の合成だと考えるとは、鉛直下方への運動であってこそ落下である運動の、ずれが生じさせられて現実となった運動であると考えることではないのか。このずれは、或るグループに属するヴァラエティーに富んだ現象の一つ一つが見せる、典型からの隔たりとは似ていて違う。標準からのずれの発生は説明されなければならないのである。そして、標準は一つの絶対的に同一の出来事を（理念のレヴェルで）確定していて、従ってずれを発生させるものは別の出来事であるべく定義されている。対するに、典型と言いヴァリエーションと言い、それらは互いに仲間で、類似がある故にグループをつくっている。隔たりもまた、出来事が同じようであることの中に取り込まれているのである。

こうして、標準を言うことは、出来事の分析に役立つ。実際、花びらが落ちるというのは、人の行為の関与なしで生ずる出来事であるが、これは一方では、それを単純に在るがままの出来事として受け取ることもできる。人はそれを一つの出来事と知覚する。そうでなければ「舞うような」という形容語は意味を失う。けれども他方、人はそれを幾つかの出来事の組み合わさりと考えることもする。鉛直下方に落ちる運動と、それに対する空気の抵抗力による運動、花びらが動かした空気の運動が花びらに返ってきて作用することから生ずる運動、というふうに。しかし、このように考え得るのは何故か。鉛直下方への運動を先に置くからである。そして、置くためには、花びらにまず鉛直下方への運動を（想像上であっても）させなければならない。そして、加えて何をすれば当の舞い落ちるという運動を反復的に生じさせ得る（ないしは、させ得るはず）か想像してみなければならない。ここで、「させる」とか「する」とかの表現は重く取られるべきである。実際のところ、私達が分析によって出来事の中に透かして見るのは行為の秩序である。一般に思考は行為の秩序を（ここでは議論しないが記号の水準で）追行する。私達は分析する出来事を自ら再現しようとし、その再現が幾つもの行為を要求する時、これら行為が産み出す諸々の出来事を、当の出来事の中に捜し、もって分析に内容を与えるのである。石の落下という出来事だったら、石を持ち上げては石を手から放せば、同じ落下の出来事を再現できる。ずれは安んじて無視できる程度のもの、誤差と考えればよい。しかし、花びらの右へゆき左へゆく仕方で落下を、単に全体として似てればよいというのと違って、やはり最初に右へ次に左へゆく仕方で落下すべく再現するにはどうすればよいか。しかるに、これを確定することが出来事の分析である。

(89) 観察されるだけの出来事

だが、すると反論が出るであろう。人がその運動を再現したり、出来事の進行に行為によって介入したりすることが考えられない惑星の運動のようなもの、ここにこそ法則は確固として見いだされるのではないか。しかも、惑星の運動こそは西洋近代科学の出発点における主要な材料であったではないかと。実際、人の願いが進行を左右するような事柄には、人はその厳たる法則に気づき得ないのではないか。無情に起きるべくして起きる出来事のみが、あるがままをただ観察すべく誘うのではないか。だが、私は歴史上の天文学や近代科学の誕生の諸条件について語るような大それたことはしない。ただ、この反論に対応すべき目的に限って、若干のことを述べる。

地球上から観察される金星の運動を記録して、それが或る程度まで蓄積されると、その規則性を述べたものを暦の如きものとして作成することができよう。同様のことを水星や火星の運動にもなし、その上で似た運動をする惑星のグループ分けもできるかも知れない。実際、地球の公転軌道の内側にある水星と金星との運動は共に、外側にある火星とは少し違った見かけの運動をする。すると金星の運動には、一方ではそれだけ単独で、その周期性ゆえの或る規則性を見いだすことができるし、他方で、「惑星というものは」とか「或る惑星のグループは」とかの分類しながらの語り口で、その性質としての運動の在りようを言うことができる。

けれども、金星は金星であるからでなく、あるいは惑星の一つであるからでなく、あらゆるものが従う法則に従うからこれこれの運動をするという、近代科学の劇的な成果となった理解はどのようなものなのか。見かけの運動に代えるに本当の運動がこれこれであると主張するために必要な様々の事柄のことは省く。二点だけを述べる。第一は、天文学は地上の力学と結合するのでなければ観星術や暦作成の資料提供者に留まり、観察される出来事を真に分析する科学には至らないことである。そして、その力学は、例えばの話、林檎を落としてみたり、石に放物線を描かせてみたり、糸に結んだおもりに振り子運動や円運動をさせてみたりする行為、つまりは己が生じさせる出来事を十分に支配している、なんなら技術的行為とでも言ってよい行為が準備する様々の運動についてのデータを集め、その集積の中から或る運動を他の幾つかの運動でもって合成することに成功して初めて、確固たる足取りを持ち始めるのである。合成とは例えば、水平運動と鉛直下方への落下運動との合成であって、それが放物線の運動の下降場面に相当することは、乗り物の中で十分に重い物体を落とすと、物体は不動の地面に対しては放物線を描いて落ちてゆくことにおいて示される。

第二点。金星の運動の在りようが地球の存在によって大きく左右されているのなら、実際上は金星の運動法則なるものを見いだすことは困難であったかも知れない。それはちょうど、石の落下に見られる一回ごとの特殊性が無視できる位に小さい故にこそ、石の落下について、その繰り返しの規則性を取り出しやすいことと似ている。花びらの落下だったら複雑過ぎて、大ざっぱなことしか言えないのと比べればよい。けれども、いったん或る程度の法則的理解を手に入れた後のことを私は敢えて話題にする。それはどういうことかと言うと、私達は、金星の現実の運動を、まず金星と太陽だけがあった場合に生ずる運動を仮想し、次いで、地球の存在によるその運動の修正を考える、というふうに思考するということである。つまり、既に述べた論理が、ここでも見られるのである。

(90) 落下の出来事を議論の材料にした理由

さて、以上は落下という出来事を中心に議論してきた。ここで、なぜこれを材料にしてきたかを説明しようと思う。一つには歴史的理由がある。落下の法則、重力の原理、普遍的重力としての万有引力の原理という一連の科学史における事柄を想い起こしたい。

第二に、落下とは非常に単純な出来事で、しかも、その法則はよく知られ、かつ、中身が濃いものである。そして、既に述べたように、落下に関しては法則的理解が因果的理解に比していっそう際立っている。二つの物体の衝突だったら逆に因果的理解が先立つことと比べればよい。そして、西洋近代以降の認識論における法則概念の優位とは、衝突の出来事の理解の方も落下の出来事の理解になぞらえさせること、因果的理解を廃して法則による理解に道を明け渡すべし、というものであったのである。だから、逆にこの落下の法則的理解の前提の中に、行為が引き連れるという仕方での因果的理解が入り込んでいることを示すことを私は目論んだわけである（ただ、この目論みを仕上げることは本章の最後まで延期されていることを注意しておこう）。それから、付随的だが、ラプラスを引き合いに出して述べたように、近代に執拗になされた原因概念の批判にもかかわらず、落下に関してすら、その法則の身分を原因概念を適用して理解しようとすることがあったことも、材料選択の背景にはある。ただ、その際の原因概念とは、それ自身が現象の一つでありながら原因であるものの概念ではなく、現象の背後もしくは高処にあって現象を産出、支配しているという意味での原因概念であること、これは本章第1節で述べたことである。それで、このような原因概念と、行為の概念が分泌する原因概念との親近性や違いについても議論したいが、それは今回はおく。というのも、一つには紙数がないということもあるのだが、基本的には、その議論は後者によって前者を理解するという筋道を取り、すると、前者のための議論、前者を主題にした議論ということになる。だが、その議論のためには先に後者、即ち行為と因果的理解との関係をよくよくはっきりさせていなければならない。しかるに、このことこそ第三章の課題の一つであったのであり、また、それを、法則の概念の優位への反論という文脈で擁護することが本章の役割なのである。

落下を取り上げた第三の理由、これは、落下とは運動の一種であることに関わる。運動とは物の場所の移動のことである。ところが、場所を占めること、これは私達の肉体と同資格で在るあらゆるものの、在るというそのことに内容を与える唯一の要件であること、これを私は第二章で示したのであった。だから、実は運動に関わる法則が普遍的であるという主張は、何のことはない、運動という出来事の特性を踏まえて出てくるものなのである。それで、私は銀杏の葉が黄色くなる出来事を議論の途中で引き合いに出したりしたが、色という性質に関わる出来事を主題にすることの方は、まさにその質の規定によって選ばれる物だけについての議論とならざるを得ない。いわば分類が先にある。しかし、これだけだったら、ちぐはぐ、というか恣意的というか、それだけでしかないが、この先がある。一方では、翻り運動も、しょせん、何かが運動するのである。それで、その何かが様々である時、当然にその運動も様々である。そして実は、自ら動くものと他から動かされねば運動しないものとの素朴な区別、必ずしもはっきりとしたものではないこの区別が、後で論ずる出来事の始まりの概念との関連で重要な意義を持つ。ただ、それは別にしても、落ちるという、どの物にとってもどうしようもなく降りかかるような出来事においてすら、その落ち方に落ちる物ごとの種別を言い得ないわけではないこと、つまり、多くの物に共通の運動についても、その理解には分類の精神が支配的になろうとすること、このことがあり、このこととの対比の中で、私は法則的理解の内実を明らかにしようと試みたのであった。他方、銀杏の葉が黄色くなる出来事にせよ、色素の生成や移動とかで説明し、生成は生成で或る物質の離合や集散によって説明することを人は試みないわけではない。そして、その説明を支えているのは、第二章で論じたように、私達が色のような知覚的質を扱うためには、物に働きかける間接的な仕方でのみなさねばならず、その働きかけるとは物が占める場所と肉体の占める場所との関係の問題として立てなければ、言い換えれば運動を介入させることなしでは、実現しない事柄であること、これなのであった。一般に物の性質とは潜在的な事柄であり、では物とは何かというと、場所の規定においてのみ内容を持つ。しかるに、運動の概念と（知覚的質の現われの様態としての広がりに関わる場所でなく、普通に本当に在るとされる物の）場所の概念とは不可分なのである。

さて、すると、西洋近代における法則概念、しかも、あらゆるものが従わなければならないようなものとしての法則概念、これが運動という出来事についての法則として登場したことには十分な理由があるのである。場所の移動としての運動は運動するものの分類を超えてあらゆる物的なものに共通である。そこで、運動に関する法則概念は、運動の分類的理解を追放することを伴っていた。しかるに特に物の落下運動を日常の私達は物の分類と連動させて理解する。だから、この日常的理解は近代科学の運動理解とは異なっている。これを読者に分かっていただくのが落下運動を取り上げた理由の一つである。また、物を落としてしまうということも時にはわざわざ或る仕方で積極的に落とすことも私達には卑近なことである。しかるに、この落とすという行動こそが近代科学が落下法則を言い得ることを可能にしたということ、そして一般に諸々の法則と言われるものは人の行動の介入によって生じる反復的出来事においてのみ見いだされるのだということ、これは科学者たちさえも含めて人々に見落とされている。そしてこの見落としが法則の概念を決定論に結びつけるという過ちを引き起こす。だが、行動は自由なものなのである。そこで今や、その行動が法則が言われる出来事そのものを始まらせているのだということに目を向けなければならない。

(91) 物の概念の支配と分類的理解の絶対的優位

しかし、その前に、法則の概念が運動法則の概念においてこそ華々しく説得的であるのは何故なのか、このことと、それに関連することとを述べたい。これを考えるに、逆に法則が余り真剣には語られない出来事にはどのようなものがあるかを想い起こすとよいと思われる。例えば歴史、例えば経済。もちろん、これらは人間が関わる出来事であるから、不適切だとするか。ならば、自然現象の一つとしての生命体が関わる出来事はどうか。気象の変化はどうか。対比から浮かび上がるのは、操作して同じと見做してよい出来事を反復できるかどうか、その成否が、法則が取り出しやすいかどうかを決めていることである。だから、生命現象も、それが操作可能になる分に応じて、法則的理解を受け入れる部分が増大しつつある。とはいえ、そのような理解も結局は分類的理解に従属する。たとい生理や遺伝のように法則性が顕わにされる事柄であっても、それは類似と、本質的には生殖によって、様々の種をなす生き物ごとになされるのである。しかも多くの事柄で個体というものは独自の振る舞いをするものである。

気象という出来事についてはどうか。その理解でもやはり、第一に、出来事の理解である故に因果的理解が基本的である。第二に、第二章で述べたように、私達の理解の基本形式である「物とその性質との分節」でもって考えるという仕方が幅を利かせる。そして第三に、出来事の理解の方は出来事が生ずるものに関する理解へと姿を変える。いわば、因果的内容も性質の概念のうちへと吸収されがちである。かくて例えば、普通の固体を典型とするような物体ではなく、はっきりした輪郭を有するわけでもないのに、気圧の或る状況を指して、低気圧のような一つのものの概念が成立する。それで、他方で雨が降っていると、(たとえ一回限りの出来事しか問題でない場合にも)低気圧が雨を降らせるのではないかと理解することがある。そして、このような理解仕方に導かれてのみ別々の諸現象は関係づけられ、それが繰り返されると時に規則性、更には法則性の発見と称するものへまで至れるのである。しかし、その理解を受け入れると、雨を降らせるのは低気圧の性質の一つとなる。つまり、結局は分類的理解が法則的理解よりは優位に立ち、それを事柄の性質の身分におく。

しかも、以上、述べたことは私達が普通に従う一般的な論理なのだが、複雑でありながら観察するしかない気象という出来事が問題である場合、右の一般的叙述で顔を見せることは見せた法則の概念、これの内容も、非常に弱いものでしかあり得ない。つまり、低気圧が現われればいつでもこれこれのこと、例えば雨降りが生ずるという相関関係は、その関係の方を自立させるには余りに弱い。だから、このことが法則的理解の影を益々薄くする。関係を見いだすのは行為になぞらえた因果的理解、いわば擬人的理解である。それで、もし、その関係に芯を通し、しかる後に独り立ちさせるような操作ができるなら、例えば私達に雨を降らせることができるなら、関係は明確化され、まさに逆に関係の非人称化への道が進まれるのである。だが、低気圧を作り、雨を降るように仕向ける操作はできない。既に第三章で論じたことを今一度確認すれば、諸現象をただ何の解釈も混じえずに観察する時に認められる現象間の関係の規則性のピックアップだけが課題であるかに見えて、その実、その関係を浮かび上がらせるのは行為の眼差しである。そして、実際の操作という人の技術的行為の確立こそが、その規格化を通じてまさに個々人の外に客観化できる事柄を確立するという論理があるのである。

(92) 法則の概念の自立

しかし、法則の概念が分類の枠から出てゆくには、これだけでは未だ足りない。そこで、法則の概念が原因の概念を退ける形で優位に立った西洋近代の思想において、分類の概念との関係ではどうだったのか。今一度「物質」という概念においてみてみよう。運動法則の認識の主張とともに、様々の種類のものから成る世界に代わって、ただ一つの種のものだけで構成されているような世界の描像が構想されたのであった。様々の姿をして違った性質を持つものも結局は物質である、即ち質点によって置き換え得るようなものであるというわけである。そして、このような世界像を準備したのは運動の法則であり、また、この像があればこそ、少数の法則によって隅々まで支配された世界という考えが内容を得るのである。なお、法則的理解では、測定の重要性から分かる通り事柄の量的把握が前面に出がちであることにも注意を払いたい。これはどういうことか。性質による分類の背後に、基礎的共通性を見いだそうとすることである。いわゆる還元主義である。

分類的理解は物の諸性質を尊重する。物は、その性質によって種別化され分類される。そして、その時、物の諸性質の間にはヒエラルヒーが導入される。例えば或る樹木にとって、それが三千枚の葉を茂らせることよりは、或る種の花を咲かせ或る種の実を生らせることの方が、銀杏と分類されるためには重要である。岩石はその粉の色が混じりけないことが、顔料に分類されるには重要である。そうして第二章で述べたように、（知覚的質には込み入った事情があるとはいえ）性質とは物において現実化する出来事の潜在性そのことに他ならないのだから、出来事の理解が物の分類的理解と一体になるのもおのずからなる事柄である。ところが、物を専ら運動するものとして捉え、その直接に操作できる事柄にばかり目がゆく時、諸性質のヒエラルヒーは、基礎づけるものと基礎づけられるだけの付随的なもの（直接に操作されるものと、これによって間接的に操作されるもの）との区別に取って代わられる。運動の観点からは、多様な物の世界は物質の世界に還元され、運動の法則があるなら、世界は隈なくその法則によって支配されていることになる。(24)

これらの考えが、人間の技術が、物の性質を尊重しその特性を活かすものから、それを越えて、（無論、対象の性質を無視してはあり得ないけれども、それでも）人の側のプログラムを対象に押し付ける、つまり基礎にあるものを支配することでもって、どうでも押し付けてゆく類の技術へと徐々に変わってきた、ないしは広がってきたこと、これに対応していることは見やすい。考えてみるに、人の生きることの一番最初から技術は人に属している。家畜を育て、穀物の新品種をつくり、魚の骨を針にする。土を捏ね、焼き、煉瓦を積む。人間の全歴史は、そのような技術を獲得し、生活の幅を広げる歴史でもあった。しかし、それは、様々の物から成るという分類的仕方で世界を整理し、それを尊重することの上に築かれた技術だった。このような技術なら、それが発見する因果的関係、更には規則性をも、物のうちにその性質として帰属させることをなすであろう。しかるに、私が本章で落下運動の法則に即して分析した法則の概念とは、人の意志が設定した道筋をまず立て、この道筋から逸れるものにはまた別の道筋を立て、その複合でもって現実の出来事に置き換えようとするところに成立するものなのである。

(93) 出来事の始まり

さて、法則のもとで理解される出来事は、繰り返されるものであることが保証されるために、囲い込まれ孤立化させられた状況での出来事、想定された技術的行為を可能にする特定の状況での出来事となることが要求されている。そして、この状況が現実の行為によって用意され、出来事の始まりが行為によって指定される時、それがいわゆる実験の手続きである。そこで、私は最後に是非とも確認したい、法則は既に始まった出来事についてのみ発言するものだということ、従って出来事の始まりに関しては法則は発言権を失い、代わって、行為の概念と共にある因果の概念こそが必要となることを。そんな馬鹿なことはない、そのような結論が出るのは、私が落下のような出来事を材料に議論してきたからだ、との異議が出されるかも知れない。例えば、物体の衝突に関する法則を考えてみよ、これは物体Qが物体Pとの衝突によっていかなる運動を始めるのかを指示することを内容としているではないか、というわけである。だが、注意しなければならない。そのような例示は、衝突の法則が因果法則と受け取られるべき必然性はない、むしろ法則の概念の内側からは原因概念は追放されねばならないという、思想史を材料になされた本章第1節の議論を忘れるものなのである。

私自身は、物体Qの運動が始まること、これは物体PのQへの衝突によって惹き起こされたという理解は、正当であると考えている。しかし、その正当性は、私が物体PをQに衝突させてQを動かすことができるという、行為概念の含みに支えられているのであり、これは法則の手前で成立していることなのである。そして、私が惹き起こす際に取る道筋が固定的なものとして通用するようになる時、その道筋が法則なる資格を帯び始めること、これを私は見てきたのであった。しかし一転、一たび見いだされた衝突の法則の内部に留まってその意味を突きつめて考えると、確かに物体Qの運動の始まりという概念は意味を失う。それはちょうど、落下の法則で、物体Aの速度v_1の落下運動は時刻t_1においてのみ、速度v_2の運動は時刻t_2においてのみあり、また、それぞれの時点で速度が増すことが生じているけれども（あるいは地球の重力があたかも衝突の撃力に相当するものとして働いているのだけれども）、それぞれの運動がそれぞれの時点で始まったとは考えずに、両者を含んだ一つの落下の出来事を考える、そのことをモデルに考えられなければならない。落下の法則とは一つの出来事の時刻t_1とt_2とにおける二つの局面間のファンクショナルな関係を内容とするものである。それと同様に、衝突の法則は、物体Pの運動、衝突、Qの運動の間のファンクショナルな関係を内容とする。ならば、衝突直後の物体Qの運動も物体Pの運動から始まった一続きの出来事の一局面、三番目の局面でしかないのである。そうして、私が、法則は出来事の始まりに関しては発言権を失うと指摘するその意味は、当の法則がカヴァーする出来事全体の一等最初の始まりは、既に始まったとして法則は前提しているということなのである。だから、物体Pの運動の始まりは法則のもとでは理解されない。そして、Pの運動以下の出来事が法則的に理解される時、そのPの運動自身は、その同じ法則によっては理解されない。

いや、私の議論は効力がない。なぜなら衝突の法則では物体PとQとの二つが関わっていて、しかるに落下の法則では物体Aだけしか関わっていない、だから両者の平行関係に依拠するわけにはゆくまい、このような疑義が出よう。これに対しては私は言うべきである、まさに物体PとQとの区別が重要なのは、それらに働きかける私の観点からこそなのであると。そして、確立されてしまった法則の内部では区別は付随的なものになってしまう。実際、PがQに向かって運動していってぶつかったのか、QがPに向かっていって衝突したのか、どちらに取っても構わないようなのが法則的理解である。このように運動を記述する座標軸を変えた叙述をも採用することでもって、法則を優位に置く主張は、「物体Pが運動して、静止している物体Qにぶつかり、その結果、物体Qが運動を始めた」という私達がおのずとなす因果的理解をば、余分であるどころか不適切でもあると、示してみせるのである。もはや運動の運動体への配分そのことが流動的なものである。いや、運動体の区別すら消そうという方向がある。

ところで、仮に二つの物体が関わる運動についての法則が言えるなら、どれほどに多数の物があっても、それらの運動に関する限り、全体を支配する法則があることになる。しかるに、或る場所を占めることのうちにこそ、その在ることの内実を持ち、かつ、他の物との関係のうちで様々な性質が顕わになる物にとって、その運動が定まることは、すべてが定まることを意味する。ここから、先に述べた、或る少数の法則が物の世界を限なく支配しているという世界像も出てくる。けれども重要なのは、法則が記述する出来事の全体はいつも孤立させられているということである。

(だが、正確には孤立していると見做せるということでしかない。万有引力の概念が見いだされる前になされた鉄球の落下や振り子運動の実験では、鉄球の運動に影響を及ぼす磁石が周りにないという状況だと、その運動は周囲から孤立した運動、鉄球だけの運動に見える。けれども、運動の理解が進んで鉄球と地球との引力に着目しなければ落下が理解できないとき、鉄球の落下や振り子運動は地球を当てにしている。宇宙船ではそのような運動は生じない。)

　だから実は、この孤立のさせられ方が法則の内容を支配しているし、また、孤立させるものの、即ち法則を見いだす為に或る筋道を引き、一つの標準を設ける人は、孤立させたものの外に居るし(従って、言うところの全体の中には、法則を見いだす人自身は入っていない)、そして、その意志が、孤立させたものの出来事の運命をどう分析するかにとって重要なのである。つまり、法則に従うとされる出来事とは、完璧に反復されるものであるという建前を維持した出来事で、そのような出来事は或る特定の状況のもとでの出来事、他から切り離され完結した事柄であるかのごとく選ばれた出来事でしかない。それで、その(状況を含めた)選び、お膳立てをなすのは人の技術的行為、ないしはその想像である。法則はこのお膳立ての前提の上で語られ始め、己が条件であるこの前提については何も述べることができない。そうして、現実の複雑な出来事は、あたかもこのようにお膳立てされた状況の組み合わせから成り立っているかのように分析される限りで、そこにも法則が支配していると認められるのである。ただし、このような組み合わせから成り立っているような出来事は、人が製作する機械のようなものにおいてしか生じない(そして機械にはその外側の諸物象があって、機械内部の出来事はそれら諸物象と作用し合っているにもかかわらず、あたかも孤立した内部で法則が支配しているかのように思えてしまう)。それなのに人々は不用意に、物的実在全体があれこれの法則に従う幾つもの出来事の組み合わせとして変化していると勘違いする。有意味な因果連鎖は実在の中の或る部分に関してのみ認めてよい、因果連鎖があると見做してよいに過ぎないのに、実在全体が因果法則のもとで決定されているという間違った像を持ってしまうのである。

なぜ私は出来事の始まりについては法則は沈黙するものであることにこだわるのか。それは、法則の概念の、人間をも巻き込んだ決定論への読み替えという、起きがちな解釈の過ちを回避するためである。或る出来事が法則に従って生じていると言われる時、その内容は、既に或る仕方で切り出されて話題になった出来事の展開過程にのみ関わるのであり、そもそもの出来事の始まりに関しては法則は無記であること、これに注意を向けるべきである。そして、すると、或る出来事の展開に目を向ける前に、むしろ、一切が切れ目なくつながっている実在全体の中に相対的に独立した諸事物や、また、始まりと終わりを持った一つの出来事を述べるとはどのようなことかと、これを問うことができ、このことには、まさに人が自ら行為を始めるものとして自己了解していることが関与しているのではないかと、このように事態を見てとってゆく展望を開くことができる。確かに、実在の一切がつながりを持っている中であれこれの出来事を取り出すことは、次の二つのことに基づいている。第一には、私達が肉体を持っていて、その肉体を尺度に諸事物を、知覚するという形で切り出すこと。第二に、私達が行為によって諸事物に変更をもたらすことを標準にした理解仕方を、実在の時間的推移に投げかけること。そうして、法則的理解とは、この理解仕方において結晶化されてきたものなのである。あるがままの真理という含みは意味をなさない。すべては一回限りで生成してゆく。だから、反復が問題である。しかるに、類似ゆえに反復と見做されることではない反復、正確に同じ事柄の反復という建前、しかも自ら始める反復、これを、たとえ建前でしかないとしても要求できるのは、人の配慮のうちにある行為なのである。結局、法則とは反復が意志された諸々の秩序のことである。秩序は網目であり、実在するものはその網目から逃れてゆく。ただ、人はその網目によって形を与えられた実在の姿で満足する。

単純なことだが重要な事柄として、私達の或る行為と他の行為との間には切れ目があることに注意しよう。それで、法則が見いだされると主張される或る出来事も、他の出来事との間に切れ目を持っている。これを考えないと、法則の概念のすっきりした魅力ゆえに、時間軸に沿ってあらゆる出来事が法則の支配のもとの連鎖の姿で生じてくるという像を描いてしまい、すべては決定論のもとにあると勘違いしてしまう。他面、同時的には諸々の出来事があるのであって、それらの輪郭づけも、私達自身の行為を範型にしている。そして、私達はそれらの一つ一つを分析する。法則というものを語りもする。しかし、法則を発見すると称する分析において私達は、自分達の諸々の行為を入り組ませながら、問題の出来事を再現する術、無視できるずれを別にして同一の出来事であると承認してもよい再現の術を探しているだけなのである。行為はいつも起点にある。そこから因果の線が伸びる。そして、一つの出来事を理解するに、それを幾つもの線の合成に置き換える。そして、この線が反復的なものであることが承認されている時、法則の名が登場することがあるだけだ。かくて、法則の概念の優位という考えは転倒した考えである。固定的なものとしての真理の概念に引きずられて生まれた考えに違いない。しかるに、真理の概念そのものが、秩序の概念の中に包み込まれなければならない。その秩序は、行為する者たる人々が打ち立てようと努力するところに生まれるものなのである。

こうして、思想史的にみて、法則の概念を優位させる考えとともに現象の水準からは追放され、場合によって現象の背後の世界を認める限りでそこに場所を与えられた原因の概念が、行為の概念（行為者の自己了解）に引き連れられて、現象の只中で第一級の重要性を持つこと、これが示されたのであれば幸いである。ただし、ここには新しい課題が指し示されている。即ち、行為者の地位の問題である。しかるに、その問題は、現象とは別のところに行為者を位置づけてみるという仕方で解決されるべきことではない。人の活動における意志的行為の生成を、肉体を離れることなく調べることが要請されている。

本文の哲学史的背景についての注解

「はしがき」の末尾で述べた本書のスタイルにもかかわらず、西洋近代哲学の歴史と関係づけた時の本書の狙いについて、ここで若干のことを、述べさせていただく。

第一章と第二章とでは、知覚に本質的な契機としての広がりを重視した。つまり、知覚の種類ごとに異なる知覚的質が、対象性を持つために不可欠のものとしてそれぞれに携える一挙に現前するものとしての広がりの様態、これを描いた。次に、その広がりが、肉体がその中を順次に運動していって顕わにする広がりの意義というもの（知覚の広がりとは区別されるべき広がりの意義）を取ることの論理を、肉体の全体としての運動の可能性と、肉体の知覚器官の運動との絡みを指摘することによって追究した。それで、私が二つの区別されるべき事柄として述べながらも同じ「広がり」という漠然とした言葉で述べてゆく事柄についての議論の背後には、物体と空間との二つを巡る一連の概念史が念頭にある。乱暴に言えば、第一の、知覚の対象性の成立とともに一挙に現前する広がりの方は、有名な例を挙げて言えば、カントが感性の直観形式だと考える空間の如きものに相当している（けれども、私の考えに一番近いのは、ホワイトヘッドの「呈示的（ないしは現前的）直接性」の概念が含むところだと思う）。大事なことは、この広がりを私は、様々の知覚的質が携える広がりだと考えていることである。第二の、私が肉体の運動の概念と不可分の事柄として顕わにしようとした広がりの方は、デカルトが物体そのものだとした延長と、物体の容れ物ないしは運動がなされる場所と考えられるときの空間の概念と、これら両者をともに含み込むようなものである。だから、これには、時に深刻に論ぜられた真空の概念をどう位置づけるかということはともかく、少なくとも空虚と物体との分節に権利を与えることが付随している。

（「延長」という堅い日本語は、「エタンデュ（広がったもの）」というフランス語が哲学書の中で翻訳されるときに慣例的に選ばれてきた語である。英語だと「エクステンション」に相当するだろうが、これに対する語としてはフランス語でも「エクスタンシオン」という語がある事情もあり、だから、「エタンデュ（延長）」とは議論の文脈が定まった中で使う、より術語的な表現だと考えればよい。「空間」の方は「エスパース」「スペース」であるが、もちろん、これこそ広がったものの最たるもので、だから、ともかく物体の概念と空間の概念とが切り離し得ないことに注目する考えが「延長」という概念の基礎にあることが大事な点である。）

それで、だとすると、二つの広がりを区別する仕方で私は、日常の生活で私達が物体の性質だと考える様々の知覚的質、即ち色だとか匂いだとかを、物体の概念から、いったんは切り離しているわけである。このことは、デカルト以来、私が「知覚的質」と呼び、一般には「感覚的質」ないしは「感覚的なもの」と呼び慣わされているものが、実在するものとしての物体から剝がされ、精神の変様だと位置づけられてきた時のいきさつの中の、少なくとも物体の空間的規定と質的規定との分離に対応する事柄は私が認めること、これを意味している。けれども、私が本書で明らかにしたいことの一つは、物体の広がりとは、肉体の運動によってのみ意味を与えられる事柄だということである。その肉体ももちろん、それ自身が広がりを持ったものであるが、むしろ根本的には運動によって〈私〉にとっての広がりの核を形成するものだと私はとらえる。

　デカルトの、物体そのものである延長の概念にしても、マールブランシュの、物体が創造されるときの範型となる様々の規定を容れた、神のうちなる叡知的延長の概念にしても、延長というのは知的認識の対象であった。どういうことかと言えば、それは（観念を媒介としてであろうと或る意味で観念そのものであろうと）いわば精神の目で見られる事柄、直観によって把握される事柄であり、肉体の知覚器官（ないしは感覚器官）によって捉えられるものではないというのである。そして、その主張は、明証性（疑いを容れない絶対的に確実であること）の要求と一体になっていて、この要求は他方で、明証性を欠いていて単に主観的な事柄だと彼等には思えた感覚的なものを物体から剝がして、精神が取る変様だと位置づけるべく彼等を導いたのである。

　けれども、私は、物体の概念から切り離せない広がりの概念は、決して直観の対象ではないこと、これこそ運動する肉体の概念とともにでなければ手に入れることができないものであると考える。そして、いわゆる明証性というものの正体は、肉体の運動が行為の遂行という資格で位置づけられる時に、それ自身が反復され得ることを要請された行為が、反復的に描く秩序、意志された秩序に他ならないと思う。更に、近代哲学において明証性が争われる場としてのいわゆる観念というものについて言えば、これは件の秩序を記号の水準で確保しようとする時に出てくる事柄に相当することと、（後で説明する）現前的内容とを、ごちゃまぜに含み込んだものだと考える。その証拠としては、観念の概念に依拠した哲学というものが、明証性の要求を満足させる狭義の観念、即ち知的観念と、満たさない感覚的観念との区別をしないわけにはゆかなかったことを挙げることができる。私が思うに、正確には思考、つまり近代哲学が近代科学の歩みに遅れまいと主題に取り上げた意味に限定された上での認識活動とは、諸観念の観想にあるのでなく、行為の追行、諸記号を相手の操作に仮託したという意味での理念のレヴェルでの行為の構成なのである。そうして、してみれば、観念から存在へという、観念論が描く認識の道筋は、その前に、行為から記号を媒体とする思考へ、というプロセスを前提していて、認識の素材は最初から行為遂行を担う肉体とともに、行為の働きかける相手としての対象に到達しているわけである。ただ、もちろん、その到達を言うためには、肉体が、認識する〈私〉にしっかりつながれていなければならない。だが、このことは、むしろ動物として生きている肉体における〈私〉の誕生の問題として考察するべきだと思う（これについては、『私というものの成立』所収論文参照）。本書では、肉体自身の空間性（ヴォリューム）というものを、肉体の諸部分が相互の配置を変える運動をなして広がりの核をつくるという論点と、感覚の広がりの場であるという論点のもとで描く。そして、〈私〉が行為者である限りでは肉体を動かす主体であることと、感覚を肉体に感ずる者であることとの二点において、〈私〉と〈私〉の肉体との一体性を前提した議論をした。それで、この〈私〉なるものについては後で述べるとして、肉体の広がりという論点に関して言えば、これはメーヌ・ド・ビランが「内的延長」という命名のもとで取り出した概念、および、ベルクソンの肉体の概念に近い。なお、ここで、内的延長という概念が、延長の概念と外在性の概念とが等価であるとされるような文脈では、形容矛盾にも思えるような概念であったことに注意するのは無駄ではあるまい。「内的」という言葉の含みには様々あるが、ここでは二つの点に注意する。一つは、普通、物体の本質が延長だと捉えられるときには物体の分割可能性が含意され、そうして、或る部分は他の部分を排除するような構造(相互外在性)が延長には認められるのであるが、内的延長というものはその部分が区別されながらも、〈私〉によって動かされるものであるという一点において統一を有していることである。そして、もう一つは、まさに、その〈私〉の存在内容から切り離せないという意義を持っていることである。「内的」という形容語はいつも、精神という存在として規定される慣わしの〈私〉の内側、これを指すべく哲学では使用されてきた。

　すると次に、いわゆる感覚的なものについての哲学的通念との関係で、私の議論を確認しなければならない。第一に、私は本書で、感覚と知覚、あるいは感覚的質と知覚的質とを区別した。対象性を成立させる広がりの様態を持ったものが知覚的質で、それが崩壊して己における出来事となり、しかも諸部分の相対的運動において顕わになる肉体の様態としての広がり、これに重なる配置を取る質が、感覚的質である。そして、このような言明において私は、西洋近代哲学の伝統と二つの点で対立している。第一に、近代哲学にあって感覚的なものは精神の変様だとされ、しかるに（物体が延長であるのに対して）精神というものは広がりを持たないとされるのだから、精神の変様としての感覚的なものもまた当然に広がりを持ったものではないと考えられた。そして、このような規定ゆえにこそ第二に、感覚的なものの概念は、私が言う知覚的質と感覚的質との両方を含むものと考えるのが一般的な通り相場となった。だが、私は、知覚的質と感覚的質との両方に広がりを回復させ、かつ、二つの区別をも、対象への帰属と肉体への帰属との区別という形で回復する（この点は、ベルクソンが『物質と記憶』で採った発想と似ている）。

そもそも、知覚的質と感覚的質とを区別する根拠は、肉体を単なる物体の一種だと位置づけるのでなく、肉体の特殊性を言うことの中にしか見つけることはできない。そして、特殊性とは、むしろ根源性で、肉体に象（かたど）って物体の概念が描かれてくるのであること、これを、よくよく洞察しなければならない。

（それで、トマス・リードは彼の常識哲学の面目を施して知覚と感覚との区別を維持しようとしたが、彼は、肉体の概念を物体の概念の方からしか規定しなかったし、基本的には質に広がりを返すことをしなかったので、彼の主張にもかかわらず結局は成功していない。）

近代哲学の歴史では多くの場合、肉体というものは、感覚的なものを哲学体系の中に導入する時には（密かにか無造作にか）不可欠のものとして最初に要請されながら、それでいて結局は物体の一種として精神の外なるものと位置づけられ、物体と同様に、それが在ることやそれがどのようなものであるかについての認識は、既に己を確保した精神が己の後で、精神の内なる事柄（この中に感覚的なものも含まれる）から出発して獲得することもあるかも知れない事柄でしかないと考えられてきた。けれども、私は、知覚と感覚との両者における肉体の関与の不可欠性というものにこだわる。そして、私はこれを、肉体の知覚器官の運動に焦点をおいて考察したし、その運動の有りようの違いに結び付けて、知覚的質と感覚的質との間に見られるダイナミズムを明らかにした。だから私は、肉体を最初から最後まで考察の主要エレメントとして登場させたのである。肉体の概念が、哲学体系の都合次第で前提されたり、途中で姿を消したりするようなことはない。それで、知覚器官の運動への注目は次の点で重要である。即ち、その運動は知覚器官を部分として含む肉体全体の運動に統合されているものであり、すると、知覚対象が携える様態としての広がりと、肉体がその中を運動しつつ顕わにする広がりと、両者のつながりは明らかなものになるのである。そして、このつながりによって、知覚において現前する諸々の知覚的質が、先に述べた仕方でこそ、即ち運動の広がりとの関係においてこそ規定されるべき物体、これの性質とされることの論理も明らかになる。私は先に、私も物体の空間的規定と質的規定とは、いったんは分離されるべきことを認めると述べたのであるが、しかし私の考えでは、分離は、質から広がりの規定を奪うことによってなされるべきではなく、知覚的質に固有の広がりと、本当に存在すると言われることのできる物体の特性としての広がりとを区別することによってなされるのである。前者の広がりは一挙に現前する広がりであり、後者の広がりは、肉体や物体が時間をかけて運動して隔たりを埋めることによって顕わにする広がりである。そして、実に二つの広がりが重ね合わされるのは普通であることを通して、物体は、私達が日常考える通りに、様々の質を結局は己が性質として回復するのである。

そもそもが、知覚的質は或る種の明証性の基準に合わないという理由で主観的な性質のものでしかないとされ、個々の精神の変様だと考えられたのであるが、もっと基本的には、知覚的質の現前を言うためにも、それは精神の変様でなければならないと考えられたのであった。けれども、哲学で（かなり無造作に使用されると私には思われる）精神という概念、しかも分割できないゆえにか、物体や肉体との対立を際立たせるためにか、広がりを持たぬとされる精神の概念そのものが、決して明瞭なものではない。結局のところ、私のみるところ、いわゆる感覚的なものが、なぜ精神の変様とされたのかと言えば、変様とは、己の変様であるゆえに精神が直接に知っているはずの事柄、それに対応するものが精神の外側に在ろうとなかろうと、精神にとっては何物かである事柄だと規定されているからである。では、なぜ精神は己の変様であれば知っているのかということは、当然のごとく語られながらも必ずしもよくは分からない。ただ、精神は思惟によって特徴づけられる。これを解するに私は、思惟とはまさに何かを己の現前にもたらす作用だと承認されているからだと考える。ただし、すると、ここで「思惟」というのは本来は「想い」みたいなもののはずで、しかるに、それを認識活動としての思考、即ち先に述べた諸観念の観想、直観として考えてゆく時に、偏向が生じ誤りを発生させる元になると思われる（これについては拙論「意識と我」九州大学教養部紀要『テオリア』第二八輯、一九八五年参照）。実際、認識する働きとしての思考が問題なら、それはむしろ行為が切り開き打ち立てる秩序を理念のレヴェルで追行し保持することであるのに、認識を導くのは明証性を伴った現前であると主張された時に、致命的な混乱が生じざるを得なかったのであると、私は考える。現前する事柄は科学的認識にとっては素材であり手掛かりであるに過ぎない。しかし、素材であり手掛かりであるためには、それは行為の遂行の場である広がりへと接合されるべき広がりの様態を、既に携えていなければならない。

（とはいえ、もちろん、現前はただ現前であること独自の価値をも別に持っている。本書第二章第3節参照。）

それで、哲学史上で名高い物体の第一性質と第二性質とはなぜ区別されたのか。また、イギリス経験論の進展において、両者の区別が目立たせられ、次に廃棄され、かつ、廃棄と連動して物体的実体の概念が解体された理由は何か。区別の根拠は、知覚的質ではなく広がりだけが肉体の運動によって抽出されることにあり、廃棄の理由は、論者達がその運動に着目することをせずに、認識とは（知的観念と感覚的なものとの両方を含めて）現前する事柄の観想にあると考えてしまった誤りに由来する。赤い三角なものの現前のうちに、彼等に先立つ誰か、あるいは彼等のうちの誰かが、明証性を備えた三角形の観念と、備えていない赤さの感覚的観念を区別した。だが、前者のいわば幾何学的内容としての明瞭性の内実は実際には三角形を作図する手続きにある。それなのに、彼等はこれを直観の事柄だと捉えて、それと赤さの経験との差を明証性の程度の差に帰することをなしたので、結局は両者の差異を維持できなくなっていったわけである。また、感覚的なものの主観性とその精神の変様でしかないという規定とが堅く維持されているところでは、延長によって特徴づけられる物体的実体の概念の批判も不可避となる。物体の〈私〉からの独立は、運動として遂行される行為こそが広がりの規定のもとに諸々の知覚的質の現前を組織してゆくことに気づかないなら、神に頼るしか主張できない。つまり、現前する広がりを運動の広がりへと統合しないなら、広がりもまた諸々の知覚的質と同じく主観的なものとして規定されてゆく運命にあるのは当然なのである。バークリーを待つまでもなく、ライプニッツも空間の表象には何か想像的なところがあると考え、延長を実在するものとしたデカルトに反対した（もっとも、彼は、それを基礎づけられた現象であると考えた）。マールブランシュは、精神が見る延長の実在性を客観性とともに確保するためには、それを神のうちに置くことを迫られていたし、それは何と物体の延長とは区別されるべきものなのであり、その物体が存在することは啓示によって受け入れるしかない事柄なのであった。

だから、延長の概念と物体の概念が一緒になったデカルトから出発しながら、マールブランシュとライプニッツとを念頭に置いてカントの感性の直観形式としての空間の概念に至る線を考えると、物体的実在の概念から広がりの概念を切り離して、それとして独立に扱い、その豊富な規定を探しにゆく一つの思想の動きを指摘することができる。空間とはまさに物体性を含意しない広がりの概念である。そして、この動きの傍らでは、物体的実体の概念そのものの廃棄に進む別の動きがあった。それで、いずれの動きも、いわば現前の内容としての広がりにばかり目を向けることに由来していて、その限りでは兄弟であること、これは以上の説明で明らかであろう。けれども、私はと言えば、物体の概念はやはり広がりの概念なしでは理解できず、しかし、その広がりは運動が顕わにする広がりだと言うのである。そして、この広がりとの関係でこそ、近代哲学が関心を持った認識の成立もあると考える。

カントが時間と空間という感性の直観形式と悟性の概念形式としてのカテゴリーによって普遍的認識の可能性を懐疑論から救ったことはよく知られているが、その空間規定に関して言うならば、カントはマールブランシュから遠くはない。マールブランシュの神のうちなる叡知的延長は、物体のすべての可能な秩序を容れ得るもので、部分が互いに排除し合うという延長（ないしは物体）の相互外在的性格にもかかわらず、一切を含み込む一なるものとして、物体の世界の創造に先んじている。しかも、それは感覚的質を通して感知されもする。つまり、叡知的延長はその無限で叡知的である性格ゆえに有限な人間精神に働きかけ得、その結果として人の具体的経験において感覚的質を生じさせ、その形式として感覚的延長（これは物体的延長ではない）となる。ここには可能的なものから現実的なものへの、その客観性を保証した移行がある。その上、叡知的延長が含む秩序というのは幾何学的なものなのであり、すると、マールブランシュの叡知的延長の概念からその実在性を仮に引き去ることをするなら、それがいかにカントの空間概念に似ているか分かるであろう。ただ、私が思うに、幾何学の秩序もまた、操作のレヴェルでの運動の概念を持ち込むことなしでは理解できないはずである。

それから、なお、出来事の理解の在りようについてのマールブランシュとカントとの親近性については本書第四章第1節で述べたが、一般に、先にイギリス経験論における実体概念の解体として述べたような事柄と、西洋近代の思想で同時に進行した原因概念の批判（即ち出来事の科学的理解からは原因の概念を排除しようとする考え）とは、実は軌を一にするものなのである。それらはともに、すべて認識とは諸々の現前する事柄を、その与えられ方の規則性とともによく見ることなのだと、勘違いするところから発している。それで、この後者の点を背景に、本書の第三章と第四章で、出来事の理解について議論した。

最後に、現前の概念を媒介に、私が規定する〈私〉の概念の内容について少しのことを述べておくのが望ましいに違いない。

〈私〉というものの基本的規定は何か。現われが存在をつくるような存在である、というものだと私は思う。そして、いわゆる精神の概念も、それに内容を与えるなら、やはり、この現われの概念によってでなければ曖昧になると私は考える。そして、現前の概念が含むところも、これ以外ではないはずである。だから、コンディヤックが、「精神が薔薇の匂いを嗅ぐとその匂いになった」と述べる時、それは或る意味では的を射ているのである。ただ、現われとはどのようなことか。ここに二つの事柄を考えねばならない。一つは、諸々の現われがあるところ、その同時性の秩序としての広がりが必ずや伴うことである。そして、私はこの広がりを運動の広がりから区別し、その上で、二つの広がりにともに関与する肉体の運動が二つを織り合わせてゆくことを示すことに努めたのである。別の言い方をすれば、肉体の運動が、〈私〉自身の事柄としての薔薇の匂いを、薔薇という物体に帰属させにゆく論理、これを私は論じた（けれども、私はまた、物体へ帰属させることをしない時の諸々の知覚的質の経験の価値についても目配りをすることを忘れなかった）。それから二番目は、現前を言うとは現在という時間を考えることなしではできないことである。マールブランシュにとっても、叡知的延長は未だ可能的であるに過ぎない、神による創造のわざの手前で語れる諸本質に関わるが、時間は現存に関わる（ちなみに、西洋近代哲学で、特にその認識論上での観念論の手続きにあって、現存するという意味での実在するものという概念に意味を供給する最終のよりどころは、神による被造物であること、これに求める他はなかった）。一体、現在とは何か。私の考えでは、現在とは現前するものの定まりの生起そのことである。そうして、実にその生起のうちに私が〈私〉を、どうしようもなく在ってしまっているものとして見いだしてゆく時間である。そして、この〈私〉にあって、広がりの様態によって区別されつつも同時に保持される諸々の現われの一切は一つに溶け合っていて、そこで、〈私〉はいわば遍在する精神であるかのごとき仕方で在る——現われの享受そのこととして存在をそのつどに成就している、現存しているのである。

ところが他方、現在という時間を語ると、私はまた、自分が行為する者たる限りで、現在を、過去、現在、未来という時間の流れのうちに位置づけることにも注意を払わなければならない。私は「どうしよう？」と問いを発して、ささやかながらも自己をつくることをも試み、時間をかけて行為を遂行してゆく存在でもあるのである。そして、その時、私は様々の物に囲まれた世界に居る肉体として己をはっきりと了解する。こうして、私は〈私〉というものを、現在という時間に密着した在ることと、時間を組織してゆきながら為すこととの二重の相のもとで考えるべく、いつも強いられる。それで、行為はもちろん肉体の運動なしではあり得ない。また、現在に現われるものの多くを供給する知覚も、本文で述べたように、肉体があたかも消去されるかのような方向を辿ることの中で成立するが、しかし肉体なしでは生じ得ない。だから、いつも私の叙述では肉体が大事な論点として登場する。いや私が思うに、先にも述べたように、むしろ、動物として生き、活動する肉体における〈私〉の誕生という仕方でこそ問題は立てるべきで、それは、知覚と運動との基礎の上に、問うことととともに成立する意志的主体、従って行為主体の発生と、それと相即的な情感性の発生、ゆったりした幅のある現在の享受を可能にし〈私〉の最も深い内実をつくる情感性の発生と、これらをたずねることでもって果たされるであろう。ただ、この作業をなすことは本書の課題のうちに入っていない（前掲『私というものの成立』所収論文を参照。また、ともかく肉体が皮膚によって己の外側のものからの相対的分離を動物として実現していること、このことの意味の重要性については、論文「生命と意識――ビシャの生命論」――『現代思想』一九九二年八月号所収――で幾分か論じた。その中で私は、生理学の夜明けの頃に仕事をしたビシャの生命思想を、刺激の概念を中心に紹介したのだが、重視されることの多い脳のような中枢の概念の陰で目立たないもの、中枢の概念にも意味を与える側の事柄である肉体の周縁部というもの、これの重要性を引き出しておいた)。

さて、長くなったが、以上の哲学史の或る側面の見取り図を念頭に、私達の日常的観点からは余りに当然のことをしか述べていないかに思える叙述も、哲学が格闘してきた諸問題の解決の意図を隠し持っていること、これを読み取っていただけるなら、それはやはり望ましい読まれ方であるのかも知れない。しかし、同時に私は、それらの関心を別にしても、本文が、物の知覚と出来事の理解という主題についての、一つの哲学的考察の試みとして、或る論じ方として、読まれるに堪えるものとなっていることを、危ぶみながらも願うものである。

注

（1）典型を言うとは分類という私達が物事を理解する際の根本の遣り方と一緒になっていて（何か分からないものでさえ「何か黒いもの」というふうに分類しないわけにはゆかない）、ここでの文章は一群の出来事を「触れるという出来事」に分類しているということを背景にしている。ところで、分類は定義ともにあるという考えを人は持ちたがるかもしれないが、定義に先立って典型の把握がある。典型は同類の中で目立つもの、また、経験される頻度が高いものである。そして典型ではないものをも同じ分類枠に入れることは許容されている。ただ、典型から大きく隔たるものは分類の周縁をなし、更にはその分類枠に属するかどうかが曖昧にさえなる。数学のベン図のようにきっぱりした輪郭の内側と外というふうに分類できるとは限らない。実際、私達は、種別が一般にはかなり明確な生物である蝶と蛾とを大抵は区別するが、これら二つのグループの線引きはできるのか。典型的な林、典型的な森があるが、具体的な或る木々の集まりを、林と見るか森と見るか、どちらでもいいという場合もあるではないか。また、私達は雲を鰯雲、鯖雲、羊雲などと区別し、気象学者は雲の形と更には高さも考慮して巻雲や高積雲と高層雲、積乱雲などと区別しているものの、どちらの場合も現実の雲を鮮明に振り分け得るものではないだろう。けれども、分類における曖昧さは許容してかまわないし、実際に許容している。なのに、あらゆる事柄に定義を与える、ないし見つけ出すことに熱中する人々は、このことを忘れ、満足な定義が得られないことに苛立つ。論争者が定義破りの事例を提出して攻撃するからである。

ただ、私達の社会生活、特に立法、行政の領域などでは画然とグループ間の線引きをするよう迫られることが沢山ある。誰かの被扶養者として認められる者はどのような要件を満たしているのかなど。確実に運用できる操作的定義が必要である。しかるにその定義は、人々のまあまあの納得（典型に照らすことによる納得）を得つつ、専断と約束という性格も持たざるを得ない。最近の深刻な事柄の一つとしては、人の死の定義の問題がある。人が生きていることと死んでいることと、それぞれ典型においては実に明確である。だが、臓器提供があり得るという現実との関係で、境界的事例をどう判断するかという問題が出てきた。この問題の困難さはかつては注意されずに済んだ。死を認める基準として心肺停止、脳死などの候補が議論されている。

（2）「因果関係の知覚」という表現はミショットから採った。Michotte, A., *The Perception of Causality*, translated by T.R. Miles and F.Miles, 1963.

（3）ミショットの実験では、操作が容易なため、スクリーンに投影された映像の運動に関する因果性の知覚が選ばれている。だが、その手続きの意義その他について議論する煩雑さを避けるため、本文の例を採った。ここではデータの信頼性などは問題にならず、論理的筋道だけが重要である。なお、因果関係の「印象を持つ」という表現はミショットから借りたものである。

（4）知覚における判断の位置については、マールブランシュが、「自由な判断」と対比した「自然的判断」という概念において、また、トマス・リードが「純粋な判断」と対比した「自然の判断」という概念において、主題化している。知覚成立においてバークリーが感覚の記号的な役割を、ヒュームが想像力の働きを、コンディヤックが記憶の働きを重視したことも、知覚の所与と判断との関係の問題上にあるものとして考察することもできよう。またメーヌ・ド・ビランは、我と非我との関係の中における区別を言う人格性の判断を、感覚経験と区別された知覚の成立の基礎と考える。要するに、知覚は単純で出来合いのものとして与えられるものではないことが、常に指摘され考察されてきたのである。

（5）ローラ・インガルス・ワイルダー、鈴木哲子訳『長い冬』岩波書店、上、八六頁他。原著一九四〇年。

(6) 本文で直ぐに述べるように、行為の典型は意志的行為に見いだすべきである。何故なら、行為が日常生活で最も強くかつ頻繁に問題になる場面は、意志的行為の場面であるから。そして「どうしよう?」という問いの答えとしての行為が意志的行為の更なる典型をなす。或るなされ終えた行為を後から話題にして、その行為は意志的になされたのかどうかを調べようとするのは、社交や犯罪等に関わる議論において非常に重要であるが、この調査とは、話題になっている行為の典型からの隔たりを測ろうとする努力なのである。そして、何故この調査がなされるかというと、「どうしよう?」という問いは自己決定に関わる問いだからである。この問いの性格は、「あれは何だ?」という問いと比べれば分かる。「あの煙は? 火事だ」、この答えは自分に直ぐに跳ね返ってはこない。「どうしよう? そうだ、消防署に電話しよう」、これは自己決定である。自己決定による行為とは自由なものとして始まるということに他ならない。そして因果関係は始まりが指定できてのみ概念となる。「どうしよう?」という問いのほとんどは、日常では些細なことにしか関わらないが、これへの答えの積み重ねが、人の生を取り消しようのないものとして作ってゆく。人が自分を自分で作り上げてゆくものである限り、この問いは頻繁に発されるのではないだろうか。

(7) 「発見」と「発明」との言葉遣いはベルクソンに倣った。

(8) 第一章と第二章とでみたように、私達は自分の体を実在するものとして捉え、かつ体の尺度で環境を分節し、体を範型に体と同様の仕方であると見做せるものを実在すると捉える(その見做せるものを発見する役割を持つのは知覚だが分節を強固なものにするのは、知覚に導かれながらさまざまな知覚対象を相手にする行動である)。けれども他方、夢や希望の内容は人を動かすというような現実性を持つし、それだけでなく、これら言うなれば心理的現実性と一方の石や樹木の類の現実性とが融合した存在の次元がある。そしてその次元の内容こそ私が現に在るということと一体になっている。これは、現実の存在とはいつだって現在に在るものだという時間的性格の私の根源的経験としての私が在ることを言い表す。知覚には第二章第3節（41）（42）の考察が示したような有り方もあり、その有り方では知覚における現われはすべて溶けあって私の現在を成すが、そのような知覚における沼を見ていることや風の音を聞くことと夢にさまようこととは質を同じくする。

（9）Alquié, Ferdinand, *Le cartésianisme de Malebranche*, J. Vrin, 1974, p.512.　なお、以下はpp.513-514の要約。

（10）前掲書 Alquié, p.515.

（11）Malebranche, Nicolas, *De la recherche de la vérité*, Tome II, Livres 4 à 6, Texte établi, par Lodis-Lewis, J. Vrin, 1967, p.201.「させる」という語は'déterminer'の訳である。また、'obliger'という語を使った次のような表現もある。「[物体という]機会偶因は、その不可侵入性ゆえに（à cause de）、神がその行為を配分するような神に仕向ける（obliger）。*Entretiens sur la métaphysique sur la religion*, édition par Cuvillier, Tome I, J. Vrin, 1965, p.219.　機会偶因なしでは神は作用を多様化（diversifier）できないのである」。

（12）Gueroult, Martial, *Malebranche*, Tome II, Aubier, 1959, p.217.

（13）Brunschvicg, Léon, *L'expérience humaine et la causalité physique*, Férix Alcan, 1922, p.244.

（14）Whitehead, Alfred North, *Science and the modern world*, 1925, the Free Press edition, 1967, pp.3-4.

（15）前掲書 Whitehead, pp.10-12.　なお、ホワイトヘッドが自然の秩序に関する近代の概念の源の一つとしてギリシャ悲劇における運命の概念を言うとき、思想史的実際はともかく、法則概念の核心であるものについて誤解を招きはしないかと、私は若干の危惧を覚える。運命とは彼自身が言うように「不可避性」である。けれども、不可避であること、決まっていることは、特に法則の概念にのみ特有であるわけではない。それに、法則の概念に関しては、「決まって」いることは実は法則を発見する私達によって「決められて」いることに基づいているとさえ言うことが、私達の自然法則についての危うい固定観念を揺さぶるには効果的だと思われる。そこで、むしろホワイトヘッドが、ローマ法の観念とは「事柄を正しく整え、それを維持するための明確な手続き definite procedure」に関わっていたと述べる（p.11）ことの方を重く取るべきだと私は思う。注（23）で紹介するが、ホワイトヘッドは、分類するのではなく測定することに近代科学の成功があるとも述べ、そして数学の不可欠性を指摘する。しかるに、その数学自身、諸記号を順次、先立って導入し終えている諸記号間に新たに打ち立てたり見いだしたりする関係によって定義する仕方で導入するという明確な手続きゆえにその明証性を手に入れるということに注意したい。決める手続きの明確さが「決まっていること」を支えているのである。

（16）教条（doctrine）であるよりは、むしろ雰囲気（climat）である、行き渡った実証主義的な精神。Gouhier, Henri, *La jeunesse d'Auguste Comte et la formation du positivisme*, Tome II, J. Vrin, 1936, p.5.

（17）Laplace, Pierre-Simon, *Exposition du système du monde*, 1796. Fayard, 1984, p.526. Cette édition est conforme à l'édition de 1835.

（18）前掲書 Laplace, p.534.

（19）ちなみに、スヴァンメルダム、ノレ、ボネ、ベルナルダン・ド・サン＝ピエール等による自然の研究は神の礼賛に結びついていた。微細なものの中にも複雑な秩序があるのは神の御業（みわざ）による他ないとする「昆虫の神学」と呼ばれるものがあったことを紹介しておこう。ラプラスに戻れば、彼の発想では、法則の概念と原因の概念との切り離しができていない。これに対して十九世紀初頭の哲学者メーヌ・ド・ビランは、自然科学が見いだす法則とは、諸現象の類似性に根拠づけられながら観察する精神が設定する一つの見方、ないしそれらを表現する仕方でしかないことを見抜いていた。

彼は引力の概念や生命原理の概念その他、多数の概念を例として挙げ、その議論は入り組んでいるが、意を汲んで次のような例示をなすことができる。例えば重力の法則というのは、犬が崖から落ちるときに辿るときの運動と岩が落ちるときの運動とは類似の運動だと見做し、その共通の運動仕方だけを記述しただけのものとしてある。ところが、生きている犬の筋肉が僅かの刺激で大きく収縮する運動は落下運動とは違った種類で、それを「重力の法則に従った」運動だとするわけにはゆかない（力の大きさに比例して縮むバネの運動とも種類が違う）。そうではなくて、蛙の筋肉の収縮運動と類似した運動だということが観察される。すると、それら違った分類に属する運動仕方を指示するために「生命原理に従った」運動だとすることは妥当である。しかるにここで重要な点は、「重力」と言い「生命原理」と言っても、物体の落下や筋肉の収縮運動という観察される現象から独立にそれと指示できる事柄があるわけではないということである。それらは、ビランの語り口では、「個的に定まった実在的」事象ではなく、個々の事象に関係づけられて初めて意味が確定する、それ自体としては「類的な概念」でしかない。つまり、法則とは、或る諸現象に類似性があるときに、その類似した有り方を簡略した仕方で述べる一つの方策である。

ところが第二に、人には法則に諸現象の背後で諸現象の有り方を決定しつつ生み出している原因の概念を重ね合わせてみる（誤っているが避けがたい）傾向がある。そこで次のような事態が生じることになる。例えば「重力」や「生命原理」を諸現象を引き起こすものとして、諸現象から独立したものとして考えると、それ自体としては何であるかが問題となり、しかし当然にそれは謎であるとするほかなく、かくて人は新たな探究に誘われる。実際、「重力が原因で物体が落ちるのなら、では重力とは一体何か」という問いが頭をもたげてくるのも自然である。

しかも第三に、ではその問いに答えようとする探究は無駄なものかというとそうではない。探究は、既に得られていた或るグループの諸現象の一般化としての法則に代えるに、より高度に一般的な法則の発見という成果をもたらす。例えば、重力とは何かを知ろうとする科学者は、地上での物体の落下の一般的有り方を表現するものとしての「重力」の概念に代えるに、惑星や衛星の運動の仕方をも表現する「普遍的重力」すなわち「引力」の概念を見いだす。ただし、引力もまた或るより広い諸現象の有りようを述べるものであって、諸現象の原因ではない。「引力」の名のもとで新しい法則として認められているものに過ぎない。

こうして、自然科学の十八世紀における有りようについてのメーヌ・ド・ビランによる診断に従えば、原因概念は内容あるものとして科学の内部に入り込むことは決してなく、それでいて科学の内容物たる法則と己とを混同させ、その法則に、自らの探究されるべきものたる意義を押しつけ、かくて新たな法則の発見へと科学者を駆り立てる役割を果たしている。以上の論点を広い文脈の中で論じたものとして、拙論「メーヌ・ド・ビランの思想に於ける原因概念の位置について」九州大学教養部紀要『テオリア』第二六輯、一九八三年。

なお、ここで幾つか指摘しておきたい。一つは、出来事に関する法則の発見においては幾つかの出来事の類似の発見が先立たないわけにはゆかないこと。分類するというのは注（1）で述べたように、私達にとって根本的な理解仕方なのである。私達は物を分類するだけでなく出来事も分類するし、人の性格や感情のような事柄も分類する。そこで、ビランもしばしば、プレヴォというジュネーヴの人で記号論その他を書いた哲学者が掲げた、学問の方法の四段階説に言及している。私はプレヴォのものを直接に読むことはできなかったが、彼の主張は十九世紀初頭においては一般的なものであったと解してかまわないようである。プレヴォが挙げる手続きは、①観察せよ、②分類せよ、③法則を立てよ、④原因を探究せよ、という四つである。これらのうち、③から④への移りゆきは、まさにその法則がどうしてあるのかを説明する事柄を探せということであるが、ビランが指摘しているのは、そのような事柄は見つからない、見つかるのは③の法則が適用できるよりはもっと広い範囲の現象に共通の法則でしかないということなのである。ただ、③のあとに④の探究が必要であるという主張は、原因の概念を諸現象の背後にあってそれらを生み出すものとして、産出する力として考えるからだということは押さえておかなければならない。その種の原因概念はまさに諸現象の背後にあるゆえに隠れている。

しかるに「隠れた力」を言うとはどのようなことかに関して十六世紀以降の知識人たちの見解を考慮すべきである。早くにはベーコンが、人が事物の基本的な性質を挙げることでもって満足し、第二、第三、第四の性質や中間的原因を調べようとしていないときに「隠れた力」や「隠れた性質」の概念がはびこり、これらの概念は研究を停滞させ、人間精神を怠惰にすると述べていた（これは「本質」の概念の批判にも通じる）。そして時代を下って、ニュートンが言う引力の概念は隠れた力という概念の復活ではないのか、だとしたら好ましくない概念であるという疑義が出た。この疑義は、「或る物的なものの・他の物的なものへの・作用」は接触によってなされるという考えが染みついている私達にとって、離れたまま作用する引力というのは不思議なものに思えるということと連動していた。けれども実際には、引力とは諸現象の出来事の有りようを概括的に述べるものであって、言うなれば名目的なものである。このことをメーヌ・ド・ビランは力説し、隠れた力であるわけではないこと、諸現象に連れ戻されることによってその内容は隅々まで明白なものだと指摘した。また、十八世紀後半から十九世紀初頭にかけての生命論者たちが「生命力」ないし「生命原理」は或る類似した諸現象の共通性を名指すものでしかないことを神経質に述べようとしたとき、彼らもビランと同じ立場に立っている。そこで、生命力は決して或るものが生きていることの理由を説明しない。生命力が生体を生かしているのではない。生命力は或るものが生きていることの原因であるわけではない。

なお、ヒュームなどでは、原因とは（諸現象の背後にあるのではなく）諸現象のうちの一つとして私達が考えるものである。彼によれば、諸現象がほぼ決まった仕方で継起するとき、時間的に先立つ現象を後続する現象の原因と見做しているだけなのである。そこで彼は、その継起仕方の特徴を言う法則の概念の方が原因の概念に先立つとする。しかしながらこれは、私の考えでは、原因の概念を現象のレヴェルで捉え、諸現象間の時間の経過に関するものだとする点では適切だが、法則の概念が原因の概念を説明するとしているのは、第三章でみたように事柄の順序を転倒した間違った考えである。なお、単に観察によって見いだす法則、惑星や諸恒星の運行の法則のようなものを言い得るが、近代科学が見いだした種類の法則はそれらとは異なった性格を持っている。後者は、原因の概念を内蔵する行動、すなわち実験が指定する条件でのみ成立する。

(20) 例えば、*De la recherche de la vérité*, Tome I, p.242.

(21) 実のところ、ヒュームの趣旨をテキストの決定的一文で示すのは不可能である。彼が因果作用causation の起源を調べると称してなしている議論 (Hume, *Treatise on human nature*, pp.74-77) の実質は、継起する一連の諸現象の成分の吟味でしかない。しかも、彼自身の議論の進行から読み取れるように、そこで挙げられている近接性と継起との二つの関係は、本来、必然的結合という関係とは別ものである。それで結局、近接し継起する二つのものの間に必然的結合がみられる場合に因果関係が理解されると彼は主張している、こう解釈できるが、すると、因果作用の概念の起源を求めることの中心は、必然性の観念の起源――しばしばヒュームは「起源」の代わりに「原因」という言葉を用いる――を明らかにすることへとずらされる。そしてヒュームは必然性の概念を緩いものとして認め、その観念の起源は人の側の習慣による決定にあるとする (p.156)。しかるに習慣は反復である。

(22) この新たな性質の数え上げには類概念の個的事象への適用と個的事象の性質の所属類への一般化という双方向が潜んでいて、知識の拡張がどのようにしてなされるかをみることができる。個的事象とは、個物ないし個物の性質、個物において生ずる出来事 (例えば特定の岩、その岩の固さ、その岩が落ちるという出来事)、また雷や気温変化のように個物を指摘できない特定の出来事などである。夢という物的なものではないもの――特定の夢と夢という類――についても同じ知識の拡張の論理を言える。

(23) 心臓の鼓動や地球の運動の例はホワイトヘッドが、近代自然科学の成立に際して繰り返しの概念が非常に重要であったことを述べるときに挙げたものである（前掲書 Whitehead, p.31）。これらが周期的な繰り返しであることに注意したい。ホワイトヘッドは、この特殊な繰り返しに測定可能性を結びつけている。この箇所の前で彼は、分類することに代えて測定することを中心にしたところに近代科学の成功があることを、「分類は個物の直接的具体性から数学的概念の完全な抽象性の間の中間宿だ（p.28）」と言いながら指摘している。けれども、ガリレイが振り子の周期を突き止めた時、最初はたまたま振り子現象を目撃し、その観察に測定を伴わせて等時性を発見したのだが、この等時性を法則として確認するには実験によって様々な振り子現象を何度も生じさせて観測したこと、それら振り子が揺れる出来事を始めさせたのだということを見落としてはならない。或る法則の発見においては或る出来事を繰り返し始まらせることがあることに気づくのが重要である。

(24) 近代哲学史での、物体の一次性質（広がりや固性、延長、形、運動など）と二次性質（色や音、味などの質）という区別もヒエラルヒーを物語っているが、ここで論じている流れからすると中途半端な段階である。なお、本質という概念の背後にもヒエラルヒーという発想があるが、本質を実体化するという過ちには警戒しなければならない。単なる目立つ特徴ではなく本質を押さえたのだとする発想では、もう新たな発見に向かう探究を必要としないという怠惰を生み出すかも知れない。そもそも、類概念の述語はどれも、本質と目されるものも含めて、しょせんはその類概念に包摂される個物に即してしか理解できないもの、あれこれの個物において確認できる事柄としてしか意義を持たず、その内容を説明してくれるのは個々の事柄の方なのである。だから、本質による説明の実質は同語反復になることが多い。それから、私達の生活では質の経験というものこそが重要であることを決して忘れてはならない。ただ、質の操作を何かの量のコントロールで行うという方法が科学技術によって開発されてきた。例えばエアコンからどのようにして冷たい風や暖かい風を出すのか、気体の圧縮と膨張との程度を操作する。

あとがき

私は自分が特に反省的な人間であるのかどうか、よく分からない。ただ、自分というものをいつも見ている眼差しがあって、そうして、これが自分、私という不思議な存在で、ともかく、こうやって居る、生きている、ということを、確かめても仕様がないかも知れないけれども確かめるようにしている自分に気がつく。そして、いつも、あれをどうして、これをこうして、と考えてやっている活動的な人間でないわけではないのだけれども、どう活動したところで私は私で、やっぱりこうして居る、樹木を眺め、風の音に耳を澄ませていて、どうということなく相変わらずの仕方で居るのだとも思う。そんな私にとって、私が何かを為すことと在ることとはいつも対になって考えるべきこととして私の目に映じてきた。それら両面から、自分というものの自己了解が生じてくると思えるわけである。それで、その為すことの方を考えると、どうしても、人と人との関係の問題の方に目を向けないと理解できない論理が重要なこととして見えてくる。それも、人が顔を持って特定の個々人として互いに関わる人と人の関係と、顔なしの匿名で機能的な仕方でのみ関わっている関係、むしろ、いわゆる社会ないしは社会を構成する諸集団の担い手としての人との関係と、明らかに違った位相の人間関係を支配する論理が重要なものである。他方、〈私〉の在ることについては、その最も深い内実として情感的な在り方がみえてくる。こうして、私は一方では私自身という、私だけにとっての大問題と、私がどう考えようと私を越えた力で動く大きな物事の論理と、両方に大きな関心を寄せてきた。関心を寄せると言っても、理解したいという、或る強い内からの促しに動かされるということであろうか。

そこで、西洋の哲学を学び、それに関わりを持つ職業に就いた人間として、私は、諸々の情感の生起のうちに己を見いだす〈私〉を中心軸において、他方で人の世というものの論理を遠く見やりながら、その間に挟む形で、行為遂行を通じての自己了解の構造をはじめとした様々の主題を考えてきた（一言すれば、その中には、西洋近代以降の認識論をどう考えるかという問題も当然にあったが、それに関しては、私は、西洋哲学が大切にしてきた真理という概念を、秩序という、より包括的な概念の中に組み込んで柔軟なものにしようという抱負を持って考えてきた）。ただ、実際に活字にしてきたものは、中心軸たる〈私〉の周りに強く引きつけられた主題が目につく。〈私〉と意識、〈私〉と肉体、行為主体としての〈私〉、それから本書でも取り上げた、様々なものや事柄を見たり聞いたりする〈私〉、つまり知覚する〈私〉などなど。そして最近の幾つかの論文では記号の問題に焦点を置きながら、〈私〉と他者との関わりから始めて、物の社会性の問題へと、当初からの目論みに向かって考察を進めている。

そんな中で、本書は、物の知覚を中心主題とした私の一連の考察に一つの区切りを付けることを眼目にしたものである。それで、一九九四年春に刊行されるはずの編著『私というも

の の成立』でも確かに私は知覚の問題を扱っているが、しかし、それは本書での考察を補いながらも、他の人との関わりのもとにある人間存在の考察へと重点を移した上でのことでしかないし、従ってまた、そこに挿入した知覚論は、記号の問題を絡ませるなど、今、述べたばかりのことへの傾きを意図して書いた。やはり本書が私の知覚論としては一区切りの仕事だと考えるゆえんである。それからついでながら、思うに、記号を論ずるのに、記号が知覚されるということ、このことの重さを見落とすことは致命的だと私は考えていて、この点でも知覚についての議論は先に来なければならない。ただ、〈私〉と他者との関係の主題ででも記号の主題ででも重要な、知覚の公共性の問題は本書では扱わなかった。知覚と肉体と空間との関係の問題を論じたので、知覚の公共性の問題はいつでも扱える基礎ができた。差し当たりそれで十分だと思っている。それから、知覚論の中で扱うことが或る意味では望ましい、美とか芸術とかに関わる経験の位置について論ずること、これは他日を期したい。

また、本書では、物の知覚と並べるのが相応しいと思って、物の世界での出来事の理解というものを扱った。この際、正面には出さなかったが、真理の概念を秩序の概念のもとに組み込むという先に述べた企て、これの端緒ともなるべきことを念頭においた議論がなされていることを読み取っていただけたら幸いである。ただし、この企てを本格的になすには、真理概念への記号および言葉の関わりを主題化しなければならない。また、本書で出来事の理解に託して一部を述べた行為の論理というものは、これまた人と人との関わりの論理のうちの大きな部分を占める事柄へ至る主題でもあるのは、言うまでもない。

なお、本書の素材は、かつて東京大学文学部哲学研究室発行の『論集』に掲載された、次の諸論文である。

(1)「知覚の時間」(『論集』X、一九九二年)
(2)「因果関係と法則性」(『論集』Ⅷ、一九九〇年)
(3)「原因の概念と法則の概念」(『論集』Ⅸ、一九九一年)

しかし、(1)は完全に解体し、本書の第一章と第二章の一部だけに材料として利用した。だから、考え方の基本線は活かしているが、第一章と第二章は全く新たな論稿だと考えるのが実態に適っている。(2)は、ほぼ最初の形のままで、本書の第三章とした。少しの書き換えは施した。(3)は大幅に書き換えた。その中で、本書の第四章第1節に当たる部分は、表現を少し変えたところもあるが、大略、元のままである。また、本書の第四章で、その冒頭に説明した理由により例外的に言及した哲学史の事柄に関わる諸文献と引用箇所の指示は、(3)では記載しているが、本書では省略した。それが本書の体裁に相応しいと思ったからである。

最後に、これまで私が発表してきたものに目を通し、ここが面白い、ここは分からないと批評を述べて、私なりの作業を続けてくることを励ましてくださった多くの方々に謝意を表したい。お名前を記すために、その方々の中から特に幾人かの方をお選び申し上げるのも躊躇われるので、このような形で気持ちを表させていただくことをお許し願えますよう。それから、本書を出版できるように取りはからってくださった、勁草書房の富岡勝氏に、心よりお礼を申し上げる。

一九九三年三月　　松永澄夫

学術文庫版あとがき

本書は、三〇年近く前の刊行物『知覚する私・理解する私』(勁草書房、一九九三年)の文庫版である。この思いがけない文庫化でお世話になった三人の方にお礼を申し上げる。文庫化を発案してくださった鈴木泉氏(東京大学教授)、鈴木氏の意を受けて文庫としての出版を引き受けてくださった互盛央氏(講談社学芸部)、実務を担当してくださった関戸詳子さんである。皆さんには心から感謝しています。

以下、一九九三年の『知覚する私・理解する私』とこの文庫版との異同について。

1．最初に本の表題。「知覚する私・理解する私」だけでは、それが哲学書であることが分からない、だから哲学書であることが直ぐに分かるようにしたいとの、本書の文庫化を推進してくださった関戸さんと互氏のご意見があり、最終的に『日常性の哲学――知覚する私・理解する私』とした。

2．旧版「はしがき」に設けた「本文の哲学史的背景についての注解」を、本書では末尾に移した。

3．第三章の(56)で取り上げた例は、より説得的な例に変えた。最後の例は残している。また、第四章(90)の最後の一頁弱も、言いたいことがきちんと表現できていなかったので、書き直した。

4.『知覚する私・理解する私』では注を設けないという方針だったので、おおよそ既発表の論稿もしくはその一部で構成した本書第三章と第四章でも、それら二つの論稿にあった注は、そのうちの一部、本文の流れを邪魔しないと思われるものだけを本文に盛り込むに留めていた。けれども文庫化に当たって、特に不要と考えていた哲学書等の文献指示も含めて、幾つかの注を復活させた。本文に組み込んだものを注に移したもの、その注が元の注の一部であった場合には、移動分に続け元の注全体を復活したもの、それから複数の注を合併したものもある。なお、文献のうちヒュームのものがどのエディションなのか記していなかったことに気づいたが（だから頁指示は無駄だろう）、手許に残っていないので今回確認できなかった。私は哲学書のほとんどを数回に分けてその時々の大学院生や卒業生に上げ、最後の二八個の段ボールの書物は、とある所（開場準備中の哲学カフェ？）に配架されることを数年来待っている。

5.「はしがき」の中で4と関係する部分は書き改めた。また、原稿ができあがった後で記したので振り返る仕方で書いていたが、本文の前に置くものだから、どのように書くつもりかを記す遣り方に書き直した。

6.旧版では、私が自分で書いたもの、書くものに言及するときなど（「あとがき」に顕著にみられる）、その内容は私が行ったか行う作業なのだから能動形で書くべきところ、その言及したものを主語に受身形で書いている箇所があった。このような書き方（①）は、論述内容に責任あるのは書き手であるのに「私は」ではなく「我々は」と書く傾向（②）とも連動していて、幾つかのジャンルの学術書では多くみられる（この理由は推測できるが、述べることは控える）。この後者の書き方②は、私の初めて活字になった論文「メーヌ・ド・ビランの反省の概念について」（『理想』五〇二号、一九七五年三月）でもみられる。この機会に確かめてみたらその後の一つの論文でも同じくだったが、その後は改めたようである。しかし①の書き方の方は『知覚する私・理解する私』でも幾らか残っていた。そこで、この文体は、記述内容に責任ある自分自身を表に出す能動形の表現に改めた。

7. 口調の問題として文章末尾の「のである」を削除し、「なのである」を「である」に改めた箇所、また文意を適切ないし正確に表すために少し修正を施したり言葉を補ったりしている箇所がある。

8. 「恰も」「所詮」「偶々」「拳骨」「辷る」「此処」等々の漢字はひらがな表記がよいのでは、という関戸さんのご意見に従った。また、「関り」を「関わり」と、名詞としての「答」を「答え」というふうに送りがなを変えた。

9. 旧版では、索引の代わりに、関連する考察がある箇所を相互に示す仕方での詳細目次を巻末に配したが、紙数の都合で割愛した。

最後に二つ。一つ、『知覚する私・理解する私』第四章の材料とした論稿、「原因の概念と法則の概念」について付記する。これは一九九〇年四月のカント・アーベント（東京大学山上会館にて）での講演内容を論文調の文体にし、かつ詳しい注を付けたものである。もう一つ、『知覚する私・理解する私』の一節が一九九五年春のお茶の水女子大学入試の問題として利用された。以降、今日まで、私の共著を含めたさまざまな著作の中の文章が、多数の大学、専門学校、中学校、大学入試センターの入試問題として、また、塾や通信教育の教材として、それから高校教科書にも利用されることになる、皮切りであった。それは嬉しいことであった。伝統的哲学が育んできた諸概念とそれらを言い表す用語から自由になって、分かりやすい言葉で叙述するという私の書き方が認められたと思えたからである。

二〇二二年一〇月

松永澄夫